NOUVELLES
FORTIFICATIONS

FORTIFICATION NOUVELLE,

OU

RECUEIL

De différentes Maniéres de fortifier
en EUROPE,

COMPOSÉ

Par Mr. PFEFFINGER.

Avec des Figures en Taille-douce.

NOUVELLE EDITION.

A LA HAYE,

Chez ANTOINE VAN DOLE.

M. DCC. XL.

AVERTISSEMENT
DU
LIBRAIRE.

LE dessein de l'Auteur est de vous enseigner ici ce que vous ne trouveriez ailleurs que dispersé, & même ce qui ne se trouve point en d'autres Ouvrages. Il ne s'est point borné à une seule méthode; il vous donne toutes les différentes maniéres de fortifier à la Françoise, à la Hollandoise, à l'Italienne, & à l'Espagnole. Vous connoîtrez vous-même le soin qu'il a eu de vous représenter tant de portraits en un seul tableau. La maniére dont il explique les choses, est aussi courte & aussi facile qu'il a été possible, sans que la briéveté nuise à la clarté si nécessaire pour être intelligible sur ces matiéres.

res. Au reſte vous diſcernerez aiſément ce qui eſt de lui par l'attention
qu'il a eue de citer les Auteurs de qui
il emprunte ; & vous remarquerez ſans
peine, que les Auteurs cités ne font que
la quatriéme partie de ſon Livre. Si
cela vous plaît, cher Lecteur, il aura la
ſatisfaction de vous avoir fait un préſent
utile. Si ſon Ouvrage déplaît à quelqu'un, qu'il faſſe mieux.

Voilà ce que l'Auteur avoit jugé à
propos de dire au Public pour tout a-
vertiſſement. Le bien que l'on m'a dit
de cet Ouvrage, m'a engagé à en donner cette nouvelle Edition plus correcte
que la précédente ; & je n'ai rien né-
gligé tant pour l'exactitude de l'Im-
preſſion que pour la correction du Sti-
le, que quelques négligences rendoient
obſcur & déſagréable.

TRAITÉ
DE
FORTIFICATION.

LIVRE I.
CHAPITRE I.

De la Fortification en général.

§. 1.

De sa Définition.

LA Fortification, ou Architecture Militaire, n'est autre chose qu'un Art, qui enseigne à mettre une Place en tel état, que ceux qui s'y trouvent, puissent découvrir l'ennemi par tout, de front & de flanc, & opposer à ses insultes, la largeur & la profondeur du Fossé, la hauteur & l'épaisseur du rempart & du parapèt, la bonté du chemin couvert & du glacis, & par conséquent empêcher qu'un tel endroit ne puisse être attaqué, sans une grande perte de l'assaillant; nonobstant que, fort souvent, toute une Armée ait affaire avec une petite Garnison, qui a le courage de lui faire tête.

A

§. 2. De

§. 2.

De son Origine.

Il est constant, que la Fortification a été peu de chose dans le commencement ; car, comme on n'avoit rien à craindre dans ce tems-là, que l'insulte & la férocité des bêtes sauvages, & des voleurs, on n'avoit d'autres remparts, que de simples hayes ; la malice de l'ennemi ayant enfin trouvé le moyen, de surmonter cet obstacle, soit en coupant ces fragiles fortifications, soit en y mettant le feu, on commença à se fortifier de bonnes murailles. Mais l'ambition croissant comme ceux qui vouloient dominer sur les autres, & qui trouvoient bien-tôt la facilité de franchir ces foibles defenses à coups de Bélier, (qui étoit une grosse machine de bois, armée de fer à la tête, & enveloppée dans la peau d'un taureau, pour être à l'abri d'être consumée par le feu, que l'assiégé jettoit dessus. Elle pendoit à des chaînes, attachées à de grosses poutres, enfoncées dans la terre, devant la muraille, à laquelle on en vouloit. Pour la faire joüer on la tiroit en arriére, & tout d'un coup, on la lançoit contre les murs, dans lesquels elle faisoit un fracas épouvantable ;) on y ajoûta un fossé, dont la terre servit en même tems d'un rempart, derrière lequel l'assiégé se mettoit, pour écarter l'ennemi, à coups de flèche. Celui-ci, pour se moquer de cela, prit la résolution d'essuyer quelques coups de traits, de passer le fossé, & de se loger au pied de la muraille, d'où l'assiégé ne pût plus le chasser, quelque quantité de pierres qu'il jettât aussi sur lui, parce qu'il se couvroit avec son bouclier, qu'il tenoit sur sa tête. Cette maniére d'attaque donna occasion aux assiégés, de faire une espéce d'embrasures dans les murs, pour tirer plus à leur aise, sur l'ennemi, qu'on pouvoit voir sans en être vû. Néanmoins le pied de la muraille étant encore sans défense, & l'ennemi pouvant se cacher entre deux embrasures les plus proches, on s'avisa de construire des tours quatrées, avec des crénaux, d'où on pouvoit défendre tout du long la muraille. L'assaillant renversant aussi cette nouvelle simétrie, moyennant ses Béliers, qu'il plaçoit à ce côté, qu'on avoit laissé sans défense, marqué par A. Planche I. on fit des Rondelles, qu'on conserva fort long-tems ; mais aussi-tôt que *Bertolde Schwartz*, Allemand, né à Fribourg en Brisgau, Moine de l'Ordre de Saint François, inventa la poudre l'an 1380, & en montra l'usage aux Vénitiens, faisant alors la guerre aux Génois, il fallut songer à d'autres choses ; principalement, lorsque la fureur de l'ennemi le porta, jusqu'à fabriquer des machines étonnantes, que

nous

nous appellons des Canons, dont l'exécution furieuse renversa en un moment, comme un coup de foudre toute la construction de ces ouvrages, qui, outre cela, avoient le même défaut que les tours quarrées; sçavoir le triangle B. qui ne pouvoit être vû de ceux du dedans, & que l'ennemi tâchoit d'emporter avant toute autre chose, pour y être à couvert des coups de l'assiégé. Pour corriger tout cela, on remplit cet endroit défectueux de bonne terre, ce qui donna le flanc; & on y ajoûta une autre ligne, qui nous forme la face, par laquelle on fermoit le passage à l'assiégeant, en lui ôtant le moyen de se poster derrière ledit complement; ensorte, qu'à la fin, tout le Bastion fut ainsi achevé; *voyez* C. Pl. I.

§. 3.

De sa Division.

La Fortification est ou Régulière ou Irrégulière.

La *Régulière* est celle, dont tous les côtés & tous les Angles, qui ont le même nom, sont égaux entre eux.

L'*Irrégulière* est celle, dont tous les côtés & tous les Angles, du même nom, ne sont pas égaux entre eux; une Face étant plus grande que l'autre, & un Angle plus petit que l'autre.

La Fortification est encore Permanente ou Passagère.

La *Permanente* est celle qui est faite pour subsister toûjours.

La *Passagère* est celle, qu'on fait en cas de nécessité, pour peu de tems seulement. Sous ce nom, on entend toute sorte d'ouvrages, qu'on éléve pour se saisir d'un passage, ou de quelque hauteur, ou qu'on fait dans les circonvallations & contrevallations, comme des Redoutes, des Etoiles, des Traverses, des Tranchées, des Batteries, &c. qui ne subsistent guéres plus long-tems, que jusqu'à ce qu'on ait gagné par là ce qu'on cherchoit.

§. 4.

De ses Parties.

Il y a trois parties de la Fortification. L'Ichnographie, l'Orthographie, & la Scénographie.

L'*Ichnographie* n'est autre chose que le *Plan*, c'est-à-dire, une représentation des longueurs & des largeurs des parties d'une Place, marquées sur le papier ou sur le terrain.

L'*Orthographie*, ou *Profil*, est la représentation d'une Place, selon les hauteurs, largeurs & longueurs de ses parties, coupées par un plan perpendiculaire au plan de l'Horison.

La *Scénographie*, ou *Perspective*, est la représentation des parties d'une Place, comme elles paroissent de loin dans le tableau, ou sur le terrain.

§. 5.

Des Termes Ichnographiques.

Les trois principales lignes d'une Forteresse sont le Flanc, la Face & la Courtine. Les autres sont : la Gorge, la Capitale, la Ligne de défense fichante & rasante, la distance du Polygone intérieur & extérieur, la Cogritale, le grand & le petit demi diamétre, la Tour creuse, l'Orillon, la Brisure, &c. dont vous trouverez l'explication, de même que des Angles, au Chapitre suivant.

§. 6.

Des Termes de la Mesure.

La *Ligne*, vaut 12 points.

2. Le *Pouce*, est une longueur de 12 grains d'orge, mis à la ligne, & se joignans par le corps.

1. Le *Doigt*, vaut 4 grains d'orge.

La *Palme*, vaut 3 pouces de Roi.

L'*Empan*, vaut 8 pouces de Roi.

Le *Pied de Roi*, vaut 12 pouces.

Le *Pied de Roi quarré*, vaut 144 pouces quarrés.

Le *Pied Cube*, vaut 1728 pouces cubes.

La *Démarche*, vaut 2½ pieds de Roi.

Le *pas commun*, vaut autant, quelquefois il est pris pour 3 pieds Géométriques.

Le *pas Géométrique*, vaut 5 pieds Géométriques, ou de Roi.

La *Coudée*, est une longueur d'un pied & demi.

La *Coudée Géométrique*, vaut 6 pieds de Roi, ou 6 Coudées communes.

La *grande Coudée*, vaut 13 pieds & demi de Roi, ou 9 Coudées communes.

L'*Ambrassee* (*Brassée*) vaut 6 pieds de Roi.

La *Toise*, est une longueur de 6 pieds de Roi.

La *Toise quarrée*, vaut 36 pieds quarrés.

La *Toise Cube*, vaut 216 pieds cubes.

La

La *Verge*, est la longueur de 10 pieds Géométriques. En quelques endroits de l'Allemagne, elle est de 12. 15. & 16. pieds.

La *Perche*, vaut 3. Toises; quelquefois 20, jusqu'à 22. pieds de Roi.

Le *Stade*, étoit en *Grece* une distance de 125 pieds Géométriques.

Parasangue, signifie en *Perse* une distance de 30 stades.

Un *Arpent*, vaut 900 Tois. quarrées.

Une *Lieuë*, est une distance de quelques mille pas, tantôt plus tantôt moins, selon la coutume de chaque Païs, dont voici un Catalogue tiré de divers Auteurs qui en ont écrit, dont je ne nommerai ici que *Philippe Brietius* d'Abbeville, Jésuite, dans son livre, intitulé *Parallela Geographia*, imprimé à Paris l'an 1648, Part. I. Liv. 3. Chap. 6. §. 4. p. 55. 56. & 57. *Philippe Cluvere* dans son Introduction de la Géographie, Liv. I. Chap. 9. §. 1. & *Martius* dans son Ingenieur Européan, Part. 2. Chap. 1. p. 272 & 273.

Table des Lieuës, combien il en va sur un degré, & de combien de pas Géométriques elles sont; supposez une Lieuë Allemande de 4000 pas, & dont 15 vont sur un degré.

L'*Allemande*, est ou grande, ou moyenne, ou petite. La première est, selon *Brietius*, de 6000 pas, & 10 vont sur un degré; La seconde, de 5000 pas, & 12. font un degré; La troisième, dont 15 vont sur un degré de 4000 pas. Selon *Cluvere*, 5 des premières vont sur un degré, 10 des secondes & 15 des dernières; ainsi que la grande monte à 12000 pas, la moyenne à 6000, & la petite à 4000; *Martius* prend la plus grande pour 5000 pas, la moyenne pour 4500, & la commune, contez-en 15 sur un degré, pour 4000; ce que tous les Allemands font en général.

L'*Angloise* est aussi, ou grande, ou moyenne, ou petite; la première, dont on conte 27-1 sur un degré, est de 2181-45 pas.

La seconde, dont 50 sont prises pour un degré, est de 1200-55 pas; & la dernière, dont 60 vont sur un degré, est de 1000 pas.

L'*Arabesque* la grande, dont 10 font un degré, est de 6000

pas ; La moyenne , dont 25 achevent un degré , est de 2400 pas ; & la petite , dont on prend 56 pour un degré , est de 1071 $\frac{24}{56}$ pas.

La *Catalane* , dont 20 vont sur un degré , est de 3000 pas.

La *Danoise* , est égale à l'Allemande.

L'*Ecossoise* , dont 30 vont sur un degré , est de 2000 pas.

L'*Egiptienne* , appellée *Schœnus simple* , est égale à la Persienne , de 30 stades ; & le *Schœnus composé* , est de 60 stades , ou de 7500 pas.

L'*Espagnole* , dont 17$\frac{1}{2}$ vont sur un degré , est de 3428 $\frac{20}{35}$ pas.

La *Françoise* , dont *Brietius* conte 30 sur un degré , est fort différente. Aux environs de Paris , elle n'est que de 1500 pas. En Picardie , Bourgogne , Beauce la Grande (qui contient le Maine , l'Anjou , la Touraine , l Blaisois , l'Orléannois , le Dunois , le Vendômois , le Perche , & le Chartrain ,) & dans d'autres Provinces , elle est de 2000 pas. En Dauphiné , Provence , Poitou , Limosin , Languedoc & Normandie de 3000 ; & en Gascogne jusqu'à 4000 pas. *Mallet* dans son Arithmétique Curieuse , p. 188 dit , qu'une grande Lieuë de France , fait 4000 pas communs , le pas pris pour 3. pieds de Roi , ce qui fera 2400 pas Géométriques ; & une petite 2000 pas communs , ou 1200 Géométriques. *Cluvere* conte 25 en général , sur un degré , ce qui monte à 2400 pas Géométriques. *Martius* prend la grande pour 3000 pas , disant que 20 vont sur un degré , & la petite de 2400 pas , ainsi que fait *Cluvere*.

La *Grecque* , dont 60 font un degré , est de 1000 pas.

La *Hollandoise* , est en quelques endroits , égale à l'Allemande , & dans d'autres , elle ne fait qu'une heure.

La *Hongroise* , dont 14 vont sur un degré , est de 4285 $\frac{5}{7}$ pas.

L'*Irlandoise* , dont 45 achevent un degré , est de 1333 $\frac{15}{45}$ pas.

L'*Italienne* , dont 60 vont sur un degré , est de 1000 pas.

La *Lapponienne* , dont 10 achevent un degré , est de 6000 pas.

La *Maurienne* , dont 20 font un degré , est de 3000 pas.

La *Mogolienne* , appellée *Cosas* , dont 30 vont sur un degré , est de 2000 pas.

La *Moscovitique* , appellée *Vorest* , dont 80 sont prises pour un degré , est de 750 pas.

La

La *Norwegeoise*, dont 10 font un degré, est de 6000 pas.
Celle *des Pays-Bas*, est égale à l'Espagnole.
La *Persienne*, ou *Parasanga*, ou *Farsanga*, est de 3750 pas, & de celles-ci, 14 vont sur un degré. La petite Persienne, dont 20 font un degré, est de 3000 pas.
La *Polonoise* est égale à l'Allemande commune.
La *Sinoise* la grande, ou *Ycban*, est de 15000 pas. La moyenne, ou *Pu* est de 3000 pas. Et la petite ou *Li* est de 300 pas.
La *Suedoise*, dont 10 vont sur un degré, est de 6000 pas.
La *Tartarienne* ne se mesure que par journées.
La *Turque* est égale à l'Italienne.

Table des Lieuës; supposez l'Allemande de 5000 pas Géométriques, comme je l'ai mesurée moi-même dans le Duché de Lunebourg, sçavoir de la Capitale de ce Duché jusqu'au bourg de Bardwick, ce qu'on conte pour une demi lieuë commune, dont 15 vont sur un degré.

L'*Angloise* la grande, est de $2727\frac{15}{55}$ pas Géométriques. La moyennne est de 1500 pas, & la petite de 1250.
L'*Arabesque* la grande, est de 7500 pas. La moyenne de 3000, & la petite de $1339\frac{2}{7}$ pas.
La *Catalane*, est de 3750 pas.
La *Danoise*, est égale à l'Allemande.
L'*Ecossoise*, est de 1500 pas.
L'*Egiptienne* la grande est de 7500 pas, & la petite de 3750.
L'*Espagnole*, est de $4285\frac{25}{35}$ pas.
La *Françoise*, contez-en 20 sur un degré, est de 3750 pas; & si on prend 25 sur le degré, elle sera de 3000.
La *Grecque*, est de 1250 pas,
La *Hollandoise*, est égale à l'Allemande.
La *Hongroise*, est de $5357\frac{2}{7}$ pas.
L'*Irlandoise*, est de $1666\frac{30}{45}$ pas.

L'*Italienne*, dont 60 vont sur un degré, est de 1250 pas; & prenans 75 pour un degré, elle est de 1000 pas.

La *Lapponienne* est de 7500 pas.

La *Maurienne* est de 3750 pas.

La *Mogolienne* est de 2500 pas.

La *Moscovitique*, est de 937-- pas.

La *Norwegeoise*, est de 7500 pas.

Celle *des Pays-Bas*, est égale à l'Espagnole.

La *Persienne* la grande, est de 4666-- pas, & la petite de 3750.

La *Polonoise*, est égale à l'Allemande commune.

La *Sinoise*; la grande est de 15000 pas; la moyenne, de 3000, & la petite de 300.

La *Suedoise* de 7500 pas.

La *Tartarienne*, c'est une journée.

La *Turque* est de 1250 pas.

CHAPITRE II.

Des Termes appartenans à l'Art Militaire, rangés par ordre Alphabétique.

POur faciliter la lecture des Auteurs Italiens & Latins, j'ai exprimé les termes les plus communs, & les plus nécessaires, de ces deux Langues.

A.

Affust, est une machine, faite en forme d'un chariot étroit & renforcé pour monter le canon. Quand on le loge sur une Batterie, il n'est monté que sur deux roües, mais quand il marche en campagne, on y en ajoûte deux autres petites par devant, appellées *Avant-trains*. Celui des mortiers & des piéces de vaisseaux, se repose sur quatre petites roües.

Aide de Camp, c'est un Officier, qui porte les ordres des Généraux, selon les occasions, qui arrivent dans un camp.

Aide Major, c'est un Officier, qui fait la fonction du Major, quand il est absent.

Aîles d'une Armée rangée en Bataille, sont des Regiments posés sur la droite & la gauche de l'Armée.

Aîles des Ouvrages, sont des grands côtés, terminans, à droite & à gauche, les ouvrages à cornes & à couronne ; les Tenailles &c.

Angle, est un concours de deux lignes, des Angles suivans. Voyez la Planche 2.

Angle de Base, est celui que la cogritale fait avec la demi gorge ; comme g. h. Pl. 2.

Angle du Bastion, ou *Angle Flanqué*, Lat. *Angulus Propugnaculi*; Ital. *Angolo del Bastione*, est le concours de deux Faces. D E. Pl. 2.

Angle du Centre, Lat. *Angulus Centri*, Ital. *Angolo del Centro*, est celui que composent deux rayons, tirés du centre, aux deux Angles de gorge les plus proches. A. B. F. Planche 2.

Angle de Circonférence, ou *Angle du Polygone*, ou *Angle du Polygone intérieur* ; Lat. *Angulus Circumferentiæ seu Polygoni*, Ital. *Angolo del Polygone*, est celui, qui est fait de deux demi gorges. C. G. Planche 2.

Angle de la Courtine est celui, qui est compris par la Courtine & un Flanc ; c'est pourquoi on l'appelle aussi *l'angle du Flanc*. Lat. *Angulus Cortinæ & Alæ*, Ital. *Angolo della Cortina & del Fianco*. C. H. Pl. 2.

Angle Diminué est celui, que la ligne rasante fait avec la Courtine. Voyez *Ozanam. Traité de Fortif.* p. 5. *Guillet dans son Dictionnaire du Gentilhomme*, Part. 2. p. 155, appelle cet angle celui, qui est compris par la Face du Bastion, & par le côté extérieur de la Figure. I K L. Pl. 2.

Angle de l'Epaule, Lat. *Angulus Faciei & Alæ*, Ital. *Angolo del Fianco & della Faccia*, est formé par le Flanc & la Face. a. b. c. Pl. 2.

Angle du Flanc, est le même que l'Angle de la Courtine.

Angle Flanquant, ou *Angle Flanquant extérieur*, ou *Angle de Tenaille*. Lat. *Angulus defensionis major seu exterior*. Ital. *Angolo della difesa exteriore*, est celui qui est formé par la rencontre de deux lignes de défense rasante devant la courtine. O P. Planche 2.

Angle Flanquant intérieur, Lat. *Angulus defensionis minor*; Ital. *Angolo della difesa interiore*, est fait par le concours de la ligne rasante & du Flanc. Q. R. Pl. 2.

Angle Flanqué, est l'Angle du Bastion.

Angle forme Face, est le même que l'Angle de l'Epaule.

Angle forme Flanc, est la rencontre de la demi gorge, & de la ligne tirée du centre du flanc. S. T. V. Pl. 2.

An

Angle du Fossé, est celui qui se forme du concours de la contrescarpe, devant la courtine. WXY. Pl. 2.

Angle de Gorge, Lat. *Angulus Colli*, Ital. *Angolo del Collo*, est celui, qui est fait par la demi gorge & la capitale. M. N. Planche 2.

Angle du Polygone, ou *Angle du Polygone intérieur*, ou *Angle de la Figure*, est le même que l'Angle de circonférence.

Angle du Polygone extérieur est celui, qui se forme des deux côtés extérieurs, ou des lignes, tirées de la pointe d'un Bastion, dans les pointes de deux Bastions voisins. d. e. f. Planche 2.

Angle Rentrant ou *Mort*, est celui, qui porte sa pointe dans le corps de l'ouvrage, comme l'Angle du Fossé.

Angle Saillant, ou *Sortant*, ou *Vif*, est celui, qui forme sa pointe vers la campagne, comme l'Angle du Bastion.

Angle de Tenaille, est le même que l'Angle Flanquant.

Anspesade, est un bas Officier dans l'Infanterie, destiné à soulager le Caporal.

Antestature, est un petit Retranchement, fait de gabions, ou de sacs à terre, ou de palissades, dont on se couvre vîtement, pour conserver le reste d'un terrain, dont l'ennemi a gagné une partie.

Appointé, est un soldat d'Infanterie, qui recevant une paye au dessus du simple soldat, est exemt d'être en faction.

Approches, sont toutes sortes d'ouvrages, à l'aide desquels on avance vers une place assiégée. Lat. *Adductus*, seu *Accessus*; Ital. *Approcci*.

Arrière-garde, est une partie de l'Armée, qui marche après le corps de Bataille, pour le garder & empêcher que personne n'en deserte.

Arsénal, est un lieu, destiné à la construction & à la conservation de tout ce qui est nécessaire pour attaquer & defendre une place.

Artillerie, est toute sorte de grosses armes à feu, comme canons, mortiers, bombes, carcasses, & tout ce qui en depend. Lat. *Res Tormentaria*; Ital. *Artiglieria*.

Assaut, Lat. *Impetus*; Ital. *Assalto*, est une attaque qu'on fait, pour se rendre maître d'une forteresse par force.

Attaque, est un effort que l'assiégeant fait, pour s'approcher des murailles, ou d'un corps de troupes, & de s'en rendre maître.

Attaque d'un siége, est tout ce que l'ennemi fait, pour emporter un poste de la place assiégée, soit par des Tranchées ou Sappes, ou Galleries, ou Brèches.

Attaque fauſſe, eſt un effort, qu'on ne fait que pour favoriſer les veritables attaques, & partager ainſi les forces de l'aſſiégé.

Attaquer en Flanc, c'eſt attaquer par deux côtés du Baſtion.

Avant foſſé, eſt une profondeur qui environne le glacis.

Avant-garde, eſt une partie de l'armée, qui marche avant le corps de Bataille.

Avant-train. voyez *affuſt*.

B.

Bac, eſt un bateau fort large, ouvert par devant & par derrière, pour tranſporter des chariots, par deſſus de grandes rivieres.

Bacule, eſt une porte, qui ſe leve en trebuchèt, avec un contrepoids, devant le corps de garde avancés, proche des portes, ſoutenuë ſur deux gros pieux.

Banquette, eſt un petit degré, mis au bas du parapèt, que les ſoldats montent quand ils donnent feu dans le foſſé. Sa largeur eſt ordinairement de 3. pieds, & 6. pouces pour le talut. La hauteur eſt d'un pied & demi. Lat. *Scabellum*. Ital. *Zoccola*.

Baraque, eſt un logement de Soldats.

Barbettes & Platteformes ſont Synonimes.

Barricades, ſont des arbres taillés à ſix faces, traverſés de bâtons longs d'une demi picque, & ferrés au bout, qu'on met dans des paſſages ou brèches, pour retarder l'ennemi. Lat. *Echini*, Ital. *Barricata*.

Barrieres, ſont des gros pieux de 4 à 5 pieds de haut, plantés à 10 pieds l'un de l'autre, avec des traverſiers pour arrêter les entrans, juſqu'à ce qu'on les ait examinés.

Baſtion, eſt une maſſe de terre, élevée ordinairement ſur l'Angle de gorge, ayant deux faces & deux flancs. Lat. *Propugnaculum*.. Ital. *Baſtione*.

Baſtion plat, Lat. *Propugnaculum linea recta*, Ital. *Piatta forma*, eſt celui qu'on met ſur une ligne droite, par exemple, ſur la courtine, quand elle eſt trop longue, pour être ſuffiſamment deffenduë des Baſtions à côté.

Baſtion coupé, ou *fourchu*, ou *à Tenaille*, eſt celui, qui vers ſa pointe forme un Angle rentrant.

Baſtion detaché, eſt celui qui n'eſt point attaché au corps de la place, environné d'un foſſé. Lat. *Propugnaculum Separatum*. Ital. *Baſtione in Iſola*.

Bataille, eſt le choc de deux armées ennemies.

Bataillon, eſt un corps d'Infanterie de 600 à 800 hommes, dont le tiers étoit autrefois de Picquiers, poſtés au milieu

des

des Mousquetaires ; mais aujourd'hui il n'y a guéres plus de Picquiers. Lat. *Cohors*, Ital. *Battaglione*.

Batterie, est un lieu élevé, pour y planter du canon, & pour faire feu sur l'ennemy. Lat. *Suggestus*, *Agger tormentarius*. Ital. *Batteria*.

Batterie enterrée, est celle, dont la platteforme, faite de planches, pour soutenir le roüage des affusts, est enfoncée dans le rés de chauffée, ensorte qu'il faut faire des coupures dans la terre, vis à vis la bouche du canon, pour lui servir d'embrasures. Lat. *Suggestus incisus*, Ital. *Batteria intagliata*.

Batterie Croisée, Lat. *Suggestus correspondens*, Ital. *Batteria incrociata*, est celle, dont les coups se rencontrent sur le corps qu'elle bat, avec les tirs d'un autre ; de sorte que toutes deux y forment une espéce d'angle droit, pour causer d'autant plus de dommage.

Batterie en écharpe, est celle, qui bat un corps obliquement.

Batterie d'enfilade, est celle qui rase tout du long une ligne droite.

Batterie de Revers, est celle qui bat par derrière.

Batteurs d'estrade, sont des Cavaliers, détachés de l'armée, pour reconnoître le païs & en informer le Général.

Battre par camarades, c'est tirer à la fois, soit d'une Batterie seule, ou de plusieurs.

Bayes ou *Embrasures*, c'est la même chose.

Berme, *Relais*, *Lisière*, *Retraite*, *Pas de souris*, est un petit espace de 3 à 6. pieds, au pied du rempart, pour empêcher, que le debris du parapèt, que l'ennemi fait avec son canon, ne tombe dans le fossé. Lat. *Margo Valli*, Ital. *Margine del riparo*.

Biouac, est une garde de nuit, qui au tems d'un siége, passe la nuit sous les armes, pour assûrer les quartiers de l'armée, s'opposer aux secours, & empêcher les surprises.

Blindes sont des piéces de bois, qu'on met de travers sur la tranchée, pour soutenir les fascines ou clayes, chargées de terre, qui doivent couvrir le travailleur.

Blocus est une espéce de siége, formé par des troupes distribuées sur les avenuës d'une place, qu'on tâche d'emporter par la disette des munitions. Lat. *Obsidium eminus circumpositum*, Ital. *Assedio allontanato*.

Bloquer une place, est se saisir des avenuës.

Bombe, est un boulèt de fer creux & chargé de poudre, garni de deux anses à côté du trou, qui porte la fusée, faite d'une composition à brûler lentement. Lat. *Globus ignivomus major*, Ital. *Bomba*.

Bonnet

Bonnét à Prêtre, est une piéce détachée, formant à la tête deux Angles rentrans & trois saillans, à peu près comme la Tenaille double.

Boulets rouges, sont des boulets qu'on fait rougir dans une forge; on en charge le canon, pour mettre le feu aux maisons, & dans des magasins. Lat. *Globus ignitus*, Ital. *Palla di canone roventata.*

Boulevart, signifioit autrefois un Bastion.

Boyau, est un fossé bordé d'un parapèt, tiré d'une Tranchée à l'autre.

Breche, est le débris, que le canon ou la mine fait dans la face d'une Place assiégée. Lat. *Ruina Valli*, Ital. *Brecchia.*

Brigade, est une partie de l'Armée.

Brigadier, est celui qui commande la Brigade.

Brisure, est une petite ligne de 4 à 5 Toil. qu'on donne à la Courtine & à l'Orillon, pour couvrir le flanc caché par la tour creuse.

C.

Caisse, est l'instrument que le Tambour bat dans l'Infanterie & les Dragons.

Caisson de bombes, est une espéce de coffre de bois, où on met jusqu'à 6 bombes, qu'on place sous un terrain, que l'on fait sauter en l'air, l'ennemi s'en étant rendu maître.

Calibre, est le diamétre de la bouche & de l'ame du canon.

Camp, est un terrain spacieux où une Armée s'arrête, soit pour former quelque siége, ou pour y séjourner seulement. Tantôt il est fortifié, tantôt il se trouve sans autre précaution que celle d'une assiette avantageuse. Lat. *Castra*, Ital. *Campo.*

Camp Volant, est une partie de l'Armée, commandée par un Lieutenant Général, ou un Maréchal de Camp, pour s'opposer aux courses de l'ennemi, empêcher ses convois, & aider les postes les plus exposés à ses insultes. Lat. *Corpus ad improvisos casus ordinatum*, Ital. *Campo volante.*

Campagne, est le tems qu'on employe chaque année à la guerre. Lat. *Expeditio*, Ital. *Campagna.*

Campement, est le logement d'une Armée dans ses Quartiers.

Canon, Lat. *Tormentum majus*, Ital. *Canone*, est une machine longue, arrondie & concave, faite de fer ou de fonte; elle occupe le premier rang entre les armes à feu.

Capi-

Capitaine, c'est le Chef d'une Compagnie. Lat. *Centurio*, Ital. *Capitaneo*.

Capitaine d'armes, est l'Officier, qui dans chaque Compagnie prend garde aux armes, qu'elles soient toûjours en bon état.

Capitale, voyez Ligne Capitale.

Caponière, est un logement creusé, environ de 4 à 5 pieds en terre, bordé d'un parapet de 2 pieds, qu'on couvre par dessus, avec des planches chargées de terre. On y fait de petites embrasures sur ses côtés. Sa capacité est pour contenir jusqu'à 20 Mousquetaires. Ordinairement on les place sur l'extrémité de la Contrescarpe.

Caporal, est un bas Officier d'Infanterie, qui commande une Escoüade, pose & releve les Sentinelles, & fait garder le respect dans le corps-de-garde.

Carcasse, est une espèce de bombe, composée de 2 ou 3 grenades, de plusieurs bouts de canon de pistolets, chargés de poudre, & enveloppés avec des grenades dans des étouppes trempées dans des matiétes huileuses & combustibles. Autour de cela, on met encore une toile goudronnée, en sorte, qu'il en forme une figure ovale, que l'on met au milieu d'une autre machine faite à peu près, comme une lanterne, par chaque bout garnie d'une plaque de fer, avec des branches de fer, croisées par des cercles de même matiére. A l'une de ces plaques on donne un trou, qui sert de lumière pour donner feu à la Carcasse, qui se jette comme la bombe. Lat. *Globus pyrotechnicus maximus*, Ital. *Carcassa*.

Cartouche, est un rouleau en forme d'étuy, tantôt de canon, tantôt de gros papier. Il est chargé de ce qu'il faut pour une charge de canon ; j'entens sous ce nom, plusieurs anneaux de chaînes, des petites balles, des bouts de pistolets, des têtes de cloux de charrette, & autre menuë ferraille, afin que le coup fasse d'autant plus de fracas.

Cascanes, sont des certains puits, plus creux les uns que les autres, faits dans le retranchement du terre-plain proche la muraille, pour éventer une mine.

Casematte, est une certaine voute dans la partie du flanc, qui est proche de la Courtine, toute massonnée. Elle est faite, pour faire feu sur l'ennemi, qui en veut à la face opposée, ou au fossé. Lat. *Casa armata*, Ital. *Casamatta*.

Casernes, sont des maisons bâties pour la garnison d'une place, au soulagement des bourgeois. Lat. *Habitationes præsidiariorum*, Ital. *Caserne*.

Cavalerie, sont des troupes qui servent à cheval. Lat. *Equitatus*, Ital. *Cavalleria*.

Cavalier, est un Soldat, qui sert & combat à cheval.

Cavalier, est une masse de terre élevée, tantôt ronde, tantôt ovale, tantôt quarrée, dont le sommèt a la figure de platte-forme, bordée d'un parapèt, pour couvrir le canon qu'on y met, pour s'opposer à un commandement, & découvrir d'autant mieux la campagne. Lat. *Collis* ou *Agger propugnaculi*, vel *Cortinæ*, Ital. *Cavalliere*.

Cavin, est un endroit bas & creux, propre à couvrir ceux qui ouvrent la tranchée.

Chamade, Lat. *Signum receptus*, & *interstitii armorum*, Ital. *Chiamata*, est le signal que l'on fait en tems de siége, en battant la caisse, ou sonnant la trompette, quand on a quelque chose à proposer.

Chandeliers, Lat. *Velamina*, Ital. *Candelieri*, sont des parapets de bois, couverts de fascines remplies de terre, de la hauteur d'un pied. On s'en sert dans les Approches, pour couvrir ceux qui travaillent à la gallerie ou aux mines, afin que l'ennemi ne les puisse incommoder.

Château, est un endroit fermé de tours & de fossés, & quelquefois fortifié d'un rempart avec un bon parapèt. On les bâtit ordinairement dans des endroits d'où on peut commander à un passage.

Chausses-trappes, sont des fers à 4 pointes, environ de 4 pouces de long, tellement disposés, que, de quelle maniére qu'on les jette, il y ait toûjours une pointe en l'air. On s'en sert dans les bréches, & aux passages de la Cavalerie ennemie, pour les lui rendre difficiles. Lat. *Tribuli*, & *Murices*, Ital. *Triboli di ferro*.

Chemin de communication, voyez Traverse.

Chemin couvert, Lat. *Via cooperta*, Ital. *Strada coperta*, est une allée large de 4 à 5 Toiſ. tout autour du fossé d'une place, bordée d'un parapèt.

Chemin des Rondes, est un espace ou allée, entre le rempart & la muraille, pour le passage des Rondes. Lat. *Ambulacrum valli inferioris*, Ital. *Strada della Ronda*.

Chemise, est la solidité d'une muraille à plomb, depuis son talut jusqu'au cordon.

Cheval de Frise, portant le nom de la Ville de Groeningen, en Frise, au siége de laquelle on s'en servit la premiére fois, est une poutre à peu près d'un pied de diamétre, & longue de 10 à 12 pieds, taillée à 5 ou 6 faces, transpersées par des pieux de bois, armés de fer au bout. On les met sur les chemins, pour en empêcher la course des Troupes ennemies, ou on en bouche l'ouverture d'une breche. Lat. *Machina seu Eques Groeningensis*, Ital. *Cavallieri di Frisia*.

Cir-

Circonvallation, est un Fossé, que l'assiégeant fait à la portée du canon de la Place, tout autour de son Camp. Il est flanqué de distance en distance, & bordé d'un parapèt. Sa profondeur est de 7 à 8 pieds, & la largeur de 12. On s'en sert pour empêcher les convois & les secours de l'assiégé, de même que la désertion de ses propres Soldats. Lat. *Sepes Castrorum*, Ital. *Circonvallatione*.

Citadelle, Lat. *Castellum*, *Arx*; Ital. *Citadella*, est un Fort de 4 à 6 Bastions, bâti sur un terrain, séparé de la Ville, par une esplanade, pour la tenir en bride; & la défendre, si un ennemi étranger tâche de s'en rendre maître.

Clayes, sont des branches d'arbres, bien entrelassées les unes dans les autres, en forme d'un quarré long. Elles servent à couvrir des traverses & des logemens, après qu'on les a chargées de terre, pour rendre inutile le feu, que l'ennemi jette dessus. Outre cela, on les met aussi dans des endroits marécageux, pour en affermir le passage.

Coffre, est une profondeur de 6 à 7 pieds, dans le fond d'un fossé sec, allant au travers du fossé en lignes paralléles de 15 à 18 pieds d'intervalle, bordée d'un parapèt de 2 pieds de haut, avec des crénaux ou meurtrières; On couvre ce parapèt par des clayes chargées de terre.

Colonel, est le Chef d'un Regiment d'Infanterie. Lat. *Præfectus Legionis*, *Tribunus*, *Chiliarcha*; Ital. *Colonello*.

Colonne, est une longue file de l'Armée, quand elle marche.

Commandement, est une hauteur de terrain, qui découvre quelque poste.

Commandement de Front, est une hauteur qui bat la Face d'un poste par devant.

Commandement de Revers, est une hauteur qui bat un poste par derrière.

Commandement d'Enfilade, est une hauteur qui bat toute la courtine d'une Place.

Commandement de l'Exercice, ce sont les paroles de l'Officier, qui fait faire au Soldat les exercices.

Commissaire Général, est le troisiéme Officier Général de tous les Regimens de la Cavalerie légère. Sa charge est de s'informer de la force de chaque Regiment, les faire passer en reveüe, tenir les Officiers dans leur devoir, &c.

Commissaire de Guerre, est un Officier, établi pour la Police Militaire, qui dans les marches a soin des difficultés qui s'y rencontrent, pour la fourniture des Etappes & des Utenciles; & régle les billets des logemens avec les habitans, & assiste aux revües.

Compagnie, est un certain nombre de Soldats, commandé par un Capitaine. Lat. *Centuria*, Ital. *Compagnia*.

Con-

Contre-approches, sont des travaux que les assiégés font pour anéantir les approches de l'ennemi. Lat. *Excursus Obsessorum*, Ital. *Contraapprocci*.

Contre-batterie, est une Batterie opposée à celle de l'ennemi. Lat. *Suggestus oppositus*, Ital. *Contrabatteria*.

Contre-forts, sont de certaines parties de la muraille, distantes les unes des autres de 15 à 20 pieds, ils s'avancent le plus qu'il est possible dans le terrain, & se joignent quelquefois à la hauteur du cordon par des voutes, pour soûtenir d'autant mieux une partie du rempart, & affermir le terrain. Voyez ci-après Liv. IV. Chap. XVII.

Contre-gardes, sont des ouvrages triangulaires bordés des parapets qui s'élévent du fossé devant les faces & la pointe du Bastion pour les conserver en bon état.

Contre-mine, Lat. *Cuniculi reciproci*, Ital. *Contremina*, est un chemin souterrain que l'assiégé fait pour chercher la mine de l'ennemi, & en tirer la poudre, afin qu'elle ne fasse plus aucun effet, quoique l'ennemi y mette le feu; on fait aussi de ces chemins en tems de paix pour en être pourvû en tems de guerre. Voyez ci - après Liv. V. Chap. VII. & VIII.

Contrescarpe est le panchant du fossé du côté de la Campagne. Lat. *Acclivitas fossæ exterior*, Ital. *Contrascarpa*. Le vulgaire entend sous ce nom, le chemin couvert & le glacis.

Contrevallation, est un fossé bordé d'un parapet, flanqué de tems en tems, que l'assiégeant fait pour se couvrir contre les sorties de l'assiégé. Lat. *Sepes castrorum geminata*, Ital. *Contravallatione*.

Convoi, est un secours qui consiste en troupes, en argent & en munition. Lat. *Conductus commeatus*, Ital. *Scorta*.

Coporal. Voyez *Caporal*.

Corbeilles, c'est une espéce de petits gabions remplis de terre, qu'on met sur le parapet, pour faire feu sur l'ennemi à couvert. Lat. *Corbula*. Ital. *Sporta*.

Cordon, est une bande de pierres arrondies qu'on met à l'endroit où la muraille finit, & où le parapet commence. Elle regne tout autour d'une place. Lat. *Chorda muri*, Ital. *Cordone delle mura*.

Coridor, est Synonime avec chemin couvert.

Cornes, sont des ouvrages avancés vers la campagne, portant en tête deux demi-Bastions, joints par une courtine, & au corps de la place par des aîles. Lat. *Opus cornutum*, Ital. *Le Corna*.

Cornette, est l'Officier qui porte l'Etendart dans chaque Compagnie de la Cavalerie. Lat. *Signifer equitatus*, Ital. *Cornetta*.

B

Corps

Corps de Bataille, Lat. *Medium Corpus Exercitus*, Ital. *Corpo*, est le gros de l'Armée qui marche entre l'avant-garde & l'arriére-garde.

Corps de Garde, est un poste gardé par des soldats commandés sous le commandement d'un Officier. Lat. *Vigilia*, Ital. *Corpo di Guardia*.

Corps de Reserve, Lat. *Corpus ferendis auxiliis destinatum*, Ital. *Corpo di riserva*, est un détachement de l'Armée posté derriére les lignes au jour du combat, pour secourir les postes les plus foibles.

Côté extérieur du Polygone, Lat. *Distantia Propugnaculorum*, Ital. *Distanza exteriore de' Bastioni*, est une ligne tirée de la pointe d'un Bastion à l'autre.

Côté intérieur du Polygone, Lat. *Latus arcus interioris*, Ital. *Distanza interiore de' Bastioni*, est la distance d'un angle de gorge à l'autre.

Coucher au biouac, c'est passer la nuit sous les armes.

Couronnement, est un ouvrage détaché, joint au fossé du corps de la place par des aîles, ayant en tête un Bastion entier, & à chaque côté un demi-Bastion, qui se joignent par des courtines. Il est bordé d'un parapèt & environné d'un bon fossé. Lat. *Opus coronatum*, Ital. *Corona*.

Courtine, Lat. *Cortina*, *Chorda*, Ital. *Cortina*, est la ligne du rempart qui joint toûjours deux flancs ensemble.

Cuirassiers, Lat. *Equites thoracati*, Ital. *Corazzi*, sont des Cavaliers armés de cuirasses.

Cuvette ou *Cunette*, est un petit fossé large de 4 Tois. ordinairement fait au milieu d'un fossé sec jusqu'à ce qu'on trouve de l'eau. On le fait pour mieux disputer à l'ennemi le passage, & empêcher ses mines.

D.

Damoiselle, est un certain pilon de bois, long de 5 à 6 pieds, rond & serré par le bout, pour en battre la terre du rempart. Les paveurs s'en servent aussi pour enfoncer le pavé.

Decagone, Lat. *Decagonus*, Ital. *Decagone*, est une figure de 10 Bastions.

Défenses, sont toute sorte d'ouvrages qui flanquent d'autres parties.

Défilé, est un endroit si serré que les troupes n'y peuvent passer qu'à la file.

Défiler, c'est marcher par quatre, par six, par manche, par demi-manche.

Dégât, est le ravage qu'une Armée fait dans le Païs ennemi.

Dehors, sont divers ouvrages détachés, dont on couvre la Place, comme Ravelins, Demi-Lunes, &c.

Demi-Bastion, est un ouvrage composé par une Face & un Flanc.

Demi-Diamétre, est la distance du centre jusqu'à l'angle du Bastion.

Demi-distance des Polygones, est la distance entre les Polygones extérieurs & les Flancs.

Demi-Gorge, est la ligne tirée du Flanc à l'angle de Gorge.

Demi-Lune, Lat. *Luna dimidiata*, Ital. *Mezza Luna*, est un petit ouvrage, bâti sur la Contrescarpe, devant la pointe du Bastion, ayant ses faces bordées d'un parapèt, & ses flancs. On donne encore ce nom, mais improprement, aux Ravelins, construits devant la Courtine.

Descente dans le fossé, est un enfoncement dans le chemin couvert, en forme de tranchée, fait par des Sappes, & couvert de madriers & clayes chargés de terre, contre le feu que l'assiégé jette dessus, afin qu'on ne descende dans son fossé.

Détachement, est un certain corps de gens de guerre, fourni par Régiment.

Détail; faire le détail d'une Armée, c'est donner ordre que chaque soldat s'acquitte de son devoir.

Distance des Polygones, est la ligne tirée du pied du flanc, jusqu'au côté extérieur.

Division, sont six rangs de soldats, quand un Bataillon marche.

Donjon, ce mot n'étant guéres plus en usage, signifioit autrefois un vieux Château, ou un lieu de retraite dans une Place, où on a pû capituler avec l'ennemi, avec plus d'avantage, en cas de besoin.

Doublement, est un mouvement des soldats, qui de deux rangs n'en fait qu'un, & de deux files, qu'une.

Dragons, sont des gens de guerre à cheval, combatrans tantôt à pied, tantôt à cheval. Dans les attaques ils vont ordinairement les premiers à la charge, & servent d'enfans perdus. Lat. *Milites desultorii*, Ital. *Dragoni*.

E.

Echauguette, ne signifie autre chose qu'une guérite.

Embarras, ou Cheval de Frise, c'est la même chose.

Embrasures, sont des ouvertures d'un parapèt, par lesquelles on tire le canon.

Em-

Embuſcade, eſt un endroit où l'on ſe cache pour ſurprendre l'ennemi.

Enceinte, eſt la circonférence d'une place, tantôt revêtuë & compoſée de Baſtions & Courtines, tantôt non.

Enclöuer le canon, eſt faire entrer par force un clou dans la lumiére du canon pour le rendre inutile.

Enfans perdus, ſont des ſoldats fournis par compagnie, marchant à la tête des troupes commandées pour ſe ſaiſir d'un poſte.

Enfilade, eſt une ſituation de terrain qui découvre tout un poſte en ligne droite.

Enfiler, eſt tirer le long d'une ligne droite.

Enneagone, Lat. *Enneagonus*, Ital. *Enneagone*, eſt un Polygone de 9 côtés.

Enſeigne, eſt un Officier qui porte un Drapeau. Lat. *Signifer peditatus*, Ital. *Alfiere*.

Enveloppe, eſt une maſſe de terre dans le foſſé d'une place, ou au-delà. Quelquefois elle n'a qu'un parapèt, & tantôt encore un rempart.

Epaule, eſt l'eſpace occupant le terrain, qui eſt à l'endroit où la face & le flanc forment un angle.

Epaulement, eſt le travail qu'on fait pour ſe couvrir à côté, ſoit par des élévations de terre, ſoit par des ſacs à terre, corbeilles, gabions, faſcines, &c. Ce nom eſt encore donné à l'orillon, parce qu'il couvre le canon.

Epauler, n'eſt autre choſe que couvrir le flanc, en ſorte qu'il ne ſoit découvert de côté.

Eperon ou *Contrefort*, c'eſt la même choſe.

Eſcadrons, ſont pluſieurs Cavaliers rangés en Bataille ſur trois rangs.

Eſcalade, eſt une attaque par échelles, dont on ſe ſert pour monter la muraille de la place, que l'on tâche d'emporter.

Eſcarmouche, eſt un petit choc de quelques ſoldats détachés de l'un & de l'autre parti, avant que les Armées en viennent aux mains. Lat. *Levior velitatio*, Ital. *Scaramuccia*.

Eſcarpe, eſt le talut de la muraille du corps de la place vers le foſſé. Lat. *Acclivitas foſſa interior*, Ital. *Scarpa*.

Eſcoüade, eſt la troiſiéme partie d'une Compagnie.

Eſplanade, eſt la place vuide de maiſons, entre une ville & la citadelle.

Eſſuyer le feu, c'eſt s'expoſer au feu de l'ennemi.

Etappe, eſt une fourniture & diſtribution de vivres & de fourage, ordonnée pour les gens de guerre qui ont leur route te dans la Province, en allant & revenant des Quartiers d'hiver.

Etoile, Lat. *Munitio stellata*, Ital. *Fortezza stellata*, est un ouvrage à plusieurs faces, dont l'une flanque l'autre.

Etre en faction, c'est être en sentinelle.

Evolutions, sont des mouvemens & figures, qu'on fait faire aux Bataillons.

F.

Face, est la partie du Bastion la plus avancée vers la Campagne, comprise entre l'Angle de l'Epaule & celui du Bastion. Lat. *Facies*, Ital. *Faccia*.

Face de la Ville, est toute la fortification d'un côté extérieur; sçavoir deux faces de deux Bastions voisins, leurs Flancs, & la Courtine, qui les joint ensemble.

Faction, est le service du Soldat, qu'il rend, étant en sentinelle, ou faisant la patroüille.

Faire feu, c'est tirer incessamment.

Faire alte, c'est s'arrêter.

Faire main basse, c'est faire passer tout au fil de l'épée.

Faire la patroüille, c'est aller la nuit par les Quartiers, après la retraite, pour empêcher les désordres.

Faire la ronde, c'est aller la nuit sur les remparts, autour de la place, pour écouter s'il n'y a rien qui passe par dehors, qui pourroit endommager la Ville, & voir en même tems si les Sentinelles font leur devoir. Lat. *Circumferre tesseram militarem*. Ital. *Far la ronda*.

Fanion, est un Etendart, qu'un valet de chaque Brigade de Cavalerie & d'Infanterie porte à la tête des menus bagages de sa Brigade, pendant la marche du Bagage de l'Armée, pour éviter l'embarras de la marche des équipages.

Fantassin, est un Soldat, qui sert & combat à pied. Lat. *Pedes*. Ital. *Fante*, *Fantacino*.

Fascines, sont des fagots de menuës branches d'arbres d'un pied de diamétre, & environ de 4 pieds de long, liés par les bouts & le milieu. On s'en sert pour faire des Chandeliers, ou Epaulemens, ou en remplir le fossé, &c. quand on les goudronne, c'est pour en brûler une gallerie, ou quelque autre travail de l'ennemi.

Faussebraye, ou *Basse enceinte*, est un petit rempart, large de 4 Toises, bordé d'un parapèt & d'une banquette, régnant tout autour du rempart du corps de la place. On s'en sert, ou pour mieux faire feu sur l'ennemi, quand il est déja si avancé, qu'on ne le peut plus rechasser de dessus le rempart du corps

                                             de

de la Place ; ou pour y recevoir les ruïnes que le canon ennemi fait dans le corps de la Place. Lat. *Vallum inferiore succinctus.* Ital. *Falsabraga.*

Fer à cheval, est un ouvrage rond ou ovale bordé d'un parapèt, & elevé dans le fossé d'une Place marécageuse, ou pour couvrir une porte, ou pour venir au secours de la défense trop longue.

Feu, ce sont les coups de chaque partie, de laquelle on peut tirer, pour défendre un poste.

Figure ou *Polygone,* est le dessein d'une Place que l'on veut fortifier.

File, est une ligne droite, que les soldats font, étant placés les uns devant les autres. Dans l'Infanterie, le nombre des hommes de la file, monte à six, & dans la Cavalerie, il n'est que de trois.

Flanc, est la partie du Bastion, qui joint une face & une courtine ensemble, défendant la Face du Bastion opposé. Lat. *Ala,* Ital. *Fianco.*

Flanc couvert, ou *retiré,* est une espéce de Casematte, ayant une Platteforme enfoncée vers la capitale du Bastion, & couverte d'un Orillon.

Flanc fichant, est celuy, dont les coups, qui en sont tirés, se fichent & donnent en ligne droite, dans la Face du Bastion opposé.

Flanc oblique, ou *second flanc,* est une partie de la Courtine, qui bat obliquement la Face du Bastion opposé.

Flanc rasant, est celui, dont les coups qui en sont tirés, rasent la Face du Bastion opposé.

Flanquer une Place, c'est bâtir une Place, de maniére qu'il n'y ait aucune partie, qui ne soit défenduë, & de laquelle on puisse battre l'ennemi à face ou à dos, & l'obliger ainsi à se retirer.

Fort de Campagne, est un ouvrage, ayant des retranchemens de tous côtez, & destiné à occuper quelque hauteur, à s'assûrer du passage d'une riviére, à environner quelque poste, qu'on veut conserver, à fortifier les lignes & les quartiers d'un siége &c.

Fortin, est un petit Fort étoilé, pour assûrer l'enceinte des lignes de circonvallation.

Fossé, est une profondeur, large selon le besoin, qui regne tout au tour d'une forteresse, pour empêcher que l'ennemi n'entre dans la place à son gré.

Fougade, est un petit fourneau, fait en forme de puits, large d'environ 8 à 10 pieds, & profond de 12. On le charge de barils, ou de sacs de poudre, auxquels il y a une saucisse attachée, qui répond à un autre poste, où on lui

donne

donne feu, afin qu'on soit sans danger, quand les fougades
joüent, & enlévent le terrain, qui est par dessus ces
puits.

Fourneau, ou *Chambre de la poudre*, ou *Chambre de la mine*, est
un trou enfoncé dans l'épaisseur des terres ou de la muraille, ordinairement en forme de quarré. Sa charge est
proportionnée au terrain, qu'on prétend de faire sauter en
l'air. La poudre qu'on y met, est ou dans des barils de
100 livres chacun, ou dans des sacs de 50 livres. Voyez ci-
dessous Liv. VIII. Chap. XII.

Fourrier, est l'Officier qui doit avoir un role, ou denombre-
ment de tous les soldats de la Compagnie, pour faire le
departement des logis.

Fraises, sont des piéces de bois, longues de 6 à 8 pieds, dont
on enfonce presque la moité dans la terre du rempart, du
côté du dehors, un peu au dessous du parapèt. Elles pré-
sentent leurs pointes vers la campagne, en baissant un
peu. On s'en sert, pour empêcher les deserteurs & les surprises.

Fraiser un Bataillon, c'est border les Mousquétaires de piquiers, qui le couvrent en présentant leurs piques, pour
arrêter les efforts de la Cavalerie, si elle veut venir à la
charge.

Front d'un Bataillon, est le premier rang du Bataillon.

Fuselier, sont des Fantassins armés de fusils.

G.

Gabions, Lat. *Corbes Loricales*, Ital. *Gabbioni*, sont des grands
paniers, également larges en haut & en bas, environ de 4. à
8. pieds de Diamétre, & de 6. à 10. de hauteur; étant remplis de terre, on en fait tantôt un parapèt, tantôt on s'en
sert de merlons pour des Batteries, tantôt on les employe à des logemens qu'on fait sur quelque poste, tantôt ils servent à d'autre chose. Voyez ci-dessous Liv. V.
Chap. XI.

Gallerie, Lat. *Vinea*, Ital. *Galleria*, est une allée de char-
pente, dont les piéces de bois sont posées dans le fond du
fossé, couvertes de planches ou de clayes, & chargées de
terre, pour passer le Mineur à couvert, sans que le feu,
que l'ennemi y pourra jetter dessus, l'incommode. Voyez
ci-après Liv. VIII. Chap. XI.

Gallerie, *Branche*, *Canal*, *Araignée*, ou *Conduit de mine*, est un
chemin souterrain, qui sortant d'un puits, large de 3 à 4

pieds, s'avance sous le terrain des ouvrages, où l'on veut conduire des mines ou contre-mines.

Garde, est le service qu'on rend pour s'assûrer contre les surprises de l'ennemi.

Gardefous, ce sont des Balustrades, dont on garnit les deux côtez d'un pont, pour empêcher que personne ne tombe dans le fossé.

Garnison, est le corps de troupes destinées à défendre une ville. On donne encore ce nom au lieu où on met des troupes pour les rafraîchir pendant le Quartier d'hiver. Lat. *Præsidium*, *Milites Præsidiarii*, Ital. *Presidio*.

Gasons, sont des morceaux de terre fraîche, molle & couverte d'herbe, d'environ un pied de long & un demi pied d'épaisseur, taillés en forme de coin; leur largeur est égale à l'épaisseur. On s'en sert pour le revêtement du rempart, du parapèt & du fossé; de même que pour les mettre sur les traverses des Galleries. Lat. *Vestimentum loricæ*, *valli*, *fossæ*. Ital. *Cespuglio*. Il y en a encore une autre espéce; & ceux-là sont d'un pied de long, d'un demi pied de large, & de 4 pouces d'épais par tout.

Glassis ou *Glacis*, est la pente du parapèt du chemin couvert, se perdant insensiblement dans la campagne. Les plus grands sont les meilleurs, quand il n'y a point d'avant-fossé. Lat. *Acclivitas viæ coopertæ exterior*, Ital. *Pendio*.

Gorge, est l'entrée du terre plain de Bastions & d'autres ouvrages. Lat. *Collum*, Ital. *Collo*.

Grain d'orge, est un instrument de fer, long de 7 à 8 pieds, quarré ou rond, gros d'un pouce, ayant la pointe d'acier quarrée, de laquelle les quatre coins sont plus avancés que le reste. On s'en sert pour percer la terre dans une mine, quand on peut écouter, si on est bien proche de l'ennemi; les paveurs s'en servent aussi, quand ils dépavent & ôtent les cailloux.

Grand demi-Diamètre, est la ligne, qui va du centre jusqu'à la pointe du Bastion d'une Place.

Grande Garde, est un ou plusieurs escadrons, postés jusqu'à une demi heure au delà du camp, du côté des ennemis, sous le commandement d'un Officier, qui donne en même tems ordre à plusieurs autres petites gardes, qu'il poste à droite & à gauche, pour observer d'autant plus exactement les mouvemens de l'ennemi.

Grénade, est un petit globe creux de fer, ou de fer blanc, quelquefois seulement de bois, de carton &c. rempli de poudre fine, qui prend feu par une fusée mise à sa lumiére. On la jette à la main, dans des postes où les Soldats sont presfés, comme dans des tranchées, ou logemens, &c. Lat. *Globus igniuomus minor* ; Ital. *Granata*.

Grenadier, est un Soldat armé d'un bon sabre, d'un fusil, qu'il porte en Bandoüillere, & pourvû d'une gibeciére pleine de grénades.

Gros, est un petit corps de Troupes.

Gros de l'Armée, est le corps, qui est entre l'avant-garde & l'arriere-garde. Quelquefois on donne ce nom à toute l'Armée, qui suit les détachemens, qui se sont saisis des avenuës d'une Place, que l'on veut assiéger.

Guérite, est une espéce de petite tour de pierre, ou de bois, située à la pointe d'un Bastion, ou au milieu de la Courtine, pour y loger la sentinelle, qui veille sur le fossé.

H.

Hautes payes, sont les plus bas Officiers de chaque compagnie, que l'on gratifie d'une solde extraordinaire, pour redoubler leurs soins & les encourager à avoir d'autant plus diligemment l'œil sur la conduite des Soldats.

Hauteur d'un Bataillon, c'est le nombre des hommes de la file, ainsi dans un Bataillon, elle est de 6 hommes, & dans un escadron de 3.

Haye, sont des Soldats, rangés sur une ligne droite, l'un à côté de l'autre.

Hérisson, est une poutre garnie d'une grande quantité de cloux, dont une pointe va en dehors. Par le milieu elle est soûtenuë par un pivot, sur lequel elle se tourne, selon les nécessités d'ouvrir, ou de fermer un passage. Lat. *Herinaceus*, Ital. *Riccio*.

Herse, est une porte à treillis ou barreaux, de grosses piéces de bois pointuës en bas, mise au dessus d'une porte de Ville, suspenduë à une corde attachée à un moulinet, que l'on coupe en cas de besoin pour boucher l'entrée. Voyez ci-dessous Liv. V. Chap. XII.

Hexagone, Lat. *Hexagonus*, Ital. *Hexagone*, est un Polygone de 6 côtés.

I.

Infanterie, est le corps des Soldats, qui combattent à pied.

Ingénieur, est un homme habile dans l'art de tracer toutes sortes d'ouvrages, de reconnoître le fort & le foible d'une place, de défendre & d'attaquer un poste, &c.

In-

Infulter un pofte, c'eft l'attaquer contre les formes ordinaires, fans tranchées, fans fappes, fans galleries, y venant à découvert, fe mêlant à coups de main, & gagnant le terrain pied à pied. Dans ces fortes d'attaques, les Grénadiers compofent le front, fuivis de travailleurs tous prêts pour faire des logemens, moyennant lefquels on puiffe fe maintenir dans le pofte infulté. Ordinairement on infulte les Contrefcarpes, pour ôter à l'ennemi le moyen de faire joüer fes fourneaux & fes fougades.

Invalide, eft un homme de guerre eftropié dans une action glorieufe, qui l'a rendu incapable de fervir.

Inveftir une Place, c'eft fe faifir des avenuës, & attendre le gros de l'Armée, pour attaquer cette Place. Lat. *Eminus circumponere obfidium* ; *occupare aditus* ; Ital. *Inveftire*.

Jour ; *être de jour*, c'eft commander l'attaque d'un fiége, ou des troupes, durant l'efpace de 24 heures.

Journée, c'eft une Bataille.

L.

Lever le Biouac, eft renvoyer les Gardes dans leurs tentes & baraques, après la pointe du jour.

Lieutenant, eft le fecond Officier dans une Compagnie.

Lieutenant Colonel, eft l'Officier qui fuit immediatement après le Colonel.

Lieutenant Général, eft l'Officier, qui en abfence du Général, commande les troupes en chef.

Ligne, eft la difpofition de l'armée rangée en Bataille, & qui fait un front étendu fur la longueur d'une ligne droite, pour n'être pas fi-tôt coupée n'y chargée en flanc par l'ennemi.

Ligne, eft un foffé bordé d'un bon parapèt. On donne auffi ce nom à un arrangement de gabions, ou de facs à terre qui forment une ligne, pour fe couvrir contre le feu de l'ennemi.

Ligne Capitale, eft la ligne tirée de l'angle de gorge dans l'angle flanqué.

Ligne Cogritale, eft la ligne tirée du centre de la Place aux gorges.

Ligne de défenfe, eft une ligne repréfentée par le tir du Moufquèt, ou d'autres armes à feu, pour défendre la face du Baftion oppofé.

Ligne de défenfe fichante, eft une ligne tirée de l'angle de la Courtine, jufqu'à l'angle du Baftion, fans toucher la face. Lat. *Defenfiva figens* ; *Linea defenfionis major* ; Ital. *Diffefa ficcante*.

Ligne

Ligne de défense rasante; ou *Ligne de défense flanquante*. Lat. *Linea defensionis minor*; *Defensiva Stringens*. Ital. *Diffesa Stringente*, est la ligne tirée, du point du flanc, d'où la défense commence à decouvrir la Face du Bastion opposé, jusqu'à la pointe du même Bastion. Quand il y a un second flanc, cette ligne commence de l'endroit de la courtine, où on decouvre la face opposée la premiére.

Lignes de communication, ce sont des lignes, qui vont d'un ouvrage à l'autre.

Lignes en dedans, sont des fossés bordés des parapets, du côté de la Place, pour en empêcher les désertions.

Lignes en dehors, sont des fossés bordés de parapets, vers la campagne, pour en empêcher les surprises.

Lisiére signifie la Berme.

Logement d'une attaque, est le travail qu'on fait, dans un poste dangereux, soit sur le chemin couvert, ou sur une mine, ou dans le fond du fossé, ou ailleurs, pour se couvrir contre le feu de l'ennemi. Il se fait de tout ce qu'on trouve capable de resister, comme par des hauteurs de terre, des gabions, des sacs à terre, des balots de laine &c.

Lumiére, est le trou, par où on donne feu à une arme.

Lunettes, sont des petits ouvrages à deux faces, construits sur l'angle, que le fossé du corps de la Place fait avec celui du Ravelin devant la courtine. On les fait aussi au milieu du fossé de la Place, au lieu d'une faussebraye, pour en disputer le passage. La largeur du rempart n'a que 5. Toises, & celle du parapet 3.

<h2 style="text-align:center">M.</h2>

Madrier, est une grosse planche, propre à couvrir la bouche d'un pétard chargé, & qui s'applique avec le même pétard contre les portes, & d'autres endroits qu'on veut rompre. On donne aussi ce nom à des poutres plattes, qu'on met au fond des fossés, pour soûtenir la muraille d'un revêtement.

Major, Lat. *Vigiliarum præfectus*, Ital. *Maggiore*, est le troisiéme Officier dans un Régiment, de même que dans une place de guerre. Le soin de ce dernier s'étend particuliérement sur la garde, les rondes, la Patroüille, les Sentinelles &c.

Maîtres, ce sont les Soldats, qui servent & combattent à cheval.

Manche d'un Bataillon, est l'aîle du Bataillon, composée de Mousquétaires, dont le centre étoit autrefois de Piquiers.

Man-

Mantelèt, est une ou plusieurs planches, jointes ensemble & couvertes de fer blanc, portées sur deux roües, que les travailleurs d'un siége poussent devant eux, pour se couvrir contre le feu de l'ennemi. La hauteur est de 5 à 6 pieds, & la largeur de 3 ; l'épaisseur monte quelquefois à 5 planches.

Maréchal de Camp, est l'Officier, qui indique aux Maréchaux des logis les postes, où il faut mettre les corps de garde d'un campement, ranger l'Armée en Bataille, & en régler la marche.

Maréchal des Logis, est l'Officier, dont le soin principal s'étend sur les logemens des gens de guerre.

Merlon, est la partie du parapèt, qui est entre deux embrasures. Ordinairement, sa longueur du côté de la piéce, est de 9 pieds, & de six vers la campagne.

Mestre-de-camp-général, est le second Officier général de tous les Régimens de la Cavalerie légére.

Mestre-de-Camp, est le Chef d'un Régiment de Cavalerie.

Meurtriéres, sont des petites Canoniéres pour le Mousquèt.

Mine, est un chemin souterrain, qui conduit dans un ou deux fourneaux, remplis de barils de poudre, auxquels on met le feu, quand on veut faire sauter un poste en l'air. Lat. *Cuniculus*, Ital. *Mina*, Voyez ci-dessous Liv. VIII. Chap. XII.

Mineurs, sont des soldats destinés au travail des mines.

Moineau, est un petit Bastion plat, au milieu de la courtine excessivement longue.

Mont-Pagnotte, est une hauteur hors de la portée du canon d'une Place assiégée, où se viennent poster ceux qui veulent voir sans danger l'état du siége, & le feu des attaquans.

Monter à l'assaut, c'est tâcher d'emporter une Place l'épée à la main, & y entrer par force.

Montre, c'est la revüe des troupes, & la solde qu'on leur donne.

Mortepayes, sont des troupes entretenuës, pour la garde ordinaire d'une place de guerre, comme n'étant plus capables de servir en campagne. Sous ce nom on entend des estropiés, des pauvres vieux bourgeois.

Mortier, est une espéce de canon court, monté sur un affut de 4 petites roües, & chargé de bombes, de carcasses, de pierres, &c. Lat. *Mortarium*, Ital. *Mortaro*.

Mot, est la parole que donne chaque soir dans l'armée, ou dans une place, l'Officier qui a le plus haut commandement, pour s'assurer contre les surprises, & empêcher l'ennemi,

nemi , ou quelque espion d'aller & venir communiquer. Lat. *Tessera militaris* , Ital. *Parola*.

Moulinès , est une croix de bois , se tournant horisontalement sur un pied de bois à côté de la barriére ; entre les barres de laquelle passent les gens à pied.

Mousquet , Lat. *Tormentum minus* , *bombarda* ; Ital. *Moschetto* , est une arme à feu pour les soldats qui en portent le nom de Mousquétaires.

Mouvemens , ce sont les changemens de poste que fait une Armée.

Muraille , est une massonnerie pour soûtenir d'autant mieux la terre du rempart qu'elle ne s'éboule.

N.

Nettoyer , est tirer sur toute la longueur d'une ligne droite.

Nettoyer la Tranchée , c'est en chasser la garde & les travailleurs, pour la combler en suite , & enclouër le canon.

Niveau de la Campagne , ou *Rés de Chaussée* , est la superficie horisontale d'un terrain qui ne panche de part ni d'autre.

O.

Occuper une hauteur , est se saisir d'un lieu qui commande sur un autre.

Octogone , est un Polygone de huit côtés. Lat. *Octogonus* , Ital. *Ottogone*.

Officier , est un homme de guerre , ayant quelque autorité dans le corps où il sert.

Orgues , ce sont des grosses & longues piéces de bois , détachées les unes des autres , & armées d'une pointe de fer ; on les suspend par des cordes au-dessus d'une porte , qu'on coupe en cas de besoin pour boucher l'entrée. Voyez ci dessous Liv. V. Chap. XII.

Orillon , est un petit arrondissement revêtu de muraille , & avancé sur l'épaule des bastions à tours creuses , pour couvrir le canon qui est dans le flanc retiré. Voyez Liv. IV. Chap. V.

Ouverture de la Tranchée , est le premier travail ou enfoncement que l'assiégeant fait dans les terres du niveau de la Campagne , pour aller à couvert au corps de la place qu'on attaque.

Ouvrages détachés , ce sont des ouvrages qui couvrent le corps de la place du côté de la campagne. Communément on les appelle *Dehors*.

P.

P.

Paliſſades, ſont des pieux, hauts de 5 à 7 pieds, pointus en haut, épais de 8 à 9 pouces; On les fiche devant le terrain qui peut être emporté d'emblée, c'eſt-à-dire, l'épée à la main, comme le glacis, la gorge des ouvrages détachés. Elles doivent être ſi ſerrées, qu'il ne reſte de l'intervalle entre elles, que pour le paſſage d'une pique, & la bouche du mouſquèt. Lat. *Sudes præpilata*, Ital. *Spinate*. Voyez ci-deſſous Liv. V. Chap. XIII. §. 3.

Pan, eſt une partie de muraille; il ſignifie auſſi quelquefois la Face du Baſtion.

Parade, *faire la parade*, c'eſt mettre les Soldats ſous les armes, en préſence de l'Officier, qui en a le commandement, ſoit pour monter la garde, ou bien lors qu'une perſonne de qualité eſt prête à paſſer.

Parapèt, eſt une maſſe de terre, élevée ſur le rempart de 5 pieds, pour couvrir le Soldat & le Canon, qu'on met derriére, pour défendre un poſte. Lat. *Lorica*, *Thorax*; Ital. *Parapetto*.

Parc, eſt un endroit dans le Camp, hors de la portée du Canon, choiſi pour y mettre l'Artillerie, le feu d'artifice, la munition de bouche & de guerre. La plûpart eſt gardé par des Piquiers.

Parole, voyez ci-deſſus *Mot*.

Parti, c'eſt un petit corps de Soldats, commandé pour aller à la petite guerre, obliger les Païſans à contribuer, faire des priſonniers, & s'informer des nouvelles de l'ennemi.

Partiſan, eſt l'Officier qui commande un parti.

Paſſer un homme à un Officier, c'eſt donner à un Officier la ſolde d'un Soldat, pour un de ſes valets.

Pâté, eſt un terreplain arondi en ovale, bordé d'un parapèt, ſans aucune partie flanquante. On les met ordinairement dans des lieux marécageux, pour couvrir la porte d'une Place.

Patrouille, eſt un guèt de nuit, compoſé de 5 ou 6 Soldats, commandés par un Sergeut, pour obſerver ce qui ſe paſſe dans une Ville, & veiller à ſa ſûreté. Lat. *Vigiles nocturni*, Ital. *La guardia notturna*.

Peloton, eſt un petit corps d'Infanterie, d'environ 50 ou 60 hommes. Lat. *Manipulus*, Ital. *Manipolo*.

Pentagone, eſt un Polygone de cinq côtés. Lat. *Pentagonus*, Ital. *Pentagone*.

Pétard, eſt une machine de métail, de fer, de fer blanc, ou d'autre matiére creuſe, ayant à peu près la figure d'un chapeau,

peau, de 7 à 8 pouces de profondeur, & de 4. 5. ou 6 pouces de diametre à la bouche. Après l'avoir chargé, on y attache un madrier, par des cordes passées dans des anses, qui se trouvent au collet vers la bouche de la machine. Voyez ci-dessous Liv. V. Chap. X. §. 3.

Petit demi-Diametre, est la ligne tirée du Centre jusqu'aux Gorges.

Piéces de Batterie, sont toutes sortes de canons qu'on met sur les Batteries ; mais en Allemagne & en Hollande on donne ce nom particuliérement aux piéces de 24 livres de bale.

Piéces de campagne, sont des canons de 8 à 12 livres de bale, qu'on met ordinairement à l'avant-garde d'une Armée qui marche.

Pierrier, est un canon qui se charge par la culasse, & non par la bouche.

Pilotis, sont des gros pieux de chêne, pointus par une de leurs extrémités, & serrés par les deux bouts. On les enfonce dans la terre, pour affermir le fondement de quelque travail.

Pique, est une perche menuë, arrondie & garnie par le bout d'une petite piéce de fer applatie, tantôt en forme d'un cœur, & tantôt en forme triangulaire fort pointuë ; on s'en sert pour arrêter le choc de la Cavalerie. Lat. *Lancea major*, Ital. *Pica*.

Piquet, est un petit bâton pointu dont on marque les angles sur le terrain.

Piquier, est un homme de guerre, qui a pour armes une pique & une épée.

Places d'armes, ce sont des terrains spacieux, propres à y assembler les troupes qu'on veut envoyer dans des lieux où l'on en a besoin.

Places d'armes du chemin couvert, ce sont les places qu'on donne au chemin couvert, où il fait des angles saillans, pour y mettre quelques fauconneaux, & en faire retirer ceux qui avancent dans les approches.

Places fortifiées, sont celles qui sont bien flanquées.

Places Irréguliéres, sont celles dont les angles & les lignes du même nom sont inégales.

Places Réguliéres, sont celles dont les angles & les lignes du même nom sont égaux entre eux ; ainsi une face n'est pas plus longue que l'autre, ni un flanc plus petit que l'autre.

Plan, est la représentation d'un ouvrage dans ses largeurs & ses longueurs.

Platte-forme, est dans sa signification générale, toute piéce de
for-

fortification bâtie dans un angle rentrant ; mais plus particuliérement, elle signifie une petite élévation de terre en forme de traverse, pour y planter le canon qui doit joüer par dessus le parapet ; on l'appelle aussi *Barbette*. Voyez Liv. IV. Chap. XVI.

Polygone extérieur, est la distance d'une pointe de Bastion à la pointe de l'autre.

Polygone intérieur, est la distance d'un angle de gorge à l'autre.

Pont, est un passage sur une profondeur qu'on veut rendre inaccessible.

Pont-flottant, est un pont quarré en forme de redoute, composé de deux batteaux couverts de planches. Leur construction doit être si solide, qu'on y puisse passer de la Cavalerie & du Canon.

Pont de Jonc, est un pont fait de grosses bottes de jonc, liées les unes avec les autres, & couvertes de planches ; on les jette dans des endroits bourbeux & marécageux, pour en affermir le passage. Voyez ci-dessous Liv. VIII. Chap. VIII.

Pont-levis, est une partie du grand pont, faite en maniére qu'on la puisse lever par des chaînes, & en fermer une entrée.

Pont-volant, est une jonction de deux ou plusieurs petits ponts, de 4 à 5 Tois. de longueur, posés les uns sur les autres, en sorte que celui de dessus s'allonge par le moyen de quelques cordes passées à des poulies, qui se trouvent le long des bords du pont de dessous, & qui le font couler en avant jusqu'à ce qu'il touche l'endroit où on le veut jetter. On s'en sert principalement pour surprendre les endroits qui ont le fossé étroit.

Ponton, est un bâteau de cuivre ou de fer blanc, dont on fait un pont en mettant des planches dessus, pour passer une riviére. On les met sur des chariots, & on les méne aux lieux où on en a besoin. Lat. *Pontones*, Ital. *Pontone*.

Porte, est un assemblage de planches pour fermer l'entrée d'une enceinte.

Poste, est toute sorte de terrain capable de loger des soldats.

Poterne, est une fausse porte qu'on fait fort souvent au bas de la courtine, ou auprès de l'orillon, pour faire des sorties secrettes. Voyez Liv. V. Chap. IX. §. 5.

Prévôt, est l'Officier qui a l'œil sur les déserteurs & sur les soldats coupables, & qui met la taxe sur les vivres de l'Armée.

Profil, est la représentation d'un ouvrage dans ses longueurs, largeurs & hauteurs.

Puits.

Puits, sont des profondeurs, que le Mineur fait dans les terres, d'où il pousse les Galleries, pour aller chercher les fourneaux de l'ennemi, & les éventer, ou pour en préparer lui-même.

Q.

Quarré, est un Ouvrage à quatre Bastions. Lat. *Quadratum*, Ital. *Quadrato*.

Quartier du Roi, est le lieu du camp, où loge le Général.

Quartier d'un siége, est le campement qu'on fait sur l'un des plus importans passages, qui se trouvent autour d'une Place assiégée pour en empêcher les secours & les convois.

Queuë d'Hyronde ou *d'Hyrondelle*, est un Ouvrage détaché, dont les aîles ne sont pas paralleles entre elles, mais qui s'élargissent vers la campagne, & qui vont en s'étressissant vers la Gorge. Voyez Liv. III. Chap. VII.

R.

Rameau de la mine, est Synonime avec Gallerie.

Rang, est la ligne droite, que font les soldats d'un Régiment, ou d'une Compagnie, rangés l'un à côté de l'autre.

Ration, est un certaine portion de pain ou de fourage, qui se distribuë à chaque homme de guerre.

Ravelin, est un petit ouvrage triangulaire, composé de deux faces. On les construit ordinairement sur l'angle rentrant du fossé, devant la Courtine. Lat. *Moles*, Ital. *Rivellino*.

Rayon ou *Demi-Diamétre*, est la distance du Centre jusqu'à la circonférence d'un cercle.

Reconnoître une Place, c'est en remarquer les avantages & les défauts, avant que d'en former le siége.

Recruës, sont des soldats nouvellement levés, pour remplir les places vuides dans les Compagnies.

Redants, sont des ouvrages faits en forme de scie, ayant des angles rentrans & saillans, qui se défendent réciproquement. On les place la plûpart sur les entrées des Riviéres. Lat. *Opus Serratum*, Ital. *Sega*.

Redoute, est un petit fort quarré, n'ayant la défense que de front. On le destine d'ordinaire à soûtenir la Tranchée, à être placé aux circonvallations & contrevallations. Quelquefois on les revèt de muraille, quand il s'agit de les mettre dans des endroits aquatiques, pour assûrer le voisinage. Lat. *Reductus*, *Receptus*, Ital. *Ridotto*.

Reforme, eſt le licenciement d'une ou de pluſieurs compagnies.

Réduit, eſt un petit lieu avantageux, retranché du reſte de la place pour s'y retirer en cas de beſoin, & tenir une partie des Bourgeois en bride.

Régiment, eſt un corps de pluſieurs compagnies, commandées par un Meſtre-de-Camp dans la Cavalerie, & dans l'Infanterie par un Colonel. Lat. *Legio*, Ital. *Regimento*.

Relever la Tranchée, c'eſt monter la garde à la Tranchée, à l'inſtant qu'une autre garde deſcend.

Remonter un Cavalier, c'eſt lui fournir un cheval quand il eſt demonté.

Rempart, eſt une levée de terre qui regne tout autour d'une place, compoſée de Baſtions & de Courtines, pour couvrir le Soldat & le Canon qui la doivent défendre. Lat. *Vallum*, Ital. *Riparo*.

Rendez-vous, eſt un endroit ſpacieux, ou pluſieurs Régimens s'aſſemblent, pour y paſſer en revûë générale, ou pour y recevoir les ordres de quelque expédition.

Rés de Chauſſée, n'eſt autre choſe que le niveau de la campagne.

Retirade, eſt un retranchement formé par deux parapèts, faiſant un angle rentrant. Quelquefois on lui donne un foſſé bordé d'un parapèt. On le conſtruit dans un ouvrage, dont on diſpute le terrain pied à pied.

Rétour, eſt un épaulement ſur une longue ligne, fait pour la défenſe d'un ouvrage à corne ou à couronne.

Retranchement, eſt le travail qu'on fait d'une partie du rempart, l'ennemi étant ſi avancé, qu'on ne puiſſe plus lui réſiſter, ni le chaſſer de deſſus le vieux rempart. La plûpart on les environne d'un foſſé, bordé d'un parapèt. En cas de néceſſité, on les fait avec de faſcines chargées de terre, ou de gabions, de ſacs à terre, &c. Lat. *Receſſus*, *Regreſſio*, Ital. *Trincieramento*.

Revêtir, c'eſt environner un ouvrage d'un bon mur, ou de gaſons.

Revûë, eſt une aſſemblée de troupes ſous les armes, pour voir ſi elles ſont complettes & en bon état, ou bien pour les payer. Lat. *Luſtratio*. Ital. *Viſta*.

Rideau, eſt une petite élévation de terre dans la raſe campagne, qui s'étend en longueur, propre à favoriſer ceux qui veulent aſſiéger la Place. On donne encore ce nom à un lieu propre à venir à couvert juſqu'au pied de la Place.

Ronde, eſt un guèt de nuit, qu'un Officier fait à l'entour d'une Ville, ſur le rempart, pour obſerver la fidélité & la vigilance des ſentinelles.

Ron-

Rondelle, est une tour ronde, mise au milieu de la Courtine, & quelquefois à la place des Bastions.

Rouler, c'est commander alternativement; quand il y a des Officiers d'une même réception, qui se disputent le rang, pour ôter les jalousies, ils commandent alternativement.

S.

Sac à terre, est un sac de grosse toile, qui contient à peu près un pied & demi de terre en épaisseur & en hauteur. On s'en sert en diverses rencontres, principalement pour se couvrir à la hâte contre le feu de l'ennemi. Lat. *Saccus*. Ital. *Sacco*.

Saccager une Ville, c'est piller une Ville, réduite sous l'obéissance. Lat. *Relinquere licentiæ militari*, Ital. *Saccheggiare*.

Saigner un fossé, c'est en tirer l'eau par des conduits soûterrains pour le passer plus aisément, en jettant des clayes sur la bouë qui reste au fond. Lat. *Fossæ aquam subducere*, Ital. *Seccare la fossa*.

Salve, est une décharge de la Mousqueterie, ou des Canons.

Sappe, est un enfoncement qu'on fait dans les terres du Glacis & du chemin couvert, en forme de tranchée, couvert de madriers ou de clayes, contre le feu d'artifice de l'ennemi. Les terres qu'on en tire, jettées à droite & à gauche servent à cela.

Sarrazine, ou Herse, c'est la même chose.

Saucisse, est un morceau de toile fort long, dont on coud les côtés tout du long en forme de boyau, lequel on goudronne & remplit de poudre. Sa grosseur est à peu près capable, de contenir une bale à joüer. On met l'un des bouts à l'endroit, où il y a une mine ou une fougade, quelque fourneau, quelque caisson de bombes, &c. L'autre bout répond à l'endroit ou est le mineur, qui doit y mettre le feu.

Saucissons, sont des fagots faits de grosses planches, liées par le milieu & les bouts. On s'en sert comme des fascines.

Sauve-garde, est une garde que le Général de l'Armée donne à quelques terres ennemies, pour les mettre à couvert contre les insultes des siens.

Scarpe, (*Escarpe*) c'est la pente de la muraille qui est à l'entour du rempart du corps de la place vers le fossé. Lat. *Acclivitas fossæ interior*. Ital. *Scarpa*.

Second flanc, c'est une partie de la Courtine, qui découvre &

défend obliquement la face du Baftion oppofé. Lat. *Ala Cortina*, Ital. *Diffefa feconda*.

Secourir la Place, c'eft faire lever le fiége à l'ennemi.

Sentinelle, eft un Soldat à pied qu'on met aux remparts devant les portes, ou à d'autres poftes, pour écouter & avertir.

Sergent, eft le premier des bas-Officiers d'une Compagnie. Entre autres il dreffe les files & les rangs.

Serre-file, eft le dernier rang d'un Bataillon.

Service, voyez Uftenfile.

Siége, eft le Campement d'une Armée autour de la Place qu'on veut attaquer.

Sillon ou *Enveloppe*, eft un petit rempart bordé d'un parapèt mis dans un foffé trop large, dont le trait forme des Angles rentrans & faillans, afin que les parties fe flanquent réciproquement.

Soldat, eft un homme de guerre. Particuliérement on entend fous ce nom un homme fervant à pied.

Solde, eft l'appointement qu'on donne à chaque homme de guerre.

Sommèt du Parapèt, eft la largeur fupérieure du Parapèt. Lat. *Latitudo lorica verticalis*, Ital. *Zuccolo del Parapesto*.

Sommèt du Rempart, eft la largeur fupérieure du Rempart. Lat. *Latitudo valli verticalis*, Ital. *Zuccolo del Riparo*.

Sortie, eft la marche de quelques troupes affiégées, qui vont infulter le travail des affiégeans. Lat. *Eruptio*, Ital. *Surtita*.

Stratagéme, eft une feinte qu'on fait à l'ennemi. Lat. *Stratagema*, Ital. *Stratagema*.

T.

Tablouins, font des groffes planches, dont on couvre les Platteformes pour foûtenir les rouës des affuts, & empêcher que le Canon ne s'enfonce par fa pefanteur dans les terres.

Talut, *Talud*, *Talus*, eft la pente qu'on donne aux ouvrages élevés, foit de terre ou de maffonnerie, pour les mieux faire fubfifter. Lat. *Acclivitas valli*, *lorica*, *foffa*, Ital. *Scarpa di Riparo*.

Tambour, eft un homme deftiné à battre la caiffe.

Témoin, eft une certaine hauteur dans le foffé, faite de la même terre qu'on transporte, & à laquelle on ne touche point, afin qu'on puiffe fçavoir combien l'on a tiré de terre.

Tenaille double ou *flanquée*, eft un ouvrage portant en tête 4 faces, qui fe flanquent réciproquement, & qui forment deux Angles

gles rentrans, & trois saillans. Lat. *Forcipula duplex*. Ital.
Tenaglia rinforzata.

Tenaille simple, est un ouvrage, portant en tête un Angle
saillant & deux rentrans, étant composé de deux faces. Lat.
Forcipula simplex, Ital. *Tenaglia simplice*.

Terre-plain du Rempart, est la superficie horisontale du Rempart, où marchent les Soldats & reculent les Canons. Lat.
Ambulacrum valli, Ital. *Terrapieno di riparo*.

Terre-plain du Parapèt, est la superficie du Parapèt, où on peut
marcher. Lat. *Ambulacrum Lorica*, Ital. *Terrapieno di Parapetto*.

Tirer à Barbette, c'est tirer par dessus le Parapèt.

Tirer en Barbe, c'est la même chose, parce que le feu du Canon, en rasant la superficie du Parapèt & en brûlont son
herbe, lui fait, pour ainsi dire, la barbe.

Tirer par camarades, Voyez Battre par camarades.

Tour creuse, est un arrondissement fait du flanc retiré & de
deux brisures, joignant la Courtine & l'Orillon ensemble.
On y range la Mousquéterie & le Canon pour défendre
la face du Bastion opposé, le fossé & le chemin couvert.

Tranchée, est une profondeur, ou fossé, que l'Assiégeant fait,
pour s'approcher à couvert de la place, qu'il attaque.
Quelquefois on est obligé de faire la Tranchée de gabions,
de sacs à terre, de balots de laine, de saucissons, &c. Lat.
Seps Castrorum, *Musculus*, *Adductus*, Ital. *Trinciera*. Voyez
Liv. VIII. Chap. IX.

Travail, est tout ce qu'on fait pour se loger & se couvrir.

Traverse, dans sa signification générale, ce mot marque une
levée de terre dans le Bastion, ou sur la Courtiue, ou dans le
chemin couvert, ou ailleurs, dont on se couvre contre une enfilade. Plus spécialement, il dénote un *Chemin de communication*, c'est-à-dire, un petit fossé bordé d'un Parapèt,
quelquefois à droite & à gauche, qui va au travers du fossé
du corps de la place, couvert tantôt de planches chargées de
terre, tantôt découvert. L'Assiégeant s'en sert pour aller
à couvert attacher le Mineur au Bastion. C'est pourquoi
aussi, ce mot est souvent pris pour une gallerie, ou ligne fortifiée par des fascines, des sacs à terre, des gabions, &c. Lat.
Lorica transversa, Ital. *Traversa*.

Tremeau, ou *Merlon*, c'est la même chose.

V.

Vaquemestre, ou *Capitaine des Chariots*, est l'Officier qui a
soin de faire charger & atteler les bagages d'une Armée, &

C 3   d'en

d'en faciliter la marche.

Védette, est une Sentinelle à cheval.

Ville, est une place entourée d'un rempart, ou d'une muraille & d'un fossé, ayant ses portes, qu'on ouvre & ferme quand on veut.

Volontaires, sont des personnes de distinction, qui sans avoir un employ fixe dans les troupes commandées, se jettent dans les occasions de la guerre, où ils espérent de se signaler par quelque action éclatante.

Ustensile, est une fourniture dûë à chaque soldat par l'Hôte qui le loge. On entend sous ce nom la chandelle, un pot, la place à feu, le lit, l'écuelle, un verre, &c. Quelquefois on prend de l'argent pour cela, & on s'en entretient soi - même.

CHAPITRE III.

Des Maximes générales de la Fortification.

ETant impossible de pouvoir bâtir une bonne Place sans avoir considéré auparavant la force des raisons, qui puissent persuader un Ingénieur à la faire d'une manière, qu'il n'y ait pas grande chose à redire, il faut supposer quelques régles fondamentales, suffisantes à rendre compte qu'on ne l'ait faite d'une autre maniére. Les principales sont :

I.

Toutes les parties qui doivent renfermer un espace, doivent être flanquées, c'est-à-dire, vûës de côté, afin qu'il n'y ait aucun endroit autour de la place, où l'ennemi se puisse loger, qu'il ne soit vû de ceux du dedans, non - seulement de front, mais aussi de côté, & même de revers, s'il est possible.

II.

Tout ce qui renferme une Fortification permanente, doit être ou Flanc, ou Face, ou Courtine, & tellement bâti, que les premiers coups du Canon ennemi ne puissent percer leur épaisseur.

III.

La Fortification Réguliére est de beaucoup préférable à l'Ir-réguliére.

IV.

Il est impossible de fortifier un Triangle à la réguliére, à cause que l'Angle du Bastion devient trop aigu.

V.

Autant l'Angle du centre est étroit, autant la défense devient plus forte, & la place en gagne autant plus de côtés.

VI.

Un petit Polygone, contenant le même terrain qu'un grand, est meilleur, pourvû que la ligne de défense retienne une longueur raisonnable, & ne devienne trop grande; parce qu'une telle place ne coûtera pas tant à bâtir, outre qu'on n'est pas obligé d'y tenir une si grande garnison, que s'il y avoit plus de côtés.

VII.

L'Angle du Bastion ne doit être guéres plus grand que de 100 dégrés, ni plus petit que de 60; étant plus ouvert, la face ne peut être défenduë comme il faut; & étant plus aigu, il est trop foible pour résister à l'injure du tems & aux efforts de la Mine & du Canon.

VIII.

Les Angles les plus grands (c'est-à-dire d'une proportion raisonnable) sont les meilleurs à fortifier.

IX.

L'Angle de la Courtine ne doit jamais être plus petit que de 90 dégrés, ni beaucoup plus grand que de 110. Etant plus aigu, on ne peut défendre la Face du Bastion opposé, que fort obliquement; & étant plus obtus, il est trop exposé à la vûë de l'ennemi.

Les

X.

Les grandes demi - gorges, proportionnées aux autres parties de la place, sont préférables aux petites; à cause qu'on a plus d'aisance à s'y retrancher.

XI.

Les grands Flancs proportionnés sont les meilleurs.

XII.

Les plus courtes Faces sont les meilleures; parce qu'elles ne sont pas si sujettes à être attaquées, que quand elles avancent beaucoup dans la campagne.

XIII.

La longueur de la Courtine, entre 60 & 100 Tois. est la plus raisonnable.

XIV.

La ligne de défense de 120 jusqu'à 150 Tois. est toûjours bonne; le coup de mousquèt portant si loin de but - en - blanc.

XV.

Les Fossés larges & profonds sont préférables aux étroits & creux, de même qu'aux larges & peu profonds; parce que l'ennemi trouve plus de difficulté à les passer dans une plaine; mais sur un roc, on les fait ordinairement profonds & étroits; & dans des lieux marécageux, larges & peu profonds, ensorte qu'ils ayent toûjours 6 pieds de profondeur.

XVI.

Les Fossés secs sont préférables aux remplis d'eau pour la défense de grandes places, où les sorties, les retraites, & les secours sont plus nécessairs, que pour celle de petites, où un Fossé plein d'eau est meilleur, principalement quand elle est vive. Les meilleurs de tous, sont ceux qu'on peut tarir & remplir d'eau, quand on veut, moyennant des Aqueducs ou écluses, témoin la Citadelle de Perpignan, qui est pourvûë d'un tel Fossé, de même que quelques places des Païs - Bas.

Les

XVII.

Les Ouvrages extérieurs doivent toûjours être plus bas que le Corps de la place; & plus ils en sont détachés, plus doivent-ils être bas. Par ce moyen les piéces les plus éloignées, étant les plus exposées à l'attaque de l'ennemi, restent découvertes aux plus hautes, d'où on pourra les défendre, & en repousser l'ennemi.

CHAPITRE IV.

De la Situation des Places.

ETant rarement permis de choisir une Place qu'on doit fortifier, & qu'au contraire le lieu étant presque toûjours déterminé & borné, soit qu'on veüille raccommoder une vieille Fortification, ou entourer quelque Bourg de Bastions, & d'autres ouvrages; soit qu'on se veüille rendre maître d'un passage de riviére, ou de quelque endroit serré, ou d'une hauteur avantageuse pour commander au plat-Païs, ou d'une Isle dans une riviére, d'une ou plusieurs avances de terre dans la Mer pour former un Port, ou pour divers autres sujets, dont le détail ne sçauroit être qu'ennuyeux; il est bon de connoître quelles sont les meilleures situations, & les avantages avec les desavantages de chacune.

§. I.

Avantages d'une Place, située sur une Montagne.

1. Elle est mal-aisée à ruiner par les mines.
2. L'ennemi a une peine incroyable à y mener du Canon pour la battre.
3. Il n'est pas nécessaire d'y tenir une grande garnison.
4. Ceux du dedans peuvent découvrir l'ennemi de loin, & ainsi empêcher, qu'il n'approche de plus près.
5. Les Batteries de l'ennemi en rase campagne ne font pas grand mal, étant trop basses.
6. Il y a toûjours bon air.
7. L'ennemi ne s'en rend que fort rarement maître par assaut.
8. Un Rocher, étant naturellement fort, n'a pas besoin de

de grands fraix pour la Fortification.

9. Dans les forties on a toûjours le deſſus ſur l'ennemi.

Deſavantages.

1. Il y manque ordinairement de bonne eau.
2. A peine y peut-on mener des matériaux, des vivres, & d'autres munitions.
3. On ne peut ſecourir une telle place, qu'avec peine.
4. L'ennemi ſe loge facilement ſous le Canon de l'aſſiégé, parce qu'étant trop haut, il ne peut découvrir l'ennemi que de fort loin.
5. Les coups tirés de haut en bas ſont de peu de conſéquence.
6. Les ſorties y ſont fort dangereuſes, à cauſe des ſurpriſes de l'ennemi
7. La plûpart de ces Fortifications ſont irréguliéres.
8. Fort ſouvent on y rencontre des terres ſablonneuſes, qui n'étant pas propres à la Fortification, ne ſont pas de longue durée.

§. II.

Avantages d'une place, ſituée ſur le panchant d'une montagne.

1. On n'a pas grande peine à y faire venir tout ce dont on a beſoin.
2. On eſt maître de toute une vallée, ayant une place fortifiée qui la commande.
3. En cas que l'ennemi s'en rende maître, on peut ſe retirer ſur le ſommet de la montagne, & l'en repouſſer.
4. L'eau n'y manque que fort rarement.
5. Les ſecours ne ſont pas mal - aiſés.

Deſavantages.

1. Pour empêcher que l'ennemi n'occupe pas le ſommet de la montagne, il y faut faire d'autres Fortifications à grands fraix.
2. Quand on s'eſt ſaiſi du haut de la montagne, on commande fort aiſément au - dedans de la place, & on en chaſſe la garniſon.
3. On peut facilement dreſſer des Batteries ſuffiſantes pour la battre.

§. III.

§. III.

Avantages de l'Assiette d'une Place dans une Vallée.

1. L'ennemi rencontre des difficultés incroyables avant de parvenir au sommet des montagnes pour l'attaquer.
2. On peut avoir en abondance tout ce qu'il faut pour la vie de l'homme, & la défense du poste.

Desavantages.

1. L'ennemi la peut découvrir de deux côtés, s'étant saisi des hauteurs qui l'environnent.
2. On peut couper facilement les avenuës, en se mettant à l'entrée de la Vallée.
3. Les secours sont fort difficiles, ayant besoin d'aller par des détroits.

§. IV.

Avantages d'une place dans un lieu marécageux.

1. L'ennemi n'y peut approcher, qu'avec danger d'y périr.
2. La place est mal-aisée à faire sauter en l'air, parce qu'on ne la peut miner, que fort rarement.
3. Elle n'a pas besoin d'une grande garnison.
4. Ses lieux peuvent être fortifiés à peu de fraix.
5. L'ennemi ne peut faire des Batteries, ni des lignes d'approches, à moins qu'il ne fasse amener la terre d'ailleurs ; ce qui coûte infiniment.

Desavantages.

1. Il est presque impossible de secourir ces places.
2. Tout ouvrage, que l'on y fait, doit être piloté, à grands fraix.
3. Les sorties sont dangereuses & infructueuses, n'ayant que des détroits, par où il faut défiler.
4. Dans la plûpart, l'air y est mal sain, à cause de l'eau gâtée & pourrie, qui engendre des fréquentes maladies.
5. Pendant les gelées, on peut facilement s'en rendre maître, quand il n'y a pas d'autre Fortification, comme il arrive ordinairement, quand l'assiette est naturelle.
6. On n'a que faire d'Armées nombreuses pour bloquer une telle place, les avenuës étant ordinairement bien étroites.

§. V.

§. V.

Avantages d'une Place dans un plat-Païs.

1. La bonne terre y est en abondance.
2. L'eau n'y manque presque jamais.
3. Ces Places sont ordinairement régulières.
4. On peut avoir de tous côtés des secours, munitions de bouche & de guerre, & généralement tout ce dont on a besoin.
5. On y joüit d'un air agréable & sain.
6. Il s'y trouve assez de terrain pour faire des Retranchemens, dresser des Contrebatteries, élever des Cavaliers, &c.
7. On peut s'en servir avantageusement pour des Dehors.

Desavantages.

1. Le bon terrain qu'il y a autour ne sert qu'à faire des Retranchemens, des Batteries, des Approches, des Redoutes, & d'autres ouvrages, moyennant lesquels l'ennemi peut fort incommoder les Assiégés.
2. On peut former son Camp comme on veut, & le fortifier à son aise d'un bon Fossé, d'un bon Parapèt, &c.
3. La bonté du terrain invite, pour ainsi dire, d'elle-même le Mineur.
4. Les fruits qui croissent à l'entour, ne servent qu'à l'usage de l'Assaillant.
5. On peut attaquer ces Places de tous côtés.

§. VI.

Avantages d'une Place dans une Isle.

1. Ordinairement elle est exempte de la mine, si l'eau l'environne de près, & baigne ses Fortifications.
2. Etant fortifiée naturellement, elle n'a pas besoin de beaucoup d'ouvrages.
3. Le Canon ennemi perd beaucoup de sa force, en joüant par dessus l'eau
4. L'assiégé peut mettre le feu dans la Flotte ennemie.
5. La Flotte est fort sujette à la vûë de l'Artillerie de la place, en s'en approchant pour faire la descente.
6. L'Isle étant d'une telle grandeur, que d'un côté il reste assez d'espace à l'ennemi pour assiéger la place par terre, il lui faut deux Armées; une Navale, pour fermer

mer le paſſage par Mer ; & une par Terre , pour former
l'Attaque.

Deſavantage.

1. L'ennemi peut facilement couper les vivres , & empêcher
le ſecours.
2. On n'a que faire de Cavalerie pour l'attaquer.
3. Ces places ſont plus ſujettes à de fréquentes maladies que
d'autres.
4. Pour réſiſter à l'impétuoſité des vagues , on ſe trouve
fort ſouvent obligé de faire des Digues , des Ecluſes , des
Levées , &c. à grands fraix.

§. VII.

Avantages d'une Place ſur le bord d'une grande Riviére.

1. On y peut méner par eau tout ce qu'il faut pour bâtir ,
& pour l'entretien des Soldats.
2. On peut fortifier l'enceinte réguliérement , ou à peu
près.
3. Le côté de l'eau ſe fortifie à peu de fraix.
4. Le ſecours y eſt aiſé.
5. La terre y eſt abondante pour la réparation des Ouvrages ,
& pour faire des Retranchemens.
6. On y peut faire des Ecluſes , pour inonder la Campagne voiſine.
7. Pour aſſiéger une telle Place il faut avoir deux Armées ,
ſi on veut couper les avenuës par eau & par terre.

Deſavantages.

1. La Riviére ſert à l'ennemi pour tranſporter tout ce qui
eſt néceſſaire dans ſon Camp.
2. On peut élever des bonnes batteries pour battre la
Place.
3. Ayant la terre en abondance on peut ſe couvrir aiſément
contre le feu de l'aſſiégé.
4. On peut donner aux approches telle forme qu'on
voudra.
5. Si on l'aſſiége par eau & par terre , on partage tellement
la force de l'aſſiégé , qu'à la fin il ſuccombe.

§. VIII.

§. VIII.

Avis.

Par les raisons qu'on peut alléguer pour & contre la situation de chaque place, dont nous venons de parler, il n'est pas difficile de faire le choix d'un endroit le plus commode, pour y élever une fortification; sçavoir, il faut éviter le plus qu'il sera possible, les postes, qui ont plus de desavantages que d'avantages. Entre les assiettes susdites, je préférerois la derniére à tout le reste, à cause qu'elle court le moins de risque. Il est vrai qu'elle a aussi ses défauts; mais où trouve-t-on un endroit exempt de toute objection, & contre lequel il n'y ait rien à dire? Ainsi, entre deux maux il faut toûjours choisir le moindre. Les places d'une perfection entiére sont plûtôt à souhaiter qu'à espérer.

CHAPITRE V.

De la Qualité du Terrain.

QUand on veut choisir un lieu pour y faire quelque chose, qui mérite le nom de Fortification, il ne faut pas plûtôt s'engager à une si grande dépense, qu'on n'ait auparavant bien examiné la qualité du terrain. Quelquefois vous rencontrez des situations merveilleuses, dont le terrain ne vaut rien, & quelquefois vous voyez la meilleure terre du monde, & la situation est mauvaise. Pour avoir une connoissance du terrain, il faut prendre garde à ce qui suit.

§. I.

Les Montagnes ont ordinairement le terrain *pierreux*, qui est le plus mauvais; tant, parce qu'il ne se lie point, que parce que les Parapets, qui en sont faits, ne valent rien. Si pourtant on étoit obligé de fortifier un tel endroit, il faudroit choisir les meilleures veines de terre pour la construction du Parapet, & à ce defaut la faire apporter d'ailleurs.

§. II.

Le Terrain *Sabloneux* est encore fort mauvais, par le peu de

liai-

liaison qu'il a , étant toujours sujèt à s'ébouler.　Quand on est contraint de s'en servir , il y faut mêler de la bonne terre ou du vieux fumier, & bien revêtir le Rempart de murailles, & le Parapèt de gasons.

§. III.

Le terrain *marécageux* est meilleur que les deux précédens, quoiqu'il ne soit pas généralement bon.　Car , outre que venant à secher , le Rempart & le Parapèt qui en sont faits , se fendent, on a de la peine à trouver assez de terre pour élever le corps de la Place, avec les autres parties de la fortification, d'une hauteur raisonnable.　Joignez à cela les fraix pour le pilotage des fondemens.　Si pourtant il falloit nécessairement y bâtir , il faudroit le faire en Eté durant les chaleurs , parce qu'alors la terre a plus de fermeté.

§. IV.

La meilleure terre est la *grasse*, étant forte & maniable.　On n'est pas obligé d'en piloter le fondement , ni de faire aucun mêlange, pour rendre le terrain traitable; outre que dans la plûpart des Places, on n'a pas besoin de revêtir le rempart, à moins qu'on ne veüille le faire, sans compter beaucoup d'autres avantages, que cette terre a par dessus les autres.

LIVRE II.

Du Deſſein des Fortifications.

CHAPITRE I.

Des Problémes, appartenans à la Fortification.

§. I.

APrès vous avoir donné une connoiſſance générale des Principes, ſur leſquels la Fortification eſt fondée, je trouve à propos, avant que d'aller plus outre de vous enſeigner quelques problémes, dont vous vous ſervirez dans la ſuite. Les voici.

Inſcrire chaque Polygone dans un Cercle donné.

1. Diviſez le Diamétre AB. du Cercle donné, fig. 1. Pl. 3. en autant de parties égales que vous voulez que le Polygone ait de côtés, *par exemple*, en cinq.
2. Prenez ledit Diamétre entre les pointes du compas, & de ſes extrémités, faites-en deux arcs, qui ſe coupent en C.
3. Tirez de ce point C, par la ſeconde partie du Diamétre, D, (ce qu'il faut obſerver dans chaque Polygone) une ligne droite, juſqu'à ce qu'elle rencontre la circonférence en bas, en E.
4. Le point E. & celui qui termine le Diamétre à côté gauche A, montreront la diſtance dont vous diviſerez le Cercle donné, en cinq parties égales.
   Ce probléme ſe fait encore ainſi.
1. Partagez le cercle donné en quatre parties égales. A B C D.

2. Di-

2. Divisez une de ces quatre parties en autant d'autres, que vous voulez donner des côtés à votre Polygone.

3. Quatre de ces petites parties vous donneront toûjours la distance; dont on divisera le Cercle dans les parties demandées. *Voyez* la Fig. 2. Pl. 3.

§. II.

Trouver le rayon de chaque Polygone régulier, dont un côté est connu.

1. Faites un Cercle, tel que vous voudrez : divisez le en autant de parties égales, que vous voulez donner des côtés à votre Polygone, dont vous cherchez la circonférence; *par exemple* en six. Fig. 1. Pl. 4.

2. Imaginez-vous, qu'un de ces côtés, comme A B. ait autant de Toises, que votre côté extérieur, dont vous ignorez encore le Polygone; supposez qu'il ait 120 Toif.

3. Tirez une longue ligne, C D. & mettez sur elle 120 Toif. à votre fantaisie.

4. Prenez cette ligne: Faites-en un triangle équilatéral, dans le sommèt duquel vous tirerez toutes les 120 Toif. comme C D E.

5. Prenez un côté de votre Polygone connu entre les pointes du compas, & en laissant l'une à ce sommèt, portez l'autre sur les deux jambes du triangle, F G : joignez ces deux points ensemble par une ligne droite, qui sera égale à votre côté extérieur, & divisée en même tems en 120 Toises.

6. Prenez le demi-diamétre de ce Polygone : mettez le sur cette même ligne, & en voyant de combien de Toises il est, vous aurez ce que vous cherchez.

§. III.

La Construction d'une Echelle.

1. Divisez une ligne en 10 parties égales; *Voyez* Fig. 3. Pl. 3.

2. Vous diviserez une de ces 10 parties en 10 autres.

3. Une de ces 10 derniéres parties marquera une Verge, ou une Toise, selon votre supposition; & quand vous la diviserez en 10 autres, vous aurez 10 pieds de Verge; ou en 6 & elle vous donnera 6 pieds de Toise.

4. Pour marquer les pouces, partagez un pied en 12 parties égales, dont l'une sera un pouce.

D

CHAPITRE II.

Du deſſein de neuf Polygones réguliers.

IL y a trois ſortes de Fortifications en France, dont la moyenne eſt la plus en vogue. Pour faciliter le moyen de bien comprendre les meſures, dont on ſe ſert, voici un abrégé, qui vous apprendra facilement à vous y connoître en peu de tems.

§. I.

Pour le Quarré.

	Grande.	Moyenne.	Petite.
Demi-diamétre	141 T. 4 p.	127 T. 2 p.	113 T. 1 p.
Côté extérieur	200 T.	180 T.	160 T.
Perpendiculaire	27 T.	22 T.	21 T.
La Face	60 T.	51 à 55 T.	45 T.
Le Complement	38 T.	33 T.	33 T.

Pour le Pentagone.

Demi-diamétre	153 T. 1 p.
Côté extérieur	180 T.
La Perpendiculaire	25 T.
La Face	50 T.
Le Complement	38 T. 3 p.

Pour l'Hexagone.

Le Demi-diamétre	180 T.
Le côté extérieur	180 T.
La Perpendiculaire	27 T.
La Face	50 T.
Le Complement	38 T.

Pour l'Heptagone.

Le Demi-diamétre	207 T. 3 p.
Le côté extérieur	180 T.
La Perpendiculaire	27 T.
La Face	50 T.

Le

Le Complement   38 T.

Pour l'Octogone.

Le demi - diamétre   235 T. 1 p.
Le côté extérieur   180 T.
La Perpendiculaire   28 T.
La Face   50 T.
Le Complement   38 T.

Pour l'Enéagone.

Le demi - diamétre   263 T. 1 p.
Le côté extérieur   180 T.
La Perpendiculaire   32 T.
La Face   50 T.
Le Complement   38 T.

Pour le Décagone.

Le demi - diamétre   291 T. 1 p.
Le côté extérieur   180 T.
La Perpendiculaire   37 T.
La Face   de 50 à 52 T.
Le Complement   38 T.

Pour l'Endécagone.

Le demi - diamétre   319 T. 1 p.
Le côté extérieur   180 T.
La Perpendiculaire   36 T.
La Face   52 T.
Le Complement   38 T.

Pour le Dodécagone.

Le demi - diamétre   347 T. 4 p.
Le côté extérieur   180 T.
La Perpendiculaire   42 T.
La Face   52 T.
Le Complement   38 T.

§. 2.

Quoique je ne doute pas , que par ces neuf Polygones
vous n'entendiez des Polygones à 4. 5. 6. 7. 8. 9. 10. 11 & 12

Baſtions, je me donnerai toûjours le plaiſir de vous avertir,
qu'il n'y a que ces neuf qu'on fortifie réguliérement, & même on ne trouve guéres de places nouvellement bâties, de 11 ou
12 Baſtions ; une telle fortification demandant trop de dépenſe,
& une garniſon trop nombreuſe, qu'on ne peut entretenir ſans
de grands fraix.

§. 3.

Avant que de vous expliquer cette Table, vous retiendrez,
que le Flanc & la Courtine ſe forment d'eux-mêmes, pour
peu d'application que vous y apportiez, en tirant deux ou 3
lignes, que le Chapitre ſuivant vous enſeignera.

CHAPITRE III.

De l'explication de la Table du Chap. précédent, avec la conſtruction de l'Orillon.

§. 1.

POur appliquer les cinq articles de la Table ſuſdite, obſervez ce qui ſuit.

1. Dans chaque Polygone, prenez le demi-Diamétre entre les
pointes du compas, & faites en un cercle.
2. Prenez le côté extérieur, qui, dans la moyenne, eſt toûjours
de 180 Toiſ. : portez-le ſur votre cercle, que vous trouverez diviſé en autant de parties, qu'il doit avoir : *par exemple*, ici en quatre, ABCD. Fig. II. Pl. IV. qu'il faut
joindre enſemble par des lignes droites.
3. Partagez chaque côté extérieur en 2 parties égales, avec 90
Toiſ. & abaiſſez du milieu une ligne vers le centre, de
22 Toiſ. pour avoir la Perpendiculaire EF. GH. IK.
LM.
4. Mettez la régle ſur les points, qui marquent les pointes
des Baſtions, ABCD. & ſur les extrémités des Perpendiculaires F. H. K. M. pour tirer une ligne droite, que vous
appellerez deſormais *la ligne de défenſe*. Cela fait, donnez
leur à chacune 51 juſqu'à 55 Toiſ. de longueur, en mettant
une pointe du compas ſur les ſuſdites pointes des Baſtions,
pour avoir les Faces, N.O.P.Q.R.S. & T V.
5. Prenez le complement de la ligne de défenſe, qui eſt ici
de 35 Toiſ. : mettez l'une des pointes du compas ſur

les

les extrémités des Perpendiculaires; & avec l'autre, marquez la fin de la ligne de défense, comme W. X. Y. Z.
a. b. c. d.

Pour donner la vraie figure au Quarré, joignez OY. PZ.
Qa. Rb. Sc. Td. VW & NX. ensemble par des lignes
droites; & vous verrez les *Flancs*, lesquels joints ensemble
par leurs extrémités formeront les *Courtines*.

§. 2.

Par ce que je viens d'avancer, vous comprendrez d'abord,
que tous les autres Polygones se fortifient de même, pourvû
que vous preniez les distances, qui font que l'un est différent de l'autre, & dont la susdite Table vous instruit.

§. 3.

De la construction de l'Orillon & de la Tour creuse.

Ayant ainsi donné la figure à votre Quarré, il faut remarquer que Mr. de Vauban ne laisse pas son Flanc dans cet état
là, comme les Allemands; mais qu'il en prend une partie
pour en couvrir le Canon, en lui donnant le nom d'*Orillon*,
à cause de l'arrondissement qu'on y voit; après cela il forme
un Flanc retiré & arrondi, appellé pour cette raison *Tour
creuse*. Voici la construction de l'un & de l'autre.

1. Divisez le Flanc R. b. en 3 parties égales, R. l. i. b.
   Fig. 2, Pl. IV.
2. Partagez la première R. l. en deux autres, comme
   R. e. e. l.
3. Du milieu e. joignez R. l. ensemble par un arrondissement vers le fossé, pour avoir l'Orillon.
4. Par la fin de l'Orillon tirez une petite ligne dans le Bastion, environ de 5 Tois. en mettant la régle sur la pointe du Bastion opposé, b. f.
5. Mettez les mêmes 5 Tois. de l'Angle de la Courtine sur le
   prolongement de la ligne de défense vers la Gorge, comme b. g.
6. Avec la distance de ces deux lignes, qu'on appelle *Brisures*, faites de leurs extrémités deux arcs, s'entrecoupans
   en h. comme f h. g h.
7. Mettez une pointe du compas sur b. & avec l'autre joignez les extrémités de la Brisure f. g. ensemble par un
   arc; la Tour creuse sera faite.

CHAPITRE IV.

Du Dessein de Messieurs d'Ozanam, & de l'Abbé du Fay.

§. 1.

IL est juste de vous dire, que Mr. de Vauban ne s'attache pas si fermement à cette méthode, qu'il n'y ajoûte, & n'en retranche quelque chose quand bon lui semble ; c'est pour cette raison, que Mr. Ozanam, fameux Professeur des Mathématiques à Paris, vous prescrit une autre maniére Méchanique, moyennant laquelle vous fortifierez aussi à la Vaubane. Voilà ce qu'il dit, dans son Livre de Fortification, part. 3. P. 146.

1. Il suppose chaque côté extérieur, sans aucune différence des Polygones, de 180 Tois.

2. Il partage chaque côté extérieur en 2 parties égales, en tirant du milieu une perpendiculaire vers le centre, sur laquelle il met au Quarré 22 Tois. & demie, ou la huitiéme partie dudit côté extérieur ; au Pentagone la septiéme partie, ou 25 T. 4 pieds, 4 pouces ; & aux autres Polygones la sixiéme partie, ou 30 Tois.

3. Par les extrémités de ces Perpendiculaires il tire la ligne de défense de la maniére susdite.

4. Il destine aux faces deux septiémes parties de chaque côté extérieur, ce qui fait 51 T. 2 pieds & quelques pouces, comme A B. C D. Fig. 1. Pl. V.

5. Il prend les deux Faces entre les pointes du compas, & porte cette distance, en laissant une pointe dans l'extrémité d'une Face, comme en B, sur la ligne de défense, qu'il coupe en E. Cela fait, il pratique la même chose de l'extrémité de l'autre D, en F.

6. Il joint D E. & B F. ensemble pour les Flancs, & E F. pour avoir la Courtine.

7. L'Orillon & la Tour creuse sont faits, tout comme j'ai dit au précédent Chap. 3. §. 3.

§. 2.

Monsieur l'Abbé *du Fay*, dans son Traité de Fortification pag. 83. vous fournit encore une autre méthode, en prenant

Le

Le demi-Diametre, de l'Hexagone de 180 T. du VII. de 206
   T. 3 p. du VIII. de 234 T. 3 p. du IX. de 262 T. 2 p.
   du X. de 291 T. du XI. de 314 T. du XII. de 346 T.
   4 v.

Les côtés extérieurs ont toûjours 180 Toif.

La Perpendiculaire, au IV. lui eft de 22 T. au V. de 25 T. &
   aux autres Polygones, de 30 T.

La Face, lui eft toûjours de 50 Toif. fans aucune exception
   de Polygone.

   Le refte fe fait, comme il eft dit au précédent §. 1. A tout
cela, il n'y a rien à dire, excepté, qu'en prenant le demi - Diamétre de l'Endécagone de 314 T. au lieu de 319. le rayon devient trop petit, pour pouvoir donner 180 T. à chaque côté
extérieur; c'eft ce qui eft auffi à obferver dans l'Eptagone, &
dans d'autres Polygones; quoi que cette petite différence ne faffe rien à l'effentiel, ne fervant qu'à la facilité de travailler fur le
papier; Car, étant fur le terrain, on n'a plus que faire d'un
cercle; c'eft alors qu'il faut s'y prendre d'une autre maniére,
dont je parlerai ci-deffous Liv. V. Chap. 1.

CHAPITRE V.

De la conftruction du Corps de la Place.

§. 1.

L E deffein, c'eft-à-dire, la ligne, qui marque l'extrémité
   du Rempart vers le foffé, étant faite, prenez le refte de la
table ci jointe.

1. La Bafe du Rempart   11 T.
2. La Bafe du Parapèt   3 T.
3. La premiére Banquette   3 $\frac{1}{2}$ pieds.
4. La feconde Banquette, autant.
5. La largeur du foffé, de 16 à 20 Toif.
6. Le Chemin couvert, de 4 à 5 Toif.
7. La demi-Gorge des places d'armes au chemin couvert 10 T.
8. Les Faces de ces places d'armes, 13 T.
9. Le Glacis, de 20 à 40 Toif.

§. 2.

   Cette Table étant générale pour tous les Polygones, voici de
quelle maniére on s'en fert.

                                         1. Ti-

1. Tirez une parallele, au deſſein, de 11 T. qui ſe fait devant la Tour-creuſe, en les mettant au devant, & en ouvrant le compas juſqu'au point, qui vous a ſervi de centre, en formant la Tour-creuſe; & dont vous vous ſervirez derechef de centre.

2. Faites la même choſe du Parapèt, en lui tirant une parallele de 3 T. laquelle ne doit aller devant la Tour-creuſe, que juſqu'au prolongement du revers de l'Orillon.

3. Au Parapèt, tirez deux autres paralleles, chacune de 3 pieds & demi, pour marquer les deux Banquettes.

4. Prenez 16 à 20 T. pour la largeur du foſſé, arrondi devant la pointe du Baſtion; on le fait ordinairement parallele aux Faces; mais il eſt meilleur, étant d'environ 2 Toiſ. plus large vers l'épaule que vers l'angle du Baſtion, à cauſe qu'on peut mieux découvrir l'ennemi, ſe logeant dans le fond du foſſé.

5. Autour du foſſé, tirez une autre parallele de 4 à 5 T. pour la largeur du chemin couvert, qui faſſe un Angle ſaillant devant l'arrondiſſement du foſſé.

6. Pour marquer la demi gorge de la place d'armes, mettez 10 Toiſ. de l'Angle rentrant du chemin couvert de deux côtés.

7. Où ces 10 Toiſ. ſe terminent, faites, avec une diſtance de 13 Toiſes deux arcs s'entrecoupans, & tirez les demi-gorges dans le point de cette ſection, pour former les Faces des places d'armes.

8. Tirez une parallele de 20 à 40 Toiſ. autour du chemin couvert & des places d'armes, qui vous formera le Glacis.

§. 3.

Monſieur *Ozanam*, dans ſon Traité de Fortification part. 3. p. 146. prend 12 T. pour la baſe du Rempart, & 20 pour le Glacis; donnant au foſſé, vers l'angle du Baſtion, une largeur de 16 à 18 Toiſ. & de 20 devant l'épaule. Mr. l'Abbé *du Fay* ne décide rien touchant les ſuſdites largeurs, ſoutenant ſeulement l'opinion de ceux, qui font le foſſé plus large vers l'épaule que vers la pointe du Baſtion.

CHAPITRE VI.

Des différentes maniéres de Fortification.

APrès avoir vû de quelle maniére Monſieur *de Vauban* conſtruit le corps de ſes Places, voyons maintenant les différences de pluſieurs autres.

§. I.

Fortification du Comte de Pagan.

Ce Comte fortifie en dedans, comme je viens de dire de Mr. *de Vauban*. Pour mieux comprendre ſa méthode, dont il s'eſt ſervi dans trois ſortes de Fortifications, qu'il a établies, voici la table ſuivante, pour un *Quarré*.

	Grande.	Moyenne.	Petite.
1. Demi-diamétre.	141 T. 3 p.	127 T. 2 p.	113 T. 2 p.
2. Côté extérieur.	200 T.	180 T.	160 T.
3. La Perpendiculaire.	27 T.	24 T.	24 T.
4. La Face.	60 T.	55 T.	50 T.
5. Le Complement.	35 T.	32 T.	31 T.

Le *Flanc* ſe fait, en tirant l'extrémité d'une Face dans le complement.

La Courtine ſe forme à l'ordinaire, en joignant deux Flancs enſemble.

Conſtruction de l'Orillon & de la Caſematte.

Pour couvrir le Canon dans le Flanc, ce Comte a fait des Orillons quarrés aux Flancs, y joint des Caſemattes, dont voici la conſtruction.

1. Diviſez le Flanc en 2 parties égales, AB, & BC. Fig. 2. Pl. V.

2. En retenant la partie AB pour l'Orillon, prolongez la ligne de défenſe vers le centre du Baſtion environ de 19 Toiſ. comme CD.

3. Tirez du point B. qui détermine l'Orillon, une parallele audit prolongement, comme BE.

D 5   4. Met-

4. Mettez sur ces deux lignes 5 Toiſ. pour la Briſure, comme B F. C G.

5. Joignez F G. enſemble par une ligne droite.

6. Tirez à cette ligne une parallele de 7 Toiſ. pour la baſe de la premiére Batterie, ſurpaſſant en hauteur le fond du foſſé de 2 T. comme h. i.

7. Ajoûtez à cette Batterie un Parapèt de 3 Toiſ. l. m.

8. Prolongez l'extrémité de la même Batterie vers la Face de 2 T. comme h. n.

9. Tirez du point N. une autre parallele à la ligne I. D. de 7 Toiſ. comme N. O.

10. Joignez D. o enſemble, pour la baſe de la ſeconde Batterie, dont la hauteur ſurpaſſe le fond du foſſé de 4 T.

11. Bordez cette Batterie d'un nouveau Parapèt de 3 Toiſ. comme p. q.

12. Prolongez l'extrémité de la même Batterie vers la Face de 2 Toiſ. comme O. Y. & tirez du point Y. une parallele aux Faces, pour former une troiſiéme Batterie, reſſemblant à un petit Baſtion, parallele au grand; ayant la baſe du Rempart de 7 Toiſ. & celle du Parapèt de 3. la hauteur ſurpaſſe le fond du foſſé de 6 Toiſ. de même que le Rempart; ſçavoir 3 Toiſ. au-deſſus du niveau de la campagne, & autant au-deſſous, pour la profondeur du foſſé. La terre, dont ce petit Baſtion eſt compoſé, ſe tire du foſſé ſec, qui le ſépare du grand.

Demi-diamétres des Polygones.

Les Polygones ſe font comme le Quarré, excepté que la Perpendiculaire eſt toûjours de 30 T. Les Rayons ſont les ſuivans.

	Grande.	Moyenne.	Petite.
Pentagone	170 T. 2 p.	153 T. 1 p.	136 T. 1 p.
Hexagone	200 T.	180 T.	160 T.
Heptagone	230 T. 3 p.	207 T. 3 p.	184 T. 2 p.
Octogone	261 T. 2 p.	235 T. 1 p.	209 T.
Ennéagone	292 T. 2 p.	263 T. 1 p.	233 T. 5 p.
Décagone	323 T. 3 p.	291 T. 2 p.	258 T. 5 p.
Endécagone	354 T. 5 p.	319 T. 2 p.	283 T. 5 p.
Dodécagone	386 T. 2 p.	347 T. 4 p.	309 T. 1 p.

Pour le Corps de la Place.

1. La baſe du Rempart   11 T.
2. La baſe du Parapèt   3 T.

3. Les

3. Les Banquettes, à la Vaubanc.
4. La largeur du Fossé   16 T.
5. Le chemin couvert   5 T.
6. Le Glacis   de 20 à 30 T.

Tout cela se fait à l'ordinaire, excepté, que la base du Rempart devant les Faces & les Orillons, n'a que 7 T. d'épaisseur, & que le fossé devant la pointe du Bastion se forme par une ligne droite, tirée par le sommet de l'arrondissement, fait de la même distance que le fossé, comme 1. 2. Fig. 2. Pl. V. à laquelle vous joindrez la Contrescarpe devant les Faces. La construction des Ravelins & des Contregardes se trouvera ci-dessous dans l'article des Dehors.

§. II.

Fortification du Chevalier Antoine de Ville, imprimée à Paris l'année 1666.

Monsieur le Chevalier de Ville, fortifiant en dehors, retient tous les côtés intérieurs, dans la moyenne, de 120 Toif. Pour trouver les rayons ou demi-Diamétres de ses Polygones, servez-vous du probléme du Liv. 1. Chap. 1. §. 2. ci-dessus. Aprés cela, remarquez que dans toutes les 3 maniéres il faut fermer les flancs perpendiculaires sur la Courtine, à sa Hollandoise. Dans le Quarré & la Pentagone il détermine l'angle du Bastion par la ligne rasante; mais dans les autres Polygones, il le fait réguliérement de 90 degrés, moyennant le raporteur. Pour faciliter le chemin, voici les

Demi-Diamétres de chaque Polygone.

	Grande.	Moyenne.	Petite.
Quarré	96 T.	84 T. 5 p.	84 T. 5 p.
Pentagone	99 T. 3 p.	102 T. 1 p.	102 T. 1 p.
Hexagone	150 T.	120 T.	120 T. 3 p.
Heptagone	172 T. 5 p.	138 T. 2 p.	138 T.
Octogone	185 T. 5 p. 9 p.	156 T. 5 p.	155 — T.
Ennéagone	219 T. 1 p.	175 T. 2 p.	172 T.
Décagone	242 T. 4 p.	194 T. 1 p.	191 T.
Endécagone	266 T. 9 pouc.	216 T.	209 T.
Dodécagone	289 T. 4 p.	231 T. 5 p.	228 T. 3 p.

Polygones intérieurs.

	Grande.	Moyenne.	Petite.
IV.	135 T. 5 p.	120 T.	120 T.
V.	140 T.	120	120 T.
VI.	150 T.	120	120 T. 6 pouc.
VII.	150 T.	120	119 T. 3 p.
VIII.	150 T.	120	118 T. 3 p.
IX.	150 T.	120	118 T. 3 p.
X.	150 T.	120	118 T. 3 p.
XI.	150 T.	120	$117\frac{4}{7}$ T.
XII.	150 T.	120	$117\frac{4}{7}$ T.

La demi-Gorge.

	Grande.	Moyenne.	Petite.
IV.	$22\frac{1}{2}$ T.	20 T.	20 T.
V.	$23\frac{3}{4}$ T.	20.	20 T.
VI.	25 T.	20.	$22\frac{4}{7}$ T.
VII.	25 T.	20.	$25\frac{3}{4}$ T.
VIII.	25 T.	20.	$26\frac{1}{2}$ T.
IX.	25 T.	20.	$27\frac{5}{5}$ T.
X.	25 T.	20.	$28\frac{1}{2}$ T.
XI.	25 T.	20.	$29\frac{1}{2}$
XII.	25 T.	20.	$30\frac{4}{}$ T.

Le Flanc.

Le Flanc est toûjours égal à la demi-Gorge.

La Capitale.

	Grande.	Moyenne.	Petite.
IV.	$44\frac{1}{3}$ T.		
V.	$37\frac{1}{2}$ T.		
VI.	43 T. 1p. 8p.		$35\frac{5}{6}$ T.
VII.	45 T.		$43\frac{5}{6}$ T.
VIII.	46 T. 1p.		$49\frac{16}{17}$ T.
IX.	47 T.		$54\frac{1}{2}$ T.
X.	47 T. 1p.		$57\frac{5}{3}$ T.
XI.	47 T. 5p. 8p.		60 T.
XII.	48 T. 1p. 8p.		$61\frac{1}{6}$ T.

Dans la moyenne, au IV. & au V. le Chevalier de Ville termine les faces par la ligne de défense rasante, à la Vaubane; mais dans les autres Polygones il prend pour Capitale la largeur de la Gorge AB. comme CD. Fig. I. Pl. VI. Le Quarré & le Pentagone de la petite maniére imitent la moyenne.

Construction de l'Orillon & de la Casematte.

1. Partagez le flanc AE. ou BF. en 3 parties égales, comme ag. gh. he.
2. Prolongez les Faces d'une troisiéme partie du flanc, F I & E L.
3. Tirez des points I L. qui terminent ledit prolongement des paralleles aux Flancs, comme I M. & L N.
4. Tirez de l'angle du Bastion opposé un ligne droite, dans la derniére partie du flanc G. pour couper la parallele L N. en O. & ainsi O G E L, formeront l'Orillon, & O G N A la Casematte. Quand on veut arrondir l'Orillon, décrivez des points I P. un triangle équilatéral I P Q, & du point Q. tirez un arc de P. en I. du milieu de cet arc R. vous ferez le vrai Orillon arrondi.

Pour le corps de la Place.

1. La bafe du Rempart 12 T. 3 pieds. Le Baftion étant tout rempli.
2. La bafe du Parapèt, de 18 à 20 pieds.
3. La largeur du foffé, de 17 à 22 T.
4. Le Chemin couvert 5 T.
5. La place d'armes fe fait, en mettant 10 Toif. fur les deux côtés de l'Angle du chemin couvert, qu'on joint enfemble par un arc.
6. Le Glacis, de 12 à 16 T.

§. III.

Fortification de Mr. Bombelle.

Monfieur de Bombelle, fortifiant en dehors, établit auffi trois fortes de Fortifications, fçavoir : la grande, la moyenne & la petite.　Dans la premiére il prend toûjours le Polygone intérieur de 160 T., dans la moyenne de 140, & dans la derniére de 120. dont les rayons fe trouvent, moyennant le probléme du Liv. 2. Chap. I. §. 2. ci-deffus.　Le refte fe fait ainfi :

1. Partagez chaque Polygone intérieur en 5 parties égales, dont une vous fervira de demi-Gorge.
2. Donnez-en auffi une à la hauteur du Flanc, dont l'Angle ait une ouverture de 100 degrés.
3. Les Faces fe déterminent par la ligne de défenfe rafante.
4. La largeur du foffé, parallele aux Faces, eft de 24 Toif.
5. La bafe du Rempart 10 T. qu'on ne marque point dans le Baftion, à caufe qu'il le remplit à la maniére de Mr. de Ville.
6. La bafe du Parapèt　　　　　　　　　　　4 T.
7. Le chemin couvert, qu'il fait fans places d'armes　5 T.
8. Le Glacis　　　　　　　　　　　　　　　　20 T.

Conftruction de l'Orillon & de la Cafematte.

1. Erigez à la fin de la Courtine A. une perpendiculaire jufqu'à la ligne de défenfe, comme AB. Fig. 2. Pl. VI.
2. Prolongez la Face du Baftion jufqu'au point B.
3. Partagez la ligne AB. en 3 parties égales, & retenez-en la premiére BC. pour l'Orillon que vous acheverez, en tirant du point G. une ligne droite dans le Baftion, qui coupe votre premier Flanc en D. & cette petite ligne fe tire, comme la Brifure à la Vaubane, de l'Angle du Baftion oppofé.
4. Des points A D. faites avec deux troifiémes parties de la même

même ligne deux arcs, s'entrecoupant en E.

5. Tirez du point E. un arc, joignant A D. ensemble, & formant en même tems la Casematte.

6. Prolongez la Courtine jusqu'au Rayon, comme A P.

7. Prolongez la ligne de défense jusqu'au même Rayon comme A G.

8. Mettez la distance F G. aussi de l'autre côté, comme G H. ensorte, que G. occupe le milieu entre F & H.

9. Tirez du point A. vers H. une ligne droite, égale à la quatriéme ou cinquiéme partie de la premiére Face, comme A K,

10. Tirez du point I. une parallele à la ligne A G. & donnez lui la distance A K, comme I L.

11. Décrivez du point E. un autre arrondissement, joignant L K ensemble, & bordez-le d'un Parapèt de 3 Toil. qui ait communication avec celui qui regne autour de la Place.

Monsieur de Bombelle construit encore une autre Casematte vers l'Angle du Bastion, pour s'en servir au besoin de retranchement. Elle se forme, quand on met la sixiéme partie de la Face sur la Capitale, ayant l'Angle du Bastion pour centre, comme M N. & décrit après, avec la même distance, du point N. un arc jusqu'aux Faces ; le Parapèt étant égal aux précedents. Cette Casematte est un peu plus basse vers la pointe du Bastion, que le reste du Bastion, & l'on y descend par une ouverture, faite en quelque endroit du Bastion, comme en O.

§. IV.

Fortification de Mr. Blondel.

Monsieur Blondel, fortifiant en dedans, ne s'est servi que de la grande & de la petite maniére. Dans la premiére il a pris les côtés extérieurs de 200 T. & dans l'autre de 170. Le reste se fait ainsi :

1. Cherchez l'Angle diminué de votre figure, que vous trouverez en divisant 120 degrés par le nombre des côtés du Polygone, & en ôtant le quotient de 45 degrés, en sorte, qu'au IV. il est de 15 degrés, au V. de 21. au VI. de 25. au VII. de 28. au VIII. de $30\frac{5}{7}$. à l'Ennéagone de $32\frac{2}{3}$. au X. de 33. au XI. de $35\frac{5}{10}$. au XII. de 35.

2. Appliquez cet Angle de deux côtés de votre côté extérieur A B.

A B. comme ici de 21 degrés, ce qui marque un Pentagone C D. Fig. 1. Pl. VII.

3. Tirez du point A. par le point D. la ligne de défense, qui doit être égale aux sept dixiémes parties de ce côté extérieur, comme A E. B H.

4. Divisez la ligne de défense, depuis la pointe du Bastion, jusqu'à l'Angle de tenaille F. formé par les deux rasantes devant la Courtine, en deux parties égales, comme A G. & G F. F I. & I B.

5. En retenant A G. pour la Face, joignez G H. ensemble pour le Flanc, & H E. pour la Courtine.

Construction de l'Orillon & de la Casematte.

1. Prenez 10 Toif. & les mettez sur le Flanc G H. comme G I. Fig. 2. pour la grandeur de l'Orillon.

2. Pour le Flanc retiré, tirez par le point I. qui détermine l'Orillon, la Brisure vers le centre du Bastion de 5 à 6 Toif. & davantage, comme I K.

3. Faites la même chose du point H. comme H L.

4. Joignez K L. ensemble par une ligne droite.

5. Cela étant fait aussi de l'autre côté, formez une nouvelle Courtine en tirant les deux Brisures L M. l'une à l'autre.

6. Au dedans de cette Casematte, il construit trois Batteries à la l'agane, donnant à chaque Parapèt 3 T. de largeur & 5. aux platteformes, en sorte que chacune occupe 8 T. de terrain. Le plan de la plus basse n'est au dessus du fond du fossé que de 9 à 10 pieds, & au plus de 2 T. celui de la moyenne de 3 à 4 T. & celui de la plus haute de 17 à 36 pieds. Toutes trois sont terminées sur les prolongemens de la Brisure, excepté que les deux plus hautes gagnent successivement 2 Toif. de terrain, plus que la base. La hauteur du Parapèt de la plus élevée, est de 3½ pieds, de la moyenne de 6 à 7 pieds & de la base de 9 à 10. ce qui cause que les deux derniéres doivent avoir des embrasures assez profondes.

7. Autour de la troisiéme Batterie, faites un Cavalier parallele, arrondi par devant; donnez-lui les mêmes distances, que vous avez donné aux Batteries; c'est-à-dire 3 T. pour le Parapèt, & 5 pour la Platteforme.

8. Outre ces 3 Batteries & le Cavalier, il fait encore deux autres Batteries basses de 4 à 5 pieds, dans les deux Faces, vis-à-vis le fossé du Ravelin, dont elles tiennent aussi la largeur, sçavoir de 10 à 12 T. comme O. P. Le Parapèt est de 3 T. & la Platteforme de 5. derriére laquelle regue un

au-

autre Parapèt, joint à celui qui va autour des Faces ; comme N.

Pour le Corps de la Place.

1. La Base du Rempart   11 T.
2. La Base du Parapèt   3 T.
3. La largeur du Fossé sec   36 T.
4. La largeur de la Cunette   de 7 à 8 T.
5. Le Chemin couvert   5 T.
6. Le Glacis   20 T.

§. V.

Fortification de Mr. Ozanam.

Monsieur Ozanam fortifie en dehors, en prenant chaque côté intérieur du Polygone de 120 T. Les autres distances sont contenuës dans les tables suivantes.

1. *Demi-diamétre* au IV. 84 T. 5 p. V. 102 T. 1 p. VI. 120 T. VII. 138 T. 2 p. VIII. 156 T. 5 p IX. 175 T. 2 p. X. 194. T. 1 p. XI. 217 T. 5 p. XII. 231 T. 5 p. Je trouve le rayon de XI., trop grand, celui de 216 T. étant plus juste.

2. *La demi-Gorge* au IV. 24 T. au V. 25 T. VI. 26 T. VII. 27 T. VIII. 28 T. IX. 29 T. X. XI. & XII. 30 T.

3. *Le Flanc*, au IV. 16 T. V. 20 T. VI. 24 T. VII. 28 T. VIII. 32 T. IX. 36 T. X. 40 T. XI & XII. autant.

Les flancs se font, en tirant une ligne du centre de la place C. par les demi-Gorges B E. Fig. 1. Pl. VIII.

Les Faces sont terminées par la ligne de défense rasante.

Construction de l'Orillon & de la Casematte.

1. Divisez le flanc E F. en 3 parties égales, & tirez par la premiére la Brisure, à la Vaubane, de 5 T. de même qu'à la fin de la Courtine.

2. Prenez la distance de la premiére partie F G. : faites-en un triangle équilatéral H. & ce point vous servira de centre pour arrondir l'Orillon.

3. La Casematte se construit moyennant un triangle équilatéral, fait à la distance de deux extrémités de la Brisure I. L. ayant pour centre le point M. à la Vaubane.

E   *Pour*

Pour le Corps de la Place.

1. La base du Rempart 15 T.
2. La base du Parapèt 3 T.
3. La largeur du Fossé n'est point définie, parceque, dit-il, elle dépend de la qualité du terrain. Dans les plans, il lui donne pourtant 20 T.
4. Le Chemin couvert de 4 à 5 T.
5. Les Places d'armes à la Vaubane.
6. Le Glacis de 15 à 20 T.

§. VI.

Fortification de l'Auteur de la nouvelle maniére de fortifier les Places, tirée des méthodes de Messieurs de Vauban, Pagan & de Ville.

Cet Auteur fortifie en dehors, retenant trois sortes de Fortifications, la grande, la moyenne & la petite. Les distances dont il se sert, sont les suivantes. Les Rayons se trouveront moyennant le probléme du précédent Chap. I. §. 2.

Côtés intérieurs du Polygone.

	Grande.	Moyenne.	Petite.
au IV.	130 T	120 T.	110 T.
au V.	140 T.	130 T.	110 T.
au VI.	150 T.	130 T.	
au VII.	150 T.	130 T.	
au VIII.	150 T.	130 T.	
au IX.	150 T.	130 T.	
au X.	150 T.	130 T.	
au XI.	150 T.	130 T.	
au XII.	150 T.	130 T.	

Cet Auteur n'est point d'avis de se servir de la petite maniére dans les figures de plus de cinq côtés.

Demi-Gorge.

	Grande.	Moyenne.	Petite.
au IV.	25 T.	20 T.	20 T.
au V.	28 T.	25 T.	22 T.
au VI.	28 T.	26 T.	
au VII.	30 T.	26 T.	
au VIII.	30 T.	30 T.	

au IX.	30 T. 5 p.	30 T. 5 p.
au X.	31 T. 3 p.	31 T. 3 p.
au XI.	32 T.	32 T.
au XII.	32 T. 3 p.	32 T. 3 p.

Le Flanc.

Pour former les Flancs & les Faces du *Quarré*, dans toutes les 3. maniéres, prenez la distance de deux demi-Gorges les plus proches, sans compter la Gorge qui est du milieu, comme AB. Fig. 2. Pl. VIII. & décrivez-en deux arcs, s'entrecoupant au dessus de la Gorge en C. qui marquera l'angle du Bastion, duquel il faut tirer la ligne de défense rasante C. A. Erigez ensuite sur A D. qui déterminent la ligne de défense, des perpendiculaires, jusqu'à ce qu'elles coupent la même ligne en E. F. en sorte, que A F & D E. composeront les Flancs, & C E. F G. les Faces.

	Grande.	Moyenne.	Petite.
au V. le Flanc a	24 T.	24 T.	24 T.
au VI.	25 T.	24 T.	

Ces distances suffisent dans tous les autres Polygones; mais la construction est telle : Erigez les Flancs perpendiculaires sur la demi - Gorge, & donnez-leur 3 Tois. d'inclinaison sur la Courtine, comme A B. Fig. 1. Pl. IX. Après cela, tirez du sommet du flanc C. une ligne droite dans le point B. où ces 3 Tois. finissent, & vous formerez ainsi le véritable Flanc.

Le second Flanc avec la Face.

Les Faces du *Quarré* se faisant comme je viens de dire, se forment tout autrement dans les autres figures; Au Pentagone vous mettez, tant dans la grande que dans la moyenne manière, 7 Tois. sur la Courtine, commençant de l'Angle de la Courtine, pour déterminer le second Flanc BD. duquel vous tirerez la ligne de défense, qui décrira en même tems les Faces. Celles de l'*Hexagone*, dans la grande, sont construites de même; mais dans la moyenne, le second Flanc aura 13 Tois. Aux autres Polygones, on joint dans la Grande, les deux Flancs ensemble par leurs bouts A B. Fig. 3. Pl. IX. & du milieu de cette jonction C. on érige une perpendiculaire, égale à la moitié de la même jonction, comme C D. Enfin, tirez du sommet de cette perpendiculaire D. des lignes droites dans vos Flancs A B. & vous aurez vos Faces; dans la moyenne Fortification, le second Flanc de l'Heptagone est de 15 T. : les autres Polygones se construisent comme dans la grande.

E 2

Cons-

Construction de l'Orillon.

1. Mettez 7 Toif. fur le premier trait du Flanc comme EG.
Fig. 2. Pl. IX.
2. Mettez fur la Face du Baftion oppofé, depuis l'Angle flanqué, dans le IV. 4 Toif. au V. 3 T. & dans tous les autres Polygones, 2--T. comme H. I.
3. Tirez de ce point I. une ligne droite par le point G. qui
détermine l'Orillon dans le Baftion, & mettez une Toife
deffus, en dehors du Baftion, comme G L.
4. Suppofez une ligne EL. & élevez une perpendiculaire indéfinie fur fon milieu vers le dedans du Baftion, comme M N.
5. Du point E. joignant la Face au Flanc, tirez une perpendiculaire à la Face, qui s'entrecoupe avec la perpendiculaire
M N. en O.
6. Ce point O. fera le centre de l'arrondiffement de l'Orillon,
qu'on décrira, en tirant un arc de l'E. en L.

Construction du bas Flanc.

1. Portez une Toife fur le ravers de l'Orillon en dedans du Baftion, comme PQ. Fig. 2. Pl. IX.
2. En faifant la même chofe fur le prolongement de la ligne
de défenfe, comme F R. faites des points P R. un Triangle
équilatéral vers le Foffé, P R S.
3. Le point S. marquera le centre duquel il faut tirer un arc
de P. en R. qui compofera le bas Flanc.
L'Auteur ne fe fert de cette méthode, que dans les Polygones de la grande Fortification de plus de 5 côtés. Dans le
Quarré & le Pentagone de cette Fortification, & généralement
dans toutes les figures de la moyenne & de la petite, il ne fait
point d'arrondiffement, tirant feulement une ligne droite, de P.
en R. Le Quarré de la moyenne & de la petite maniére a
cela de particulier, qu'on ne fait point rentrer le bas Flanc
en dedans du Baftion; mais au lieu de cela on fe fert du
refte du Flanc depuis l'Orillon jufqu'à la Courtine, comme Q. F.

Construction du haut Flanc.

1. Dans les Figures, dont le bas Flanc eft plat & point concave, mettez 8 Toif. fur la ligne, qui de l'Orillon va dans
le

le Bastion; de même que sur le prolongement de la ligne
de défense depuis l'angle de la Courtine, comme A B. &
C D. Fig. 4. Pl. IX.

2. Faites des points B D. en retenant cette même distance,
deux arcs s'entrecoupant vers le fossé en E : duquel point
vous joindrez B D. ensemble par un arc, qui définira le
haut Flanc.

3. Prolongez cet arc vers le centre de la place de 12 à 15. T.
comme D F, pour avoir une espéce de second flanc, en tirant une ligne droite de D en F.

4. Dans les Polygones, dont le bas Flanc est concave, mettez
10 Tois. sur la ligne tirée de l'Orillon dans le Bastion, &
autant sur le prolongement de la ligne de défense, comme
G H & I K.

5. Faites des points H K deux arcs, en forme de Triangle équilatéral, s'entrecoupant en M. qui servira de centre pour l'arc
H K.

6. Prolongez cet arc, vers le Centre de la place de 12 à 15
Tois. comme K N, que vous tirerez ensemble par une ligne
droite, qui formera le second flanc.

Pour le Corps de la Place.

1. La Base du Rempart devant la Face & la Courtine a 8
Tois., devant le bas Flanc 7. & devant le haut Flanc de 9 à
10 Tois. Le Bastion étant double, on ne donne que 6
Tois. de largeur au terreplain des Flancs, & 7 à celui des
Faces.

2. La Base du Parapèt devant les Flancs est de 20 pieds ; & devant les Faces & les Courtines de 3 Tois.

3. La largeur du Fossé, parallele à la ligne, tirée de la pointe
d'un Bastion à l'angle que le Flanc du Bastion opposé forme avec la Courtine, & arrondi devant la pointe du Bastion,
est de 16 Tois.

4. La largeur du Chemin couvert, parallele à la Contrescarpe,
6 Tois.

5. La demi-Gorge des places d'armes dans le Chemin couvert,
10 Tois.

6. Faces de ces places d'armes   12 T.

7. La largeur du Glacis   de 16 à 20 T.

Construction de la Faussebraye.

L'Auteur se sert aussi d'une Faussebraye devant la Courtine,
qu'il appelle pour cela, Courtine basse, dont voici la fabrique.

E 3   1. Met-

1. Mettez 7 Toiſ. ſur la Perpendiculaire, qui a ſervi à former le premier trait des Flancs, commençant à l'angle de la Courtine.

2. Ayant fait cela auſſi de l'autre côté, tirez une ligne droite, & parallele à la Courtine haute, d'un point à l'autre, comme OP. Fig. 4. Pl. IX.

3. Le Parapet QR. aura 3 T. d'épaiſſeur. Remarquez, que c'eſt la méthode dans tous les Polygones, dont les Baſtions ſont retranchés par une Tenaille, dans les Figures, dont les Baſtions ſont retranchés par un Baſtion double, comme au Quarré, & dans les Polygones de la petite maniére, le premier trait de la Courtine ſera la Courtine baſſe, à laquelle vous tirerez une parallele de 7 Toiſ. en dedans de la Place, qui marquera la Courtine haute.

§. VII.

Fortification de Mr. le Lieutenant-Colonel Thomas de Rogers.

S'il ne me ſembloit pas que ce ſeroit flatter l'amitié dont cet habile Ingenieur veut bien m'honorer, ayant eu la bonté de me communiquer ſes mémoires, j'aurois bien des choſes à dire de cette Fortification. Mais elle n'a pas beſoin de mes petites loüanges, qui ne la toucheroient que fort obliquement; ainſi je laiſſerai cet avantage à ceux qui ſont mieux éclairés que moi. La gloire qui m'en demeure, eſt que le Public m'en ſçaura du gré, que je lui communique, ce qui a été caché juſqu'ici, & que tout le monde ſera bien ravi de ſçavoir. Ce Cavalier donc, prend tous les côtés extérieurs de 200 Toiſ. fortifiant en dedans, à la Vaubane, ſans embaraſſer le monde de trois différentes maniéres de Fortification. Pour avoir une plus juſte idée de ceci, il faut obſerver ce qui ſuit.

Les demi-Diamétres.

Du Quarré	141 T. 4 p.
Du Pentagone	170 T.
De l'Hexagone	200 T.
De l'Heptagone	230 T.
De l'Octogone	261 T. 3 p.
De l'Ennéagone	292 T. 5 p.
Du Décagone	321 T. 5 p.
De l'Endécagone	592 T. 1 p.
Du Dodécagone	385 T. 5 p.

Côtés Extérieurs.

Ces côtés sont toûjours de 200 Toif.

La Perpendiculaire.

Au IV. de 27 T. au V. de 36 T. au VI. de 50. au VII. de 53. au VIII. de 56. au IX. de 57. au X. de 59. au XI. de 60. & au XII. de 61 T.

Les Faces.

Les Faces feront tirées à la Vaubane, ayant une longueur de 50 Toif. le Baftion étant vuide ; mais en mettant un Cavalier fur fon terreplain, la Face fera de 60 Toif.

Le Complement de la ligne de défenfe.

Au IV. de 43 Toif. au V. 42. au VI. 35. au VII. 37. au VIII. 40. au IX. 42. au X. 43. au XI. 45. & au XII. 40.

Les Flancs & la Courtine fe forment auffi à la Vaubane, mais l'un & l'autre fe change avant que la place vienne à fa perfection, ainfi que je m'en vais vous l'enfeigner.

Conftruction de l'Orillon & de la Tour-Creufe.

1. Abaiffez de l'extrémité de la Face A. Fig. 1. Pl. X. une ligne droite, perpendiculaire à la Courtine de 10 Toif. comme A B.
2. Partagez cette ligne en 2 parties égales : tirez du milieu C. un arc de A en B. & votre Orillon fera fait.
3. Marquez en deçà de la pointe du Baftion fur la Face, le point D. qui foit éloigné de l'Angle flanqué environ de 3 ou 4 Toif.
4. Tirez de ce point D. par B. qui détermine l'Orillon, une petite ligne de 5 Toif. au dedans du Baftion, pour le prolongement de l'Orillon, comme B E.
5. Mettez la même diftance fur le prolongement de la ligne de défenfe, comme F G.
6. Tirez une ligne droite de E. par G.
7. Mettez fur le prolongement de cette ligne, du point G. vers le centre de la place, la largeur de l'Orillon, c'eft-à-dire 10 Toif. comme G H.
8. Prenez la diftance E H. & faites-en 2 arcs s'entrecoupant en I. du côté du Foffé ; ce point vous fervira de cen-

tre, duquel vous tirerez la Tour-creuse de E. en H.

9. Tirez du point H. vers le commencement de l'Orillon une autre petite ligne jusqu'à la Courtine, & mettez une telle distance deſſus, qu'entre deux, il reſte encore 5 ou 6 Toiſ. pour la largeur du foſſé de la Tenaille, comme H L.

10. Ainſi F M. ne ſera plus la Courtine; mais le foſſé de la Tenaille, & L N. formera la vraie Courtine.

Pour le corps de la Place.

1. La largeur du Rempart n'eſt point déterminée; Mr. de Rogers étant d'avis que le plus large eſt le meilleur, dans les Places où la largeur n'eſt point préjudiciable aux Bati-mens intérieurs.

2. La Baſe du Parapèt eſt de 18 à 20 pieds de Roi.

3. Les Banquettes égales à celles de Mouſr. de Vauban.

4. Le foſſé autour de l'angle du Baſtion a 20 T. de largeur; le reſte en eſt tiré vers le commencement de la Tour creu-ſe, c'eſt-à-dire, vers la petite ligne de 5 Toiſ. qui joint l'Orillon & la Tour-creuſe enſemble.

5. La largeur du Chemin couvert eſt de 5 Toiſ.

6. La demi Gorge des places d'armes du Chemin couvert eſt de 10 T. & la Face de 13.

7. Le Glacis, ſans avant-foſſé, a 36 Toiſ., & 20 avec un avant-foſſé.

Vous voyez la beauté de cette Fortification, ayant les Angles flanqués d'une ouverture raiſonnable; les Gorges larges & ſpa-cieuſes; les Flancs beaux & grands, montant dans quelques Polygones juſqu'à 60 Toiſ. & davantage; Les Faces ſont pro-portionées à la grandeur de la Place; la ligne de défenſe n'eſt ni trop courte ni trop longue; Le foſſé eſt d'une largeur ſuf-fiſante qui peut-être flanquée par tout; enfin tout le reſte a beaucoup de raiſon.

Remarquez outre cela, que cet Ingenieur met une Contre-garde devant chaque Baſtion aſſez haute pour qu'on ne puiſſe découvrir par deſſus les Flancs oppoſés de la campagne; les Faces n'en devant pas auſſi être plus longues, que ce qui en eſt néceſſaire pour boucher l'endroit du Foſſé, par où on pourroit découvrir ces Flancs. Elle doit être revétuë par tout, ne lui donnant pourtant derriére le Parapèt, qu'un terreplain le plus étroit qu'il eſt poſſible, afin que l'ennemi s'en étant rendu maître, n'y puiſſe mettre du canon en Batterie; & quand même il pouroit trouver aſſez de place pour y en met-tre quelques piéces, il ne pourroit en venir à bout, ayant à eſſuyer le feu de 3 flancs, du Cavalier du Baſtion & de

la

la Tenaille ; en forte qu'il trouveroit toujours 10 à 12 piéces contre une des fiennes, qui par conféquent feroient bientôt reuverfées.

De plus, il éléve dans de grands Polygones un Cavalier fur chaque Baftion, prétendant d'y faire toute la défenfe de la campagne, ne fe fervant du Flanc du Baftion que pour la défenfe du Foffé & de la Contregarde. Il eft parallele à la Tour-creufe, en diftance de 7 à 8 Toif. du Parapèt, & de 25 de la Face. La Gorge eft déterminée par l'arrondiffement qu'elle fait en triangle équilatéral.

§. VIII.

Fortification de Mr. de Marolois.

Après vous avoir donné une idée générale de la Fortification Françoife, je m'en vais vous expliquer de la même maniére celle des Hollandois. Parmi les principaux Auteurs, dont je parlerai dans la fuite, fe trouve auffi Monfieur de *Marolois*, dont voici les principes.

1. Le côté intérieur de tous les Polygones a toûjours 117 T. 2 pieds.
2. La demi-Gorge 22 T. 4 p.
3. Le Flanc perpendiculaire fur les extrémités de la Courtine, 19 T.
4. Le fecond Flanc 26 T.
5. La Face fe fait en tirant du fecond Flanc par le bout du Flanc droit la ligne de défenfe fichante.
6. La Bafe du Rempart, 10 T.
7. La Bafe du Parapèt, 20 pieds.
8. La Berme, 5 pieds.
    Voyez la Fig. 2. Pl. X.
9. La largeur du Foffé, parallele aux Faces 16 Toif.
10. Chemin couvert 3 T.
11. Glacis 16 T.

§. IX.

Fortification Hollandoife par Mr. Adam Freitag.

Monfieur Freitag dont la Fortification fut imprimée à Leide l'an 1635, fe fert de deux maniéres ; fçavoir de la grande & de la petite, dont voici les diftances.

E 5

Pour

Pour le Quarré.

		Grande.	Petite.
1.	Le demi-Diamétre	71 T. 1 p.	63 T. 3 p.
2.	Le Côté intérieur	100 T.	89 T. 5 p.
3.	La demi-Gorge	20 T. 2 p.	14 T. 5 p.
4.	Le Flanc	10 T.	13 T. 2 p.
5.	Le fecond Flanc	14 T. 5 p.	10 T. 1 p.

6. La Face fe fait à la maniére de Marolois.

7. La Bafe du Rempart 9 T. diftance commune à toutes les deux maniéres, ainfi que les fuivantes.

8. La Bafe du Parapèt 2 T.

9. La Banquette de 2 à 3 pieds, égale dans tous les Polygones.

10. La largeur du pied du Rempart jufqu'à la Contrefcarpe, parallele au Rempart 5 T. 3 p.

11. La Bafe du Parapèt de cette largeur, qui marque la Fauffebraye, 2 T.

12. La Berme dont on entoure la Fauffebraye 6 pieds.

13. La largeur du Foffé, pointu devant les Angles flanqués, 12 T.

14. Largeur du Chemin couvert 2 T.

15. Le Glacis 11 T. 3 p.

Voyez Fig. 3. Pl. X.

Pour le Pentagone.

		Grande.	Petite.
1.	Demi-Diamétre	87 T. 1 p.	80 T.
2.	Le Côté intérieur	102 T. 3 p.	94 T. 1 p.
3.	La demi-Gorge	21 T. 1 p.	17 T.
4.	Le Flanc	11 T. 5 p.	15 T.
5.	La Capitale	28 T. 5 p.	35 T.
6.	La Face	40 T.	40 T.

Ayant fait le Flanc, tirez une ligne droite par la Gorge, en mettant la régle au centre, & depuis la Gorge, mettez deffus 28 T. 5 p. dans la grande maniére, & 35 T. dans la petite, pour en former la Capitale, laquelle jointe au Flanc donnera la Face ; c'eft ce qu'il faut obferver dans tous les Polygones.

7. La Bafe du Rempart 10 T.

8. La Bafe du Parapèt 2 T. 2 p.

9. La largeur de la Fauffebraye 6 T. 2 p.

10. La Bafe de fon Parapèt 2 T. 2 p.

11. La Berme 6 p.

12. La

12. La largeur du Foſſé 14 T.
13. Chemin couvert 2 T. 3 p.
14. Le Glacis 11 T. 3 p.

Pour l'Hexagone.

		Grande.	Petite.
1.	Demi - Diamétre	103 T. 5 p.	96 T. 5 p.
2.	Le côté intérieur	103 T. 5 p.	96 T. 5 p.
3.	La demi - Gorge	21 T. 5 p.	18 T. 2 p.
4.	Le Flanc	13 T. 2 p.	16 T. 4 p.
5.	La Capitale	31 T. 1 p.	36 T. 5 p.
6.	La Face	40 T.	40 T.
7.	La Baſe du Rempart	11 T.	
8.	La Baſe du Parapèt	2 T. 3 p.	
9.	La largeur de la Fauſſebraye	6 T. 3 p.	
10.	La Baſe de ſon Parapèt	2 T. 3 p.	
11.	La Berme	6 p.	
12.	La largeur du Foſſé	16 T.	
13.	Le Chemin couvert	2 T. 3 p.	
14.	Le Glacis.	11 T. 3 p.	

Pour l'Heptagone.

		Grande.	Petite.
1.	Le demi - Diamétre	121 T.	114 T.
2.	Le côté intérieur	105 T.	98 T. 4 p.
3.	La demi - Gorge	22 T. 3 p.	19 T. 3 p.
4.	Le Flanc	15 T.	18 T. 2 p.
5.	La Capitale	33 T. 2 p.	36 T. 5 p.
6.	La Face	40 T.	40 T.
7.	La Baſe du Rempart	12 T.	
8.	La Baſe du Parapèt	3 T.	
9.	La largeur de la Fauſſebraye	7 T. 2 p.	
10.	La Baſe de ſon Parapèt	3 T.	
11.	La Berme	6 p.	
12.	La largeur du Foſſé	18 T.	
13.	Le Chemin couvert	2 T. 5 p.	
14.	Le Glacis	11 T. 4 p.	

Pour l'Octogone.

		Grande.	Petite.
1.	Le demi - Diamétre	138 T. 3 p.	131 T.
2.	Le côté intérieur	106 T.	100 T. 3 p.
3.	La demi-Gorge	23 T.	21 T. 1 p.

4. Le

		Grande	Petite
4	Le Flanc	16 T. 4 p.	20 T.
5.	La Capitale	35 T. 4 p.	40 T. 4 p.
6.	La Face	40 T.	40 T.
7.	La Base du Rempart	13 T.	
8.	La Base du Parapèt	3 T. 2 p.	
9.	Largeur de la Fauffebraye	8 T. 2 p.	
10.	La Base de fon Parapèt	3 T. 2 p.	
11.	La Berme	6 p.	
12.	Largeur du Foffé	20 T.	
13.	Chemin couvert	3 T. 3 p.	
14.	Glacis	12 T. 2 p.	

Pour l'Ennéagone.

		Grande.	Petite.
1.	Le demi-Diamétre	152 T. 5 p.	131 T.
2.	Le côté intérieur	106 T.	102 T. 5 p.
3.	La demi-Gorge	23 T.	21 T. 2 p.
4.	Le Flanc	18 T. 2 p.	20 T.
5.	La Capitale	37 T. 3 p.	40 T. 5 p.
6.	La Face	40 T.	40 T.
7.	La Base du Rempart	14 T.	
8.	La Base du Parapèt	4 T.	
9.	La largeur de la Fauffebraye	8 T. 2 p.	
10.	La Base de fon Parapèt	4 T.	
11.	La Berme	6 p.	
12.	La largeur du Foffé	22 T.	
13.	Le Chemin couvert	3 T. 3 p.	
14.	Le Glacis	13 T. 1 p.	

Pour le Décagone.

		Grande.	Petite.
1.	Le demi-Diamétre	172 T. 1 p.	169 T. 4 p.
2.	Le côté intérieur	106 T. 2 p.	104 T. 5 p.
3.	La demi-Gorge	23 T. 1 p.	23 T. 1 p.
4.	Le Flanc	20 T.	20 T.
5.	La Capitale	40 T.	41 T.
9.	La Face	40 T.	40 T.

Pour l'Endécagone.

		Grande.	Petite.
1.	Le demi-Diamétre	190 T. 1 p.	188 T. 5 p.
2.	Côté intérieur	107 T. 1 p.	106 T. 3 p.

3. La

		Grande.	Petite.
3.	La demi - Gorge	23 T. 3 p.	23 T. 1 p.
4.	Le Flanc	20 T.	20 T.
5.	La Capitale	40 T. 4 p.	41 T. 1 p.
6.	La Face	40 T.	40 T.

Le reste se construit comme dans l'Ennéagone.

Pour le Dodécagone.

		Grande.	Petite.
1.	Le demi - Diamétre	208 T. 1 p.	207 T. 5 p.
2.	Le côté extérieur	107 T. 5 p.	107 T. 3 p.
3.	La demi-Gorge	27 T.	23 T. 5 p.
4.	Le Flanc	20 T.	20 T.
5.	La Capitale	41 T. 2 p.	41 T. 2 p.
6.	La Face	40 T.	40 T.

Le reste est comme dans l'Ennéagone.

§. X.

Fortification de Henri Hond, imprimée à la Haye l'an 1624.

Cet Auteur fortifie le Quarré & le Pentagone d'une autre maniére que les autres Polygones ; voici les distances qu'il prend.

Au Quarré.

1.	Le côté intérieur	116 T. 4 p.
2.	La demi-Gorge	23 T. 2 p.
3.	Le Flanc	16 T. 4 p.
4.	La Face se fait par le tir de la ligne de défense rasante.	
5.	La Base du Rempart	13 T. 2 p.
6.	La Base du Parapèt	3 T.
7.	La Berme	1 T. 2 p.
8.	La largeur du Fossé	15 T. 2 p.
9.	Le Chemin couvert	3 T. 2 p.
10.	Le Glacis	10 T. 5 p.

Au Pentagone.

1.	Le côté intérieur	133 T. 2 p.
2.	La demi-Gorge	30 T.
3.	Le Flanc	20 T.
4.	La Face se fait comme au Quarré.	
5.	La Base du Rempart	10 T. 2 p.
6.	La Base du Parapèt	3 T. 2 p.
7.	La Berme	1 T. 4 p.
8.	La largeur du Fossé	15 T.

Le reste se fait comme au Quarré.

Pour l'Hexagone.

1. Le Côté intérieur — 148 T. 2 p.
2. La demi-Gorge — 31 T. 4 p.
3. Le Flanc — 23 T. 2 p.
4. La Face se forme comme au Quarré.
5. La Base du Rempart — 15 T.
6. La Base du Parapèt — 3 T. 2 p.
7. La Base de la Fauſſebraye — 6 T. 4 p.
8. La Base de ſon Parapèt — 3 T. 2 p.
9. La Berme — 5 p.
10. La largeur du Foſſé — 20 T.
11. La Cunette — 2 T. 2 p.
12. Le Chemin couvert. — 3 T. 2 p.
13. Le Glacis — 14 T. 3 p.

Vous voyez que vous avez ici une Fauſſebraye, que vous n'a-
vez point rencontré ni au Quarré, ni au Pentagone. Je ne
doute pas que vous ne ſçachiez, qu'il la faut tirer parallele au
Rempart vers le Foſſé, ainſi que j'ai dit à l'occaſion de la Fortification de Mr. Freitag. Il ne faut pas oublier les Banquettes, par tout où il y a des Parapèts; la largeur qu'on leur
donne ordinairement, vous ſera connuë. La Cunette, comme
vous ſçavez, occupe le milieu du grand Foſſé ſec.

Pour l'Heptagone.

1. Le côté intérieur — 158 T. 2 p.
2. La demi - Gorge — 33 T. 2 p.
3. Le Flanc — 25 T.
4. La Face ſe forme à l'ordinaire.
5. La Base du Rempart — 16 T. 4 p.
6. La Base du Parapèt 5 T. Pour vous mieux faire comprendre cela, obſervez (1). Que toute cette largeur n'eſt point
employée pour l'épaiſſeur du Parapèt, mais qu'on prend
1 Toiſe pour ſon talus intérieur, immédiatement après la
largeur ſupérieure du Rempart, qui eſt ici de 7 T. 5 p.
comme AB. Fig. 4. Pl. X. (2) Sur le point A. érigez une
perpendiculaire de 6 p. comme AC.; CB. que vous joindrez enſemble, marquera ce talus, & AC. la hauteur du
Parapèt. (3) Tirez du point C. une parallele à la ligne AE.
& mettez deſſus 10 pieds, commençant par C. comme CG.
(4) Du point G. vers F. mettez un pied & demi, comme
GH. & érigez (5) ſur H. une perpendiculaire de 6 pieds,
comme HI. pour la hauteur du Parapèt, dont IG. formeront
le

le talus ; (6) Prolongez le talus du Rempart en haut , & mettez 5 pieds deſſus , comme KL. (7) Joignez enfin LI. enſemble , & vous aurez la largeur ſupérieure du Parapèt. Pour
marquer cela dans le deſſein , tirez dans la largeur du Parapèt de ST. une autre ligne de 2 Toiſ. qui repréſentera la
partie élevée du Parapèt ; dont chacune ſera accompagnée d'une Banquette , ainſi que la Fig. 5. Pl. X. les repréſente.

7.	La largeur de la Fauſſebraye	6 T.	4 p.
8.	La Baſe de ſon Parapèt	3 T.	2 p.
9.	La Berme	1 T.	
10.	La largeur du Foſſé	20 T.	
11.	La Cunette	2 T.	2 p.
12.	Le Chemin couvert	3 T.	2 p.
13.	Le Glacis	8 T.	2 p.

Pour tous les autres Polygones , juſqu'au Dodécagone.

1.	Le côté intérieur	166 T.	4 p.
2.	La demi-Gorge	38 T.	2 p.
3.	Le Flanc	25 T.	
4.	La face ſe fait à l'ordinaire		
5.	La Baſe du Rempart	16 T.	4 p.
6.	La Baſe du Parapèt , égale à celle de l'Heptagone.		
7.	La Baſe de la Fauſſebraye	6 T.	4 p.
8.	La Baſe de ſon Parapèt	3 T.	2 p.
9.	La Berme	1 T.	
10.	La largeur du Foſſé	23 T.	2 p.
11.	La Cunette	2 T.	2 p.
12.	Le Chemin couvert	3 T.	2 p.
13.	Le Glacis	8 T.	5 p.

Le Foſſé n'étant point arrondi devant l'angle flanqué , ſe termine en ſon angle. Le Chemin couvert n'a point de places
d'armes.

§. XI.

*Fortification de Mr. le Baron Henri de Ruſſenſtein , Lieutenant
Général des Hollandois.*

Ce Général a eu trois maniéres de Fortifications ; la grande ,
la moyenne , & la petite ; leurs diſtances ſont les ſuivantes ,
dont le premier chifre ſignifie toûjours des verges à 10 pieds
de Roi ; le ſecond des pieds , & le troiſiéme des pouces.

Pour

Pour le Quarré.

	Grande.	Moyenne.	Petite.
1. Demi - diamétre	46. 2. 9.	41. 6. 7.	37. 0. 4.
2. Côté intérieur	65. 1. 7.	58. 9. 5.	52. 4. 0.
3. Demi-Gorge	10. 9. 0.	9. 8. 1.	8. 7. 2.
4. Le Flanc	9. 7. 9.	8. 8. 6.	7. 7. 7.
5. La Capitale	24. 3. 9.	21. 9. 5.	19. 5. 1.

Le Flanc devient perpendiculaire fur la ligne de défenfe, que vous tirerez de la pointe de la Capitale C. dans l'angle de Courtine oppofé D. Fig. 1. Pl. XI. Après cela, vous érigerez à la fin, où elle tombe fur la Courtine, une perpendiculaire, jufqu'à ce qu'elle coupe la ligne de défenfe, comme A B. ce qui formera le Flanc, & BC. la Face. Cela fait, prolongez la ligne de défenfe vers le dedans de la place, & abaiffez de la fin de la Face, une perpendiculaire fur ce prolongement, comme B. E. & divifez cette ligne en deux parties égales, pour tirer de l'angle flanqué du Baftion oppofé par le milieu F. la Brifure, égale à la troifiéme partie de la Face, comme GH. dont vous déterminerez auffi la ligne AE. comme AI; ainfi vous aurez l'efpace pour 3 Flancs retirés; lefquels fi vous voulez marquer, divifez cet efpace en 2 parties égales, & joignez les milieux enfemble, pour avoir trois lignes, dont chacune, épaiffe de 3 Toif. formera un flanc.

6. La Bafe du Rempart, & toutes les autres parties, font égales à celles de la grande maniére de M. Freitag, excepté la Fauffebraye, qu'il ne tire point devant la Face; mais feulement devant les Flancs, large de 5 verges, & devant la Courtine large de 4 verges. Le Chemin couvert a des places d'armes à la Vaubane.

Pour le Pentagone.

	Grande.	Moyenne.	Petite.
1. Demi-diamétre	59. 1. 9.	53. 2. 7.	47. 3. 5.
2. Côté intérieur	69. 5. 9.	62. 6. 2.	55. 6. 7.
3. Démi - Gorge	12. 6. 3.	11. 3. 7.	10. 1. 1.
4. Capitale	25. 8. 7.	23. 2. 8.	20. 6. 9.

Le Flanc avec tout le refte, fe fait comme au Quarré.

Pour l'Hexagone.

		Grande.	Moyenne.	Petite.
1.	Demi-Diamétre	72. 4. 4	65. 1. 9	57. 9. 5
2.	Côté intérieur	72. 4. 4	65. 1. 9	57. 9. 5
3.	Demi-Gorge	13. 8. 1	12. 4. 4	11. 0. 5
4.	Capitale	27. 5. 7	24. 8. 1	22. 0. 5

Le reste, ainsi que dans tous les autres Polygones, est comme au précédent Quarré ; excepté la conſtruction du Corps de la Place, qui a beſoin des diſtances, que Mr. Freitag a pris pour chaque Polygone.

Pour l'Heptagone.

		Grande.	Moyenne.	Petite.
1.	Demi Diamétre	85. 9. 8	77. 3. 7	68. 7. 7
2.	Côté intérieur	74. 5. 9	67. 1. 8	59. 6. 8
3.	Demi-Gorge	14. 6. 9	13. 2. 2	11. 7. 5
4.	Capitale	29. 2. 8	26. 3. 7	23. 4. 3

Pour l'Octogone.

		Grande.	Moyenne.	Petite.
1.	Demi-Diamétre	99. 7. 0	89. 7. 3	79. 7. 6
2.	Côté intérieur	76. 2. 0	68. 6. 7	60. 8. 9
3.	Demi-Gorge	15. 3. 7	13. 8. 4	12. 3. 0
4.	Capitale	30. 9. 5	27. 8. 6	24. 7. 6

Pour l'Ennéagone.

		Grande.	Moyenne.	Petite.
1.	Demi-Diamétre	115. 0. 6	103. 4. 4	91. 9. 3
2.	Côté intérieur	78. 6. 2	70. 7. 5	62. 8. 9
3.	Demi-Gorge	16. 4. 9	14. 7. 6	13. 1. 2
4.	Capitale	31. 3. 8	28. 1. 2	15. 0. 0

Pour le Décagone.

		Grande.	Moyenne.	Petite.
1.	Demi-Diamétre	130. 2. 8	117. 2. 4	104. 2. 0
2.	Côté intérieur	80. 5. 0	72. 4. 5	64. 4. 0
3.	Demi-Gorge	17. 2. 2	15. 5. 0	13. 7. 8
4.	Capitale	31. 5. 4	31. 7. 8	32. 0. 3

F

Pour

Pour l'Endécagone.

	Grande.	Moyenne.	Petite.
1. Demi-Diamétre	145. 6. 6	131. 1. 1	116. 5. 4
2. Côté intérieur	82. 0. 9	73. 8. 8	65. 6. 7
3. Demi-Gorge	17. 9. 0	16. 1. 2	14. 3. 3
4. Capitale	31. 7. 8	28. 6. 1	25. 4. 3

Pour le Dodécagone.

	Grande.	Moyenne.	Petite.
1. Demi-Diamétre	161. 1. 5	145. 0. 3	128. 9. 2
2. Côté intérieur	83. 4. 1	75. 0. 7	66. 7. 3
3. Demi-Gorge	18. 5. 8	16. 6. 5	14. 8. 0
4. Capitale	32. 0. 3	98. 8. 0	25. 9. 4

§. XII.

Fortification de Monsieur le Colonel Jean Bernhard Scheiter.

Ce Colonel obferve auffi trois différentes maniéres, dont voici les diftances.

Pour le Quarré.

	Grande.	Moyenne.	Petite.
1. Demi-Diamétre	48. 1. 6	42. 9. 6	37. 3. 3
2. Côté intérieur	68. 1. 0	60. 7. 5	53. 1. 9
3. Demi-Gorge	15. 8. 4	12. 0. 4	8. 1. 3
4. Capitale	22. 5. 5	20. 6. 7	19. 2. 3

Le Flanc fe fait perpendiculaire fur la fin de la ligne de défenfe, à la maniére de Ruffenftein. Reffouvenez-vous auffi,
que la premiére raye des chifres marque des verges à 10
pieds chacune; la feconde des pieds, & la troifiéme des
pouces.

5. Ayant les Flancs, les Faces, & les Courtines, prolongez la
ligne de défenfe au dedans du Baftion de 8 verges, comme
AB. Fig. 2. Pl. XI.

6. Prenez la diftance BC. pour en former deux arcs dans le
Baftion, s'entrecoupant en D.

7. Partagez AB. en 2 parties égales, & tirez du milieu E. une
paralléle au Flanc jufqu'à la Face, comme EF, pour marquer deux Flancs retirés.

8. Tirez aux lignes AB. & CG. des paralléles de 9 ver-

ges,

ges, de même qu'au triangle B C D. pour la base du Rempart.

9. Abaissez du milieu de la Courtine AH. une perpendiculaire, environ de 8 verges.

10. Prenez la distance IL. & mettez-la des deux côtés du point I. comme IM. IN.

11. Joignez LM. & LN. ensemble par des lignes droites.

12. Abaissez des points MN. des perpendiculaires jusqu'à la base du Rempart, comme MO. NP. : ce qui vous donnera un contre-Bastion, ainsi qu'il l'appelle ; & en même tems vous verrez les grands Bastions détachés du reste du Corps de la Place.

13. Tirez la Fausebraye avec la même distance, dont Mr. Freitag se sert, autour de ces Bastions détachés, & devant la Courtine retranchée, jusqu'au contre-Bastion, comme vous voyez dans la Fig. 2. Pl. XI.

14. La base du Rempart de ces Bastions & de ces Courtines retranchées est de 6 verges.

15. La base du Parapèt de 2 verges.

16. Le Fossé & les autres parties sont égales à celles de Mr. Freitag, excepté, que le Fossé est arrondi devant l'Angle flanqué, & tiré vers le haut du Flanc.

Pour le Pentagone.

	Grande.	Moyenne.	Petite.
1. Demi-Diamétre	61. 2. 2	54. 4. 1	47. 6. 1
2. Côté intérieur	71. 9. 6	63. 9. 6	55. 9. 6
3. Demi-Gorge	18. 6. 9	14. 5. 0	10. 3. 1
4. Capitale	23. 8. 4	22. 1. 4	20. 4. 4

Tout le reste, ainsi que dans tous les Polygones suivans, est comme au Quarré ; excepté qu'en prenant les distances, il faut observer ce que Mr. Freitag a pris pour chaque Polygone.

Pour l'Hexagone.

	Grande.	Moyenne.	Petite.
1. Demi-Diamétre	75. 0. 3	66. 8. 1	58. 6. 0
2. Côté intérieur	75. 0. 3	66. 8. 1	58. 6. 0
3. Demi-Gorge	20. 9. 2	16. 5. 9	12. 2. 4
4. Capitale	24. 9. 7	23. 1. 9	21. 4. 0

    Pour

Pour l'Heptagone.

	Grande.	Moyenne.	Petite.
1. Demi - Diamétre	89. 6. 0	79. 9. 0	70. 2. 1
2. Côté intérieur	77. 7. 4	69. 3. 1	61. 7. 8
3. Demi-Gorge	22. 8. 0	18. 3. 0	14. 2. 1
4. Capitale	25. 6. 5	23. 8. 2	21. 9. 9

Pour l'Octogone.

	Grande.	Moyenne.	Petite.
1. Demi - Diamétre	104. 7. 2	93. 5. 3	82. 3. 1
2. Côté intérieur	80. 1. 6	71. 5. 8	62. 8. 8
3. Demi Gorge	24. 3. 1	19. 7. 1	15. 0. 6
4. Capitale	25. 9. 3	24. 0. 6	22. 2. 1

Pour l'Ennéagone.

	Grande.	Moyenne.	Petite.
1. Demi - Diamétre	118. 9. 0	106. 2. 2	93. 5. 5
2. Côté intérieur	81. 3. 3	72. 5. 5	63. 9. 5
3. Demi - Gorge	25. 5. 4	20. 8. 0	16. 1. 8
4. Capitale	27. 2. 9	25. 3. 5	23. 4. 0

Pour le Décagone.

	Grande.	Moyenne.	Petite.
1. Demi - Diamétre	133. 6. 4	119. 4. 7	105. 3. 0
2. Côté intérieur	82. 5. 9	73. 8. 3	65. 0. 7
3. Demi - Gorge	26. 6. 3	21. 8. 6	17. 1. 1
4. Capitale	28. 1. 8	26. 1. 5	24. 1. 4

Pour l'Endécagone.

	Grande.	Moyenne.	Petite.
1. Demi - Diamétre	148. 8. 6	133. 1. 5	117. 4. 5
2. Polyg. intérieur	83. 8. 5	75. 0. 0	66. 1. 6
3. Demi - Gorge	27. 5. 5	22. 7. 3	17. 9. 1
4. Capitale	28. 6. 6	26. 6. 1	24. 5. 6

Pour le Dodécagone.

	Grande.	Moyenne.	Petite.
1. Demi-Diamétre	164. 2. 9	146. 0. 3	129. 7. 8
2. Côté intérieur	85. 0. 4	75. 5. 9	67. 1. 8
3. Demi-Gorge	28. 3. 2	23. 1. 9	18. 5. 7
4. Capitale	28. 8. 9	26. 8. 3	24. 7. 6

§. XIII.

Fortification d'Erhard.

Erhard fortifie en dedans, mais d'une maniére tout-à-fait singuliére, ainsi que vous verrez dans la suite. Retenez, en attendant, que depuis le Quarré jusqu'à l'Octogone ses Flancs sont tirés perpendiculaires aux Faces, & dans les autres Polygones, à la Courtine. Outre que son côté extérieur est toûjours de 160 Toif. & l'Angle Flanqué, au IV. de 60 degrés, au V. de 80, & dans toutes les autres figures de 90. La ligne de défense n'est jamais autre que rafante, c'est à dire, tirée de l'Angle du Bastion dans l'Angle de la Courtine.

Pour le Quarré.

1. Ayant le côté extérieur, tirez ses extrémités au centre de la Place, comme A B C. Fig. 3. Pl. XI.
2. Mettez le rapporteur sur la ligne BC. & cherchez y un angle de 30 degrés B D E.
3. Partagez cet Angle en deux parties égales, & tirez du point B. par le milieu de l'Angle F. une ligne droite & indéfinie.
4. Ayant fait cela aussi de l'autre côté, marquez les endroits G H, où la ligne que l'Angle de 30 degrés vous a donné, rencontre l'autre tirée par son milieu; étant là où la ligne de défense se termine.
5. Tirez les Flancs dans ces points GH, perpendiculaires à la Face, comme G I. & H L.
6. G H. formera la Courtine.

Pour le Corps de la Place.

1. La Base du Rempart est égale au faux Flanc, tiré perpendiculairement de l'extrémité de la Face sur la Courtine.
2. La Base du Parapèt est de 20 pieds.

F 3

3. La

3. La largeur du Fossé, étant parallele à la ligne de défense, a 16 T.
4. Le Chemin couvert est de 4 T.
5. Le Glacis est de 16 T.
Le Fossé reste pointu devant l'Angle Flanqué.

Pour le Pentagone.

Faites tout comme au Quarré, excepté au lieu de l'Angle de 30 degrés, vous le prendrez de 40.

Pour les autres Polygones.

Tous les autres Polygones se font encore de même, pourvû qu'on prenne l'Angle de 45 degrés.

§. XIV.

Fortification de Mr. le Colonel Brugsdorf de Schört.

Ce Colonel fortifie en dedans, conservant trois maniéres de Fortifications, dont la Grande a le côté extérieur de 200 Toif. la Moyenne de 180, & la Petite de 160. Son dessein se construit ainsi :

1. Ayant marqué le côté extérieur AB. Fig. 1. Pl. XII. tirez ses extrémités au centre C.
2. Prenez-en deux cinquiémes parties pour la Capitale AD. BE.
3. Joignez DE. ensemble par une ligne droite, que vous diviserez en 4 patties égales, D. F. G. H. E.
4. Tirez des pointes des Bastions AB? par les points F. H. les lignes de défense.
5. Sur la fin de ces lignes, érigez des Perpendiculaires jusqu'à la Face pour former les Flancs FL. & HL.
6. Dans l'Angle de la Courtine faites un Flanc bas, dont la largeur soit de 5 Toif. bordée d'un Parapet de 15 pieds de Roi d'épaisseur.
7. La Faussebraye, & tout le reste, se fait à la maniére de Freitag.

Il a encore une autre maniére de fortifier, dans laquelle la Courtine fait un Angle rentrant ; mais les Angles Flanqués y venant trop aigus, elle ne vaut guéres la peine qu'on en parle.

§. XV.

§. XV.

Fortification de Mr. Melder.

Mr. *Melder* donne à chaque côté intérieur 60 verges ; aux demi-Gorges 12 ; aux Flancs 10, & aux Capitales 23 ; le seul Flanc du Quarré n'ayant que 9 verges.   Au reste, les Flancs sont perpendiculaires sur la Courtine.   Toutes les autres distances sont égales à celles de Mr. Freitag ; ainsi pour faire ce dessein, il ne vous reste que les demi-Diamétres, que je vous donne ici, en vous faisant ressouvenir, que les premiers chifres marquent des verges, & les autres des pieds.

Demi-Diamétres.

Au IV. 42 verges, 4 pieds, au V. 51. 0. au VI. 60. 0. au VII. 69. 1. au VIII. 78. 4. au IX. 87. 7. au X. 97. 0. au XI. 106. 0. au XII. 116. 0.

§. XVI.

Fortification de Goldman.

Pour le Quarré.

Cet Ingenieur prend le côté intérieur du Quarré de 116 T. 4 p. La demi Gorge de 18 T. 2 p & le Flanc, érigé perpendiculaire sur la Courtine, de 10.   Les Faces se forment par le tir de la ligne de défense rasante. Toutes les autres distances conviennent avec la grande maniére de Freitag, ainsi que dans tous les Polygones suivans.

Pour le Pentagone.

1. Côté intérieur	120 T.
2. La demi-Gorge	20 T.
3. Le Flanc	13 T. 2 p.

Pour l'Hexagone.

1. Côté intérieur	123 T. 2 p.
2. La demi-Gorge	21 T. 4 p.
3. Le Flanc	15 T.

Pour

Pour l'Heptagone.

1. Côté intérieur   125 T.
2. La Demi-Gorge   22 T. 3 P.
3. Le Flanc   15 T. 4 P.

Pour l'Octogone.

1. Côté intérieur   126 T. 4 P.
2. La demi-Gorge   23 T. 2 P.
3. Le Flanc   18 T. 2 P.

Pour l'Ennéagone.

1. Côté intérieur   128 T. 2 P.
2. La demi-Gorge   24 T. 1 P.
3. Le Flanc   20 T.

Pour le Décagone.

1. Côté intérieur   130 T.
2. La demi-Gorge   25 T.
3. Le Flanc   20 T.

Pour l'Endécagone.

1. Côté intérieur   130 T.
2. La demi-Gorge   25 T.
3. Le Flanc   20 T.

Pour le Dodécagone.

1. Côté intérieur   130 T.
2. La demi-Gorge   25 T.
3. Le Flanc   20 T.

§. XVII.

Fortification de Monsieur Jean Conrad Martius.

Nonobstant, que ce sçavant homme n'observe aucune méthode fixe, ayant seulement soin qu'il ne péche contre les régles fondamentales, il fait toûjours grand cas de cette manière méchanique.

1. Il partage chaque côté intérieur en 3 parties égales, & en prend une pour la Capitale.
2. Il divise le même côté en 5 parties égales, dont il en destine une pour la demi-Gorge.
3. En divisant derechef le même côté en 7 parties égales, il en applique une pour le Flanc élevé perpendiculairement sur la Courtine.

Le reste se fait à la Hollandoise. Je ne répéte pas, qu'il faut joindre les Flancs aux Capitales pour avoir les Faces, parce que vous sçavez cela de vous-mêmes. On pourroit encore alléguer une infinité d'autres qui ont écrit sur cette matiére; mais puisqu'il suffit d'avoir entendu les principaux, il ne seroit que trop ennuyeux d'en amuser davantage le Lecteur.

§. XVIII.

Fortification de Mallet.

Voici encore un François qui me vient sous la main, & que j'ai rangé ici, à cause, que sa maniére va presque tout-à-fait en parallele avec celle de Martius. Pour abréger la chose, sçachez qu'il donne à chaque côté intérieur 120 Tois. aux Capitales 40, aux demi-Gorges 24. Les lignes de défense rasantes forment les Faces, & le Flanc se fait, en donnant à l'Angle de la Courtine une ouverture de 98 degrés, au lieu que Martius lui en donne 90, en l'érigeant perpendiculairement.

Construction de l'Orillon & de la Casematte.

1. Prolongez la ligne de défense au dedans du Bastion de 6 Tois., comme A. B. Fig. 2. Pl. XII.
2. Erigez du point B. une parallele au Flanc jusqu'à la Face, B. C.
3. Partagez le Flanc en 2 parties égales, comme A D, D. E.
4. Tirez du milieu de la Face du Bastion opposé F. par le milieu du Flanc D. une ligne droite dans le Bastion jusqu'à la ligne BC. comme DG.
5. Mettez du point G. vers C. une Toise, comme G. H.
6. Tirez de H. une parallele au prolongement de la ligne DG. de 11 Tois. comme H. I.
7. Abaissez du point I. une parallele au Flanc de 4 Tois. comme I. L.
8. Tirez du point L. une parallele à la ligne HI. jusqu'au Flanc,

Flanc, comme LM. & votre Casematte sera ainsi faite.

9. Pour l'Orillon, mettez du point E. sur la ligne de défense
 6 T. comme EN.

10. Faites tomber du point N. sur la ligne ED. une parallele
 à la ligne ED, comme NO.

11. Joignez OD. DG. & GH. ensemble, & l'Orillon sera
 achevé.

Pour le Corps de la Place.

Pour la construction du Corps de la Place, il prend les mêmes distances que les François ; encore fait-il son Fossé rond devant l'Angle flanqué, le tirant devant les Faces vers le haut du Flanc opposé.

§. XIX.

Fortification Italienne.

La méthode la plus commune parmi les Italiens est la suivante.

1. Partagez chaque côté intérieur en 6 parties égales, dont une vous donnera la demi-Gorge ; une autre le Flanc, & une autre le second Flanc.

2. Les Faces se forment par la ligne de défense fichante, tirée dans le second Flanc.

Il est à remarquer, que le second Flanc de l'Ennéagone, Décagone, l'Endécagone & Dodécagone, occupe la moitié de la Courtine.

Pour le Corps de la Place.

1. La Base du Rempart 23 T.
2. La Base du Parapet 2 T. 3 p.
3. La largeur du Fossé 25 T.
4. Le Chemin couvert 3 T. 2 p.
5. Le Glacis 16 T.

Le Fossé est parallele aux lignes de défense. De quelle maniére les Italiens forment leur Orillon & la Casematte, vous pouvez le voir dans le verset ci-joint.

§. XX.

Fortification de Pierre Sardi, Chevalier Romain.

La maniére de ce Chevalier eſt la meilleure parmi les Ita-
liennes, c'eſt pourquoi auſſi je l'ai choiſi ſeule.   Voici en
quoi elle conſiſte.
1. Prenez chaque côté intérieur de 133 T. 2 p. & non pas de
800 pas Géométriques, ainſi que l'Imprimeur a fauſſé le
manuſcrit de Mr. Ozanam, qui, ſans doute aura mis 800
pieds, ce qui revient à mon compte.
2. Prenez pour la demi-Gorge 25 T.
3. Le Flanc, élevé perpendiculaire ſur la Courtine, lui eſt
égal.
4. Partagez la Courtine en 8 parties égales, & retenez-en une
pour le ſecond Flanc, duquel il faut tirer la ligne de défenſe pour en former les Faces, & cela ſe pratique dans les
ſept premiéres figures; dans l'Octogone, il en faut prendre
deux pour le ſecond Flanc, & dans les autres Polygones la
moitié de la Courtine.

Conſtruction de l'Orillon & de la Caſematte.

1. Partagez le Flanc en 3 parties égales, comme A B C D.
Fig. 3. Pl. XII.
2. Prolongez la Face vers le Flanc oppoſé de 8 T. 2 p.,
comme A. E.
3. Tirez de l'Angle du Baſtion oppoſé une ligne dans la derniére partie du Flanc C. & mettez deſſus la diſtance A E.,
comme C F.
4. Joignez E F enſemble par une fauſſe ligne, que vous diviſerez en 3 parties égales, comme E. 1. 2. F.
5. Prenez la diſtance 1. 2. & décrivez-en vers le dedans du
Baſtion deux arcs, s'entrecoupant en G. qui ſera le centre
pour achever l'Orillon, la ligne C D. formera la Caſe-
matte.

Pour le Corps de la Place.

Le Corps de la Place eſt égal à celui que j'ai décrit au ver-
ſet précédent.

§. XXI. For-

§. XXI.

Fortification Espagnole.

Messieurs les Espagnols fortifient presque de la même maniére que les Hollandois, à la réserve du second Flanc, qu'ils ne jugent pas être nécessaire. Il suffit donc de vous dire, qu'ils partagent chaque côté intérieur en six parties égales, dont une leur donne la demi-Gorge ; une autre le Flanc, élevé perpendiculairement sur la Courtine. La ligne de défense rasante détermine les Faces. Vous comprendrez cela fort aisément, par ce qui a été dit jusqu'ici. Le reste est comme dans la Hollandoise, excepté la Fauffebraye, qu'ils omettent ordinairement.

§. XXII.

De l'Ordre Renforcé.

Voici une autre méthode de fortifier, où l'on suppose réguliérement le côté intérieur de 160 Toif. Elle porte son nom du renfort de la ligne de défense. Je me depêcherai en peu de mots, tels que voici :

1. Divifez le côté intérieur AM. Fig. 1. Pl. XIII. en 8 parties égales, dont une vous donnera également le Flanc & la demi-Gorge , le Flanc étant élevé perpendiculaire fur la Courtine, comme A B C.
2. Prenez deux des fix autres parties pour la Courtine, comme B E. L I.
3. Abaiffez des points E. I. des perpendiculaires égales à une huitiéme partie du côté intérieur, comme E F. & I G. pour les Flancs retirés.
4. Joignez F G. enfemble, & vous aurez auffi la Courtine retirée.
5. La ligne de défenfe, tirée de l'Angle de la Courtine retirée , formera la Face.
6. Les autres diftances font égales à celles de Mr. Blondel.

§. XXIII.

Le Profil pour le Corps de la Place fe trouvera ci-deffous au Liv. IV. Chap. I.

LIVRE III.

Des Ouvrages détachés.

CHAPITRE I.

De la Tenaille dans le Fossé.

POur mieux difputer à l'Ennemi le paffage du Foffé, Monfr. de Vauban s'eft avifé de mettre une Tenaille à Flancs dans fon Foffé, dont voici la conftruction:

1. Mettez 3 Toif. devant l'Orillon, & tirez par ce point une parallele au premier trait du Flanc, comme CD, & AB. Fig. 2. Pl. XIII. let. A.

2. Partagez les lignes AE. & CE. en deux parties égales, comme FG. pour les Faces.

3. Mettez une pointe du compas fur un de ces points, & laiffez tomber l'autre fur la ligne de défenfe, comme FH. & GI.

4. Joignez FH & GI. enfemble par des lignes droites, qui vous donneront les Flancs, HI. formant la Courtine.

5. La bafe du Rempart devant les Faces & les Flancs eft de 8 Toif. & devant la Courtine de 5.

6. La bafe du Parapèt devant les Faces & les Flancs eft de 18 pieds, & devant la Courtine de 15.

7. Le refte entre ce tenaillon & le corps de la place eft le Foffé.

Remarquez, que Mr. de Vauban conftruit quelquefois fes tenailles fans Flancs, n'ayant que deux Faces fuivant le cours des lignes de défenfe, comme vous voyez Fig. 3. Pl. XIII. let. B Au refte, les autres parties font comme dans la précédente. La Banquette, qu'on ajoûte au pied du Parapèt, eft égale à celle du Rempart.

§. 2.

§. 2.

Monſr. *Ozanam*, dans ſon Livre de Fortification p. 147. en fait la même deſcription, excepté qu'il vous enſeigne d'ériger les Flancs perpendiculaires ſur la ligne de défenſe, ABC. ne donnant outre cela à la Baſe du Rempart devant la Face & le Flanc que 7. Toiſ. & à celle du Parapèt 3. par tout ; *Voyez* Fig. 4. Pl. XIII.

§. 3.

Monſr. l'*Abbé du Fay*, dans ſon Traité de Fortification p. 107. eſt du même ſentiment avec Mr. Ozanam, touchant la Baſe du Rempart & du Parapèt ; mais quant au Flanc, au lieu de l'ériger perpendiculaire ſur la ligne de défenſe, il le fait tomber perpendiculairement ſur cette ligne de l'extrémité des Faces, en ſorte qu'il y forme un Angle oblique; comme ABD. Fig. 4. Pl. XIII.

§. 4.

Monſr. *de Rogers* laiſſe un eſpace de 3 ou 4 Toiſ. entre l'Orillon & la Tenaille, arrondiſſant les Faces cachées juſqu'au premier trait du Flanc, de ſorte qu'elles deviennent paralléles à l'Orillon. Il donne 25 Toiſ. de longueur aux Faces qui regardent le Foſſé, & 18 au Complement de la ligne de défenſe, comme AB. CD. Fig. 5. Pl. XIII. Cela fait, il joint le reſte du premier trait du Flanc, & celui de la Courtine pointée enſemble, comme EFGH, & garde les mêmes diſtances que Mr. de Vauban pour ce qui eſt du reſte.

CHAPITRE II.

Des Ravelins.

QUoiqu'il y ait une différence aſſez viſible entre les demi-Lunes & les Ravelins, puiſque le dernier n'eſt proprement qu'un ouvrage à deux Faces, garni quelquefois des flancs bâtis ſur l'angle de la Contreſcarpe, au lieu que la demi-Lune eſt un ouvrage bâti ſur l'arrondiſſement du Foſſé devant l'Angle flanqué, ayant ſes Flancs & ſes Faces, & portant de ſon aſſiette le nom de Croiſſant ou de demi-Lune. On leur don-

donne aujourd'hui ces noms indifféremment, de sorte que vous appelleriez le Ravelin aussi-bien demi-Lune, que celle-ci Ravelin. Pour en parler pourtant distinctement, vous trouverez ici la construction de toute sorte de Ravelins, dont vous en jugerez selon vos propres principes. Quant à l'usage de ces Ouvrages détachés, vous remarquerez, qu'ils ne sont faits que pour couvrir les Portes, la Courtine, le Flanc, & quelquefois aussi une partie de la Face; outre qu'ils facilitent beaucoup les sorties. Monsieur de Vauban a cinq sortes de Ravelins, sçavoir le *Simple*, qui n'a que deux Faces; le *Renforcé*, qui a ses Faces & ses Flancs; le *Double*, qu'il met à l'entrée des Places; un à *Lunettes*, & un autre à *Contregardes*, dont je traiterai dans la suite; Monsr. de *Rogers* a le simple, celui à Flancs, le retranché en dedans, & le tenaillé.

§. I.

Du Ravelin simple, à la Françoise.

℣. 1.

1. Elevez de l'angle du Fossé une perpendiculaire égale à la moitié de la Courtine avec la Brisure, comme AB. Fig. 1. Pl. XIV.
2. Tirez du point B. vers le haut des Flancs pointés des lignes droites, qui finissent au bord du Fossé, comme BC. & BD. pour représenter les Faces.
3. La Base du Rempart est de 8 à 10 Toif.
4. La Base du Parapèt de 3 Toif.
5. La largeur du Fossé de 12 Toif.

℣. 2.

Monsieur *Ozanam* l. c. pag. 147. dit qu'il faut prendre 70 Toif. & en faire des extrémités de la Courtine deux arcs, s'entrecoupant en C. comme AC. BC. Fig. 2. Pl. XIV. ses Faces sont tirées vers la fin du Flanc, comme je viens de dire, terminées sur la Contrescarpe. Le Rempart a 10 Toif. de largeur; le Parapèt 3. & le Fossé 12.

℣. 3.

Monsr. l'Abbé *du Fay* l. c. p. 115. érige de l'angle de Tenaille A. une perpendiculaire, égale à la distance de A, au B. comme AC. Fig. 3. Pl. XIV. Du point C. vers l'Epaule, il tire les faces, construisant le corps de la place, comme Mr. Ozanam.

℣. 4.

℣. 4.

Monſr. le Comte de *Pagan* donne 30 T. aux demi Gorges du Ravelin, comme AB. & AC. Fig. 4. Pl. XIV. & 50 aux Faces, qui s'entrecoupent en D. La baſe du Rempart eſt de 7 Toiſ., celle du Parapèt de 3.; le Foſſé, eſt égal à celui de Mr. de Vauban.

℣. 5.

Monſieur *Bombelle* prend une Courtine avec une demi-Gorge, BC. Fig. 5. Pl. XIV. & en décrit des extrémités du côté intérieur CD. deux arcs, ſe rencontrant en A; le reſte du corps de la place eſt égal à celui de Mr. de Vauban.

℣. 6.

Monſieur le Chevalier de *Ville*, liv. 1. part. 3. Chap. 51. p. 169. donne 50 ou 60 pas, c'eſt-à-dire, de 41 à 50 Toiſ. aux gorges des Ravelins, & de 40 à 60 pas ou de 33 à 50 Toiſ. à leurs Faces; la largeur du Foſſé eſt la moitié de celle du grand. Fig. 1. Pl. XV.

℣. 7.

Monſieur *Blondel* décrit deux arcs des extrémités des Faces à l'ouverture de la même diſtance AB, comme ABC. Fig. 2. Pl. XV. Enſuite, il met 6 Toiſ. des angles de l'Epaule ſur les Faces, comme AD. & BE. en tirant de C. les Faces vers D E. terminées ſur la Contreſcarpe. Cela fait, il met 10 T. ſur la face du Ravelin, commençant de l'angle qu'elle fait avec le Foſſé, comme FG. & 8. ſur la demi-Gorge, comme FH. pour donner à une Batterie baſſe la figure d'un quarré long. La baſe du Rempart eſt de 10 Toiſ. le Foſſé étant également large; la baſe du Parapèt eſt de 3 T. Ces Batteries ne ſont faites que pour défendre le Foſſé de la Contregarde bâtie devant les Faces; ainſi qu'il ſera expliqué ci-deſſous.

℣. 8.

L'Auteur de la nouvelle maniére de fortifier à la Françoiſe, rejettant pag. 108. toutes les maniéres, dans leſquelles on tire le Faces du Ravelin vers l'Epaule du Baſtion de la Ville, à cauſe qu'on ôte ainſi 3 Toiſ. occupées par le Parapèt du Flanc à la défenſe du Foſſé du Ravelin, veut, pag. 149.

1. Qu'on

1. Qu'on marque 8 Toiſ. ſur les Faces des Baſtions , depuis l'angle de l'Epaule A. juſqu'à B. Fig. 3. Pl. XV.

2. Il tire dudit point B. dans le point C. une parallele à la Courtine.

3. Diviſez cette ligne BC. en 8 parties égales , dont 7 donneront la diſtance de décrire des points BC. deux arcs vers la Campagne , s'entrecoupant en D.

4. Tirez de D. vers BC. des lignes droites juſqu'à la Controſcarpe pour déterminer les Faces.

Cet Auteur ajoûte encore une petite demi-Lune intérieure, dont voici la conſtruction.

1. Marquez 10 Toiſ. ſur la Courtine E F. comme E G. & F H.

2. De la diſtance GH. faites deux arcs de ces mêmes points au dedans du Ravelin , s'entrecoupant en I. , duquel point vous tirerez les Faces vers leurs centres juſqu'à la Contreſcarpe.

Quand il met une Contregarde devant la face du Baſtion , alors il forme auſſi une Batterie dans ces Faces , parallele à la largeur du Foſſé de la Contregarde.

℣. 9.

A la Hollandoiſe.

Monſieur *Marrius* part. 3. Chap. 8. p. 116. prend 30 Toiſ. pour la Capitale du Ravelin , A. B. du bout de laquelle il tire les Faces vers l'Epaule C. D. juſqu'à la Contreſcarpe , Fig. 4. Pl. XV.

La baſe du Rempart a 6 T. 4 p.
La baſe du Parapèt a 4 T.
La Berme eſt de   3 pieds.
La largeur du Foſſé 8 T.

℣. 10.

Monſieur *Melder* ne différe en rien de Marrius.

℣. 11.

Cellarius prend deux troiſiémes parties de la Face pour la Capitale du Ravelin ; il tire les Faces , comme Marrius.

℣. 12.

Goldman prend la longueur de la Courtine , & en décrit ſes

G

ses extrémités deux arcs, dont la Section montre la pointe de la Capitale, faisant le reste comme Martius.

℣. 13.

Freitag observe trois maniéres, (1) il fait un Triangle équilatéral avec la longueur de la Courtine, dont la Section lui sert de pointe de la Capitale; c'est ce qu'il pratique dans sa grande maniére; (2) dans la moyenne, il partage la demi-Gorge en 2 parties égales, & du milieu A B. il construit un Triangle équilatéral en C. comme Fig. 5. Pl. XV. (3) dans la petite, il donne à la Capitale trois quatriémes parties de la Face du Bastion en tirant les Faces vers l'Epaule.

℣. 14.

Fournier suit Freitag dans sa grande maniére.

℣. 15.

Faulhaber décrit des Angles de l'Epaule, avec la distance de 18 verges ou 30 Tois. deux arcs, dont la coupure lui montre la pointe de la Capitale; il tire les Faces vers l'Epaule.

℣. 16.

Le Général *Russenstein* prolonge, (1) la Capitale du Bastion par dessus le Fossé de 30 verges, commençant à la Contrescarpe, comme AB. Fig. 1. Pl. XVI. (2) Il divise les Faces des deux Bastions les plus proches en deux parties égales, comme CD. (3) Il tire du point C. une ligne droite dans le point B., & de D. une autre dans le point E. pour avoir la pointe de la Capitale F. que la section de ces deux lignes fournit; les Faces se tirent vers l'Epaule.

§. II.

Du Ravelin Renforcé, ou à Flancs, à la Françoise.

℣. 2.

Monsieur de *Vauban* éléve de l'angle du Fossé une Perpendiculaire, à laquelle il donne la longueur de la moitié de la Courtine avec sa Brisure pour Capitale au Quarré, qui dans les autres figures est de 45 Tois. Les Faces sont terminées sur

la

la Contrescarpe, tirées vers l'Orillon du Bastion, comme
ABC. Fig. 2. Pl. XVI. Ensuite, il met des points BC. 5 Toif.
fur la gorge du Ravelin vers son milieu, comme DE, érigeant fur ces mêmes points des Perpendiculaires jufqu'aux
Faces, FG. pour avoir les deux Flancs DF & EG. Le reste
est comme au Ravelin fimple.

§. III.
№. 2.

Monsieur *Ozanam* l. c. p. 89. dit, que les Faces depuis 40
jufqu'à 50 Toif. font également bonnes, pourvû qu'elles ne
fassent pas un angle trop aigu, qui doit être au moins de
60 dégrés. Il ne leur donne que des petits Flancs, perpendiculaires à la Courtine de la Place, pour ne pas trop découvrir le Flanc du Corps de la Place, ni augmenter la dépense du
Fossé.

№. 3.

L'Auteur de la nouvelle maniére de fortifier à la Françoise,
& Mr. l'Abbé du Fay ne décrivent point une longueur fixe
pour les Flancs, laissant cela au jugement de l'Ingénieur.

№. 4.
A la Hollandoise.

Les Hollandois conftruifent ordinairement ce Ravelin ainfi :
1. Ils mettent de l'angle du Fossé, de part & d'autre, fur la Contrefcarpe 25. Toif. pour la Gorge AB. Fig. 3. Pl. XVI.
2. En tirant AB. enfemble par une ligne droite, ils érigent
   fur ces deux points des perpendiculaires de 16 T. 4 p. pour
   les Flancs AC. BD.
3. La Perpendiculaire EF, élevée fur la moitié de la ligne
   AB. de 20 à 36 Toif., fera la Capitale pour y tirer les
   Faces.

№. 5.

Monsieur le Colonel *Scheiter* le fait de cette maniére :
1. Il prend pour la Capitale 16 T. 4 p. comme AB. Fig. 4.
   Pl. XVI.
2. Sur cette même ligne il marque 11 T. 4 p. comme A. C.
3. Il tire par des points AC. des paralleles à la Courtine de
   10 Toif. dont il y en ait 5. à chaque côté, comme CD.
   CE. & AF. AG.

4. BD. & BE. lui forment les Faces , & les lignes tirées des
points DE. vers FG. jusqu'à la Contrescarpe , les Flancs.
5. Son Parapèt ne consiste que dans l'épaisseur d'une bonne
muraille, n'y ayant d'autre Rempart.
6. Le Fossé a 5 Toif. de largeur.

§. III.

Du Ravelin Double.

Les François mettent la plûpart un double Ravelin à l'entrée de leurs Places , dont voici la construction.
1. Faites un Ravelin simple , tel que vous le trouvez décrit au
précédent §. I. ν. 1. comme A B C D. Fig. 1. Pl. XVII.
2. Elevez de l'Angle de Gorge A. une Perpendiculaire de 12
Toif. comme A E.
3. Mettez du même Angle , de part & d'autre , 6 Toif. sur la
Gorge , comme A F & A G.
4. Erigez sur F G. des Perpendiculaires de 4 Toif. pour les
Flancs , comme F I & G H.
5. EI. & EH. donneront les Faces.
6. Le petit Fossé , qui regne autour , n'a que 15 pieds de largeur.
7. La base de son Parapèt a 3 Toif. ; dans le vuide du dedans
on met un bon corps de garde , pour mieux assûrer la porte
& le pont contre les surprises de l'ennemi.

§. IV.

Du Ravelin à petites Lunettes.

ν. 1.

1. Ayant tracé un Ravelin simple avec son Fossé , prenez deux
troisiémes parties du Flanc de la place , & mettez-les de deux
côtés de l'Angle de deux Fossés sur la Contrescarpe , comme ABC. & DEF. pour les gorges des Lunettes , Fig. 2.
Pl. XVII.
2. Prenez le Flanc entier , & faites-en des extrémités de ces
Gorges deux arcs , s'entrecoupant en G. & H.
3. Joignez EFG. & BCH. ensemble par des lignes droites ,
& vous aurez aussi les Faces des Lunettes.
4. Le reste est comme au Ravelin même , excepté que le Fossé
n'a que la moitié de la largeur de celui du Ravelin.

ν. 2. L'Abbé

℣. 2.

L'Abbé *du Fay*, p. 124. donne 15 Toif. aux demi-Gorges, & 20 Toif. au Faces. Son Foffé n'a que 3 Toif. de largeur, quoiqu'il le faffe auffi profond que celui du Ravelin.

℣. 3.

Monfieur *Blondel*, prend 20 Toif. tant pour la demi-Gorge que pour les Faces; fon Foffé eft large de 10 Toif., & le refte comme au Ravelin même.

§. V.

Du Ravelin à grandes Lunettes ou à Contregardes.

℣. 1.

1. Ayant fait le Ravelin avec fon Foffé, tel que j'ai dépeint au précedent §. 1. ℣. 1. prolongez fes Faces pardeffus fon Foffé de 30 Toif. commençant à la Contrefcarpe, comme A B. Fig. 3. Pl. XVII.
2. Mettez 15 Toif. de l'angle, que le Foffé du corps de la place fait avec celui du Ravelin, fur la Contrefcarpe du grand Foffé, comme C D.
3. Joignez BD. enfemble par une ligue droite.
4. Le Foffé, qui doit l'environner avec tout le refte, eft comme au Ravelin même.

Entre ces deux Contregardes, on met un petit Ravelin à la tête, qui fe conftruit ainfi:
1. Elevez de l'angle du Foffé des Contregardes E. une Perpendiculaire de 20 Toif. comme EF.
2. Partagez les Faces des Contregardes en 2 parties égales G. H.
3. Tirez du point F. marquant le fommet de la Capitale vers le milieu des Faces G. H. des lignes droites jufqu'à la Contrefcarpe, pour former les Faces.
4. Le Foffé a de 6 à 2 Toif. de largeur, le refte étant comme aux Contregardes mêmes.

℣. 2.

Monfieur l'Abbé *du Fay* p. 125. donne au prolongement des Faces depuis la Contrefcarpe vers la campagne, 25 à 30 Toif. & aux demi-Gorges 10 ou 12. conformant les au-

tres

tres diftances à celles du Ravelin. Le petit Ravelin entre les Contregardes eft femblable à celui que je viens de décrire, excepté que fon Foffé n'a que 3 Toif. de largeur.

§. 3.

Monfieur *Ozanam* l. c. p. 148. ne dépeint autre conftruction de ces Contregardes & du petit Ravelin, que celle de Monfr. *du Fay.*

§. 4.

Monfieur *de Bombelle* en fait cette defcription :
1. Il prolonge les Faces du Ravelin par deffus le Foffé à la longueur des Faces mêmes, comme AB. Fig. 4. Pl. XVII.
2. Sur la ligne AB. il prend au B. un angle de 60 degrés, comme BE.
3. Il tire du point B. par E. une ligne droite jufqu'à la Contrefcarpe, comme BF. ainfi que la demi-Gorge FG. fe forme d'elle-même.
4. En prenant la troifiéme partie de la ligne AB. il la met fur la même ligne, comme AH, & fur la Contrefcarpe, AI.
5. Ces deux lignes lui font le Rhombe AHIL.
6. En ne mettant rien entre les Contregardes, il fait le refte comme dans fon Ravelin.

§. 5.

L'Auteur de la nouvelle maniére de fortifier à la Françoife met fur le prolongement des Faces du Ravelin (ayant pour centre la pointe de la Capitale,) la longueur de la Face même, comme AB. Fig. 1. Pl. XVIII. Les demi-Gorges font égales à la troifiéme partie de la Face des Contregardes, comme CD. Le refte fe fait comme au Ravelin même.

CHAPITRE III.

Des demi-Lunes.

REssouvenez-vous de ce que j'ai avancé au commence-ment du Chapitre précédent, que par des demi-Lunes j'entens proprement les ouvrages, bâtis en forme d'un Bastion détaché sur l'arrondissement du Fossé devant les pointes des Bastions, ayant leurs Faces & leurs Flancs; nonobstant qu'au-jourd'hui on donne ce même nom aux Ravelins, dont le leur convient réciproquement aux demi-Lunes. Leur usage est de couvrir l'angle Flanqué. La défense en est tirée des Rave-lins voisins. On les construit ainsi:

§. 1.

1. Prolongez la Capitale du Bastion pardessus son Fossé, de 36 Toif. commençant à la Contrescarpe, comme A B, fig. 2. Pl. XVIII.
2. Prolongez aussi le Flanc du Parapèt pardessus le grand Fossé de 12 à 16 Toif. pour le Flanc, comme CD.
3. Joignez BD. ensemble, & vous aurez la Face.
4. La base du Rempart, dont il faut seulement se servir pour la Face & point pour le Flanc, a 8 Toif.
5. La base du Parapèt, parallele à la Face, est de 4 Toif.
6. Le Fossé est de 12 Toif.

§. 2.

Monsieur *Ozanam* l. c. p. 91. en donne cette description:
1. Prolongez le Parapèt du Bastion au delà du Fossé de la Place de la moitié d'une demi-Gorge du même Bastion pour le Flanc EF. Fig. 3. Pl. XVIII.
2. Tirez par l'extrémité du Flanc F. une parallele à la Con-trescarpe pour la Face.
3. La base du Rempart   10 T.
4. La base du Parapèt   3 T.
5. La largeur du Fossé   10 T.
Remarquez que le Flanc n'a ni Rempart ni Parapèt, mais seulement la Face.

G 4   §. 3. Les

§. 3.

Les *Hollandois* prennent en général pour la Capitale de la demi-Lune 30 Toiſ. comme AB. Fig. 4. Pl. XVIII. En ſuite, ils prolongent les Faces du Baſtion vers la campagne, & en tirant du ſommèt de la Capitale B. vers le milieu de la Face du Ravelin C. une ligne droite juſqu'au prolongement de la Face du Baſtion, ils forment la Face de la demi-Lune BD. & le Flanc DE. le reſte étant comme au Ravelin.

CHAPITRE IV.

Des Contregardes.

POur mieux couvrir tout le Baſtion, empêcher l'approche du mineur, & nettoyer la partie du Chemin couvert, qui eſt devant l'Angle flanqué & les Faces du Baſtion, on met des Contregardes devant, paralleles à la Contreſcarpe.

§. 1.

Monſieur *Ozanam* l. c. p. 89, les determine en tirant une parallele à la Contreſcarpe du grand Foſſé juſqu'à celle du Foſſé du Ravelin, à la diſtance de la moitié de la gorge du Baſtion, comme ABC. Fig. 1. Pl. XIX. Les autres diſtances ſont les mêmes qu'au Ravelin.

§. 2.

Monſieur *Blondel* ne prend que 3 ou 4 Toiſ. pour toute la largeur de la Contregarde, qui ſe finit ſur le prolongement du Foſſé du Ravelin, ne donnant que 8 ou 10 pieds d'épaiſſeur au Parapèt. Il la met dans le grand Foſſé du corps de la place, à la diſtance de 10 ou 12 Toiſ. de la Contreſcarpe. La conſtruction eſt de maçonnerie ſolide, ſans aucun autre retrain que celui du Parapèt, pour empêcher ainſi aux ennemis d'y loger leur canon, quand ils la forcent. Fig. 2. Pl. XIX.

§. 3.

Monſieur le Comte de *Pagan* donne 15 T. à la largeur de ſa Contregarde, parallele à la Contreſcarpe du grand Foſſé, &

terminée au Foſſé du Ravelin. Au reſte, la baſe du Rempart à 7 Toiſ. celle du Parapet 3. & la largeur du Foſſé 12. *Voyez Fig. 3. Pl. XIX.*

§. 4.

L'Auteur de la nouvelle maniére de fortifier à la Françoiſe, p. 150, attribuë à la largeur de ſa Contregarde 16 Toiſ. parallele à la Contreſcarpe, en lui donnant une eſpéce de Flanc dont voici la conſtruction.

1. Mettez de l'angle, que le grand Foſſé fait avec celui du Ravelin, 3 Toiſ. ſur la Contreſcarpe du Ravelin, AB. Fig. 4. Pl. XIX.

2. En prenant la diſtance BC. dont ce dernier point marque l'endroit, où le Foſſé de la Contregarde marque le Foſſé du Ravelin, vous la porterez ſur la Face de la Contregarde de C en D.

3. Tirez le Flanc de D en B.

4. Pour former l'Orillon, marquez 6 Toiſ. ſur ce dernier Flanc depuis l'angle de l'Epaule D. juſqu'en E.

5. Tirez du point F, qui eſt à 3 Toiſ. de l'Angle flanqué du Ravelin, par E. une ligne de 4 Toiſ. comme E G.

6. Menez le Flanc retiré de G en B. & tout ſera fait.

Puiſque cet Auteur obſerve trois maniéres de fortifier, la grande, la moyenne, & la petite, il ne ſe ſert de cette méthode, que dans les deux premiéres, ne donnant dans la derniére que 10 Toiſ. de largeur à la Contregarde. Toutefois il ne parle que des Polygones de plus de 5 côtés; car, dans le Quarré & le Pentagone, il marque la largeur de la Contregarde ſur le Foſſé du Ravelin à 14 Toiſ. & proche l'arrondiſſement du grand Foſſé à 8. comme H I. & K L, en ſorte qu'elle devienne plus étroite vers cet arrondiſſement. Au reſte, il fait l'Orillon & le Flanc comme dans l'autre.

§. 5.

Le Général *Ruſſenſtein* en fait telle deſcription.

1. Prolongez la Capitale du Baſtion vers la campagne de 50 Toiſ. commençant à la Contreſcarpe, comme AB. Fig. 1. Pl. XX.

2. Partagez la Face du Baſtion en 2 parties égales, C E.

3. Tirez des points BB. des lignes droites en EE. de ſorte, que la Section de ces deux lignes ſe rencontre dans la pointe du Ravelin F.

4. En marquant les endroits G H. où ces lignes coupent

le Foſſé, mettez ſur les mêmes lignes vers leurs extrémités
10 Toiſ., comme GI & HK.

5. Tirez des points IK des perpendiculaires juſqu'à ces lignes pour les Flancs IM & KL.

6. Mettez derriére ces Flancs une Batterie de 5 Toiſ. comme NO. PQ.

7. Autour de cette Contregarde tirez le Foſſé de 10 Toiſ. parallele à la Contregarde.

8. Prenez la diſtance ML. & faites-en un Triangle équilatéral
MLR.

9. Tirez du point R. vers ML. les Faces juſqu'à la Contreſcarpe pour un coûtre-Ravelin, que vous borderez d'un Foſſé égal à celui de la Contregarde.

10. Le Parapet & la Berme ſont faits à l'ordinaire.

§. 6.

Monſieur de *Rogers* bâtit auſſi des Contregardes devant la
pointe du Baſtion; mais en ayant déjà parlé ci-deſſus Liv. 2.
Chap. VI. §. 7. j'y renvoye le lecteur.

CHAPITRE V.

De la Tenaille ſimple.

CEs Ouvrages ſe font en différentes maniéres ſelon la qualité du Terrain, & le lieu où on les veut placer, qui eſt
ordinairement la Courtine, qui en devient couverte, de même que le Ravelin, s'il y en a. Les meilleures conſtructions
ſont les ſuivantes.

§. 1.

1. Prolongez les Flancs du corps de la Place juſqu'à la Contreſcarpe, comme AB. Fig. 1. Pl. XX.

2. Elevez ſur AB. des perpendiculaires à la Courtine de la
Place vers la campagne de 90 Toiſ. comme AC. BD.

3. En tirant CD enſemble, abaiſſez-y du milieu E. une
perpendiculaire de 26 Toiſ. quand il n'y a point de Ravelin devant la Courtine de la Place, & de 22 s'il y en a
un, comme EF.

4. Tirez les Faces CF & DF, & l'Ouvrage ſera fait.

5. Les

5. Les autres diſtances ſont égales à celles dont on ſe ſert au Ravelin.

Ces deux Faces ſont couvertes d'un Ravelin, qui a pour Capitale la moitié d'une des Faces de la Tenaille, comme KG. Les Faces ſe font en tirant une ligne droite de G. vers H. I. qui marquent la moitié des Faces vers le Foſſé. Les autres diſtances ſont comme aux autres Ravelins, excepté que le Foſſé n'a que 8 Toiſ. de largeur.

§. 2.

Monſieur *Ozanam* l. c. p. 92 & 93. la fait ainſi.

1. Elevez de l'angle de l'Epaule AB. des perpendiculaires à la Courtine de 120 Toiſ. & davantage, comme AC. BD. Fig. 3. Pl. XX.

2. Prenez la moitié de la ligne CD. comme CE. & portez cette diſtance des points CD. vers AB. comme CF. DG.

3. Tirez les lignes de défenſe de C. en G., & de D. en F. & la ſection H. montrera l'Angle, où les Faces finiſſent.

4. Les autres diſtances pour le corps de la Place, ſont comme à ſon Ravelin.

Quant au Ravelin devant la Tenaille.

1. Il partage les Faces CH & DH en deux parties égales, comme I & K.

2. Il met le compas ſur ces deux points, & en y laiſſant une, par exemple ſur K, il porte l'autre ſur le prolongement de la ligne de défenſe, comme IL. KM.

3. Il tire une ligne droite par les points LM, juſques aux aîles N. O.

4. Il prend la diſtance DL. ou CM. pour en décrire des points NO. deux arcs, dont la ſection P. montre la Capitale du Ravelin.

5. Les Faces ſe bornent d'elles-mêmes ſur la Contreſcarpe, ayant tiré auparavant des lignes droites de P. vers NO.

6. Le reſte ſe fait comme dans la Tenaille même.

§. 3.

A la Hollandoiſe.

La conſtruction de Monſr. *Freitag* eſt telle :

1. Il prolonge les Flancs du corps de la Place de 50 verges, comme AB. & CD. Fig. 4. Pl. XX.

2. En joignant BD. enſemble, il partage cette ligne en deux parties égales, & abaiſſe du milieu E. une perpendiculaire égale à la quatriéme partie de cette ligne, comme EF.

3. De

3. De B. D. il tire les Faces en F.
4. Les autres diſtances ſont égales à celle de ſon Ravelin.
   Touchant le petit Ravelin à la tête de cet Ouvrage,
1. Il prolonge la perpendiculaire F E. vers la campagne, &
   depuis l'angle du Foſſé K. il met deſſus la moitié de la
   Face de la Tenaille, comme KG. dont le point G. marque la pointe de la Capitale.
2. De cette pointe il tire les Faces vers la moitié des Faces
   de la Tenaille HI. juſqu'à la Contreſcarpe.
3. Le reſte eſt comme dans la Tenaille même.

§. 4.

Monſr. *Martius* p. 122. obſerve la même méthode.

§. 5.

Il y en a d'autres qui donnent à la perpendiculaire (après
avoir fait auparavant le reſte, comme Mr. Freitag l'enſeigne)
9 verges, pour y tirer les Faces, Fig. 5. Pl. XX.
   Quant au petit Ravelin, ils érigent ſur le milieu du côté
extérieur de la Tenaille A. une perpendiculaire de 7 verges,
& tirent de ſa pointe B. les Faces vers le milieu des Faces de
la Tenaille CD. juſqu'à la Contreſcarpe. Le corps de la Place étant fait comme au Ravelin Hollandois.

CHAPITRE VI.

De la Tenaille double à la Françoiſe.

§. 1.

1. PRolongez les Flancs du corps de la Place juſqu'à la
   Contreſcarpe A. B. Fig. 1. Pl. XXI.
2. Erigez des points A B. des perpendiculaires à la Courtine
   de 90 Toiſ. comme A C. B D.
3. Joignez C D enſemble, & abaiſſez de ſon milieu E. une
   perpendiculaire de 16 Toiſ. comme EF.
4. Tirez des points CD. des Faces en F, que vous partagerez en 2 parties égales G. H.
5. Erigez ſur l'angle des Faces une perpendiculaire de 45 Toiſ.
   comme F. I.
6. Tirez du point I. en G. & H. les Flancs; le reſte ſe fait
   comme dans la Tenaille ſimple.

§. 2.

§. 2.

Monfieur *Ozanam* l. c. p. 93. en fait cette défcription :
1. Faites une Tenaille fimple, dont vous partagerez les Faces en 2 parties égales, ABC. & CDE. Fig. 2. Pl. XXI.
2. Divifez la Face AC. ou CE. en 3. parties égales, & prenez-en deux pour la Perpendiculaire érigée fur l'Angle C. comme CF.
3. Joignez FB. & FD. enfemble, & vous aurez les Flancs, ou contre-Faces ; le refte fe conftruit comme au Ravelin.

§. 3.

A la Hollandoife.

Monfieur *Freitag* & Mr. *Martius* p. 78. 79. nous en donnent telle information.
1. Formez une Tenaille fimple, & divifez fon côté extérieur AB. Fig. 3. Pl. XXI. en 4 parties égales.
2. Abaiffez du milieu une Perpendiculaire, CD. égale à une de ces quatre parties.
3. Prolongez la même Perpendiculaire vers la Campagne, & mettez-en la moitié fur le prolongement, comme CD.
4. Tirez du point E. dans le milieu des Faces des lignes droites, pour former les Flancs ou contre-Faces ; le refte fe forme comme au Ravelin.

§. 4.

D'autres, qui donnent 9 verges à la Perpendiculaire, conftruifent auffi premiérement une Tenaille fimple ; enfuite, ils éléveut de l'angle de deux Faces A. Fig. 4. Pl. XXI, une Perpendiculaire de 13. verges, AB. & tirent du point B. dans le milieu des Faces les Flancs, ou les contre-Faces.

CHAPITRE VII.

De la Queuë d'Aronde, ou d'Hirondelle.

§. I.

CEt ouvrage, couvrant la Courtine du corps de la Place & le Ravelin qui y est devant, ne diffère de la simple Tenaille, qu'en ce qu'elle se retrécit du côté de la Place, au lieu que les grands côtés de la Tenaille sont paralleles entre eux. Néanmoins on lui donne aussi bien le nom de Tenaille, que celui d'Aronde, dont voici la construction.

1. Prolongez les Flancs du corps de la Place vers la campagne de 110 Tois. comme AB. Fig. 5. Pl. XXI. & faites le reste comme dans la Tenaille simple.

2. Le petit Ravelin, qu'on met devant cet ouvrage, est aussi fait comme celui devant la Tenaille simple.

§. 2.

Monsieur *Ozanam* l. c. p. 95. la décrit ainsi :

1. Erigez des angles de l'Epaule des perpendiculaires à la Courtine d'une longueur volontaire, pourvû qu'elle ne passe pas la portée du Mousquet, par exemple ici, de 110 Tois. comme AB. CD. Fig. 6. Pl. XXI.

2. Joignez BD. ensemble par une ligne droite, & abaissez de son milieu une perpendiculaire, égale à la troisiéme partie de la distance BF. comme FG.

3. Tirez des points BD. des lignes droites vers le milieu de la Courtine E. jusqu'au Fossé du Ravelin ; & achevez le reste comme au Ravelin.

CHAPITRE VIII.

Du Bonnet-à-Prêtre.

CEt ouvrage est semblable à la Tenaille double, excepté, qu'en forme de la Queuë d'Aronde, il est plus large par la tête, que par la gorge, & pour cela il est appellé Bonnet-à-Prê-
tre,

tre , parce que les Bonnets de certains Prêtres en sont la forme. Voici leur construction.

1. Faites une Queuë d'Arondé, ainsi que je l'ai dépeinte au précédent verset I. Chap. VII.
2. Partagez les Faces en 2 parties égales, comme ABC. & CDE. Fig. 1. Pl. XXII.
3. Erigez du point C. une perpendiculaire de 45 Tois. comme CF.
4. Tirez les Faces de F en BD. & le Bonnet sera fait.
5. Toutes les autres distances sont comme au Ravelin.

§. 2.

Monsieur *Ozanam* l. c. p. 95. le fait ainsi :
1. Faites une Queuë d'Aronde.
2. Partagez les lignes AB. & BC. Fig. 2. Pl. XXII. en deux parties égales.
3. Divisez la même ligne AB. ou BC. en 3 parties égales, dont deux donnent la perpendiculaire, érigée sur l'angle B. comme BD.
4. Tirez les Faces de D. en EF. qui font le milieu des premiéres Faces ; & faites le reste comme au Ravelin.

CHAPITRE IX.

De l'Ouvrage à Cornes devant la Courtine.

CEs Ouvrages, quoique faits en différentes maniéres, dont les uns étréciffent vers la Campagne, prenant leur défense des deux Bastions ; les autres étréciffent du côté de la Place, ensorte qu'ils semblent aller aboutir au centre, servent à couvrir la Courtine, les défenses étant trop longues. Quelquefois on les met devant le Bastion, pour le mieux garantir ; mais ceux-ci étant moins flanquez que les autres devant la Courtine, sont toûjours défectueux, & par conséquent à éviter, autant que l'on peut. Voici la construction des premiers.

§. I.

A la Françoise.

1. Erigez de la pointe du Ravelin une perpendiculaire de 85 à 88 Tois. comme AB. Fig. 3. Pl. XXII.

2. Ti-

2. Tirez du B. de part & d'autre un arc de 60 Toiſ.

3. Mettez le compas ſur l'angle des deux Foſſez C. & D. & re-coupez ces arcs avec 118 Toiſ. en E. & F. que vous join-drez enſemble.

4. Tirez de deux Sections E F. les aîles de l'ouvrage vers les points G. H. qui ſont 4 ou 5 Toiſ. éloignés de l'Orillon, juſ-qu'à la Contreſcarpe, comme E I. F K.

5. Abaiſſez du milieu de la ligne E F. qui joint les aîles enſem-ble une perpendiculaire R L. de 10 Toiſ.

6. Tirez les lignes de défenſe à la Vaubane, & prenez pour les Faces E M. F N. 38 Toiſ. & pour le complement de la ligne de défenſe L O. L P. 21 Toiſ.

7. M O. & N P. donneront les Flancs, & O P. la Courtine.

8. L'Orillon & la Tour-creuſe ſe font comme au corps de la Place, excepté que l'on donne la moitié du Flanc ou deux cinquiémes de ſes parties, à l'Orillon.

9. Le reſte eſt comme au Ravelin.

Quant au Ravelin devant les cornes:

1. Erigez ſur l'angle du Foſſé une perpendiculaire P Q. de 24 Toiſ.

2. Tirez de l'extrémité de la perpendiculaire vers l'Orillon de l'Ouvrage à cornes les Faces juſqu'au Foſſé.

3. Faites le reſte comme au Ravelin du corps de la Place, ex-cepté que ſon Foſſé n'ait que 8 Toiſ. de largeur.

§. 2.

D'autres font cet Ouvrage de même, excepté qu'ils tirent les aîles dans l'angle des deux Foſſés, comme Fig. 4. Pl. XXII.

§. 3.

Monſieur *Ozanam* l. c. p. 93. le conſtruit ainſi:

1. Elevez des angles de l'Epaule de la Place les perpendiculai-res A B. C D. de 120 Toiſ. Fig. 5. Pl. XXII.

2. En joignant B D. enſemble, portez-en la moitié ſur les aîles, comme B F. D G.

3. Tirez les lignes de défenſe de D. en F. & de B. en G.

4. Diviſez ces lignes, depuis les extrémités des aîles juſqu'à la Section H. en 2 parties égales, dont une donnera la Face, D I. & B K.

5. Partagez la Courtine du corps de la Place en 2 parties éga-les, & tirez du milieu L. aux points K I. des lignes droites, entrecoupant les lignes de défenſe en M. N. Ainſi K M. & I N. ſeront les Flancs, & M N. la Courtine. Le reſte ſe fait comme au Ravelin.

Tou-

Touchant le petit Ravelin qu'il met devant la Courtine de
cet Ouvrage.
1. Prolongez la Courtine MN. jusqu'aux aîles QP.
2. Prenez la distance MP. ou NO. & décrivez-en des extrémités de la Courtine MN. deux arcs, dont la Section Q. donnera la pointe Capitale.
3. Tirez du point Q. vers O. & P. des lignes droites jusqu'à la
Contrescarpe, & vous trouverez les Faces. Le reste étant comme au Ravelin du corps de la Place.

§. 4.

Monsieur le Chevalier de *Ville* p. 180. les fait tantôt paralleles aux Angles flanqués, tantôt en forme de la Quenë d'A-
ronde, donnant aux aîles, au plus, 80 pas de Roi, ou 66 T.
4 p. au-delà de la Contrescarpe, si ce n'est que la nécessité
l'oblige à les avancer davantage. La largeur de son Fossé est
de 8 à 10 Tois. l'épaisseur du Rempart allant de 5 à 6 pas de
Roi, & celle du Parapet à 2 Tois.

§. 5.

L'Auteur de la nouvelle maniére de fortifier à la Françoise,
p. 157. nous en fait cette description.
1. Prolongez le côté intérieur du Polygone, de part & d'autre,
de 10 Tois. comme AB. Fig. 6. Pl. XXII.
2. Erigez sur l'extrémité de ce prolongement AB. des Perpendiculaires indéfinies.
3. Prenez 150 Tois. & déterminez ces Perpendiculaires des
points C. D. (qui sont à 8 Tois. de l'Angle de l'Epaule,)
en EF.
4. Tirez des points EF. vers CD. les aîles jusqu'au
Fossé.
5. Décrivez des points EF. (à l'ouverture du compas de 50 T.
: dans la grande Fortification, de 45 dans la moyenne, & de
40 dans la petite,) des arcs, & portez sur eux leur demi-
Diamétre, c'est-à-dire, la sixiéme partie du cercle qu'ils font,
étant achevés; comme GH. & IK.
6. Tirez les lignes de défense des points EF. par HI. : ces deux
points détermineront les Faces.
7. Prenez pour complement de la ligne de défense, ayant la Section L. pour centre, une distance moins grande de 4 Tois.
que celle de L. en H. ou en I. comme LM. & LN.
8. I M. & H N. donneront les Flancs., & M N. la Courtine.
9. La largeur du Fossé étant de 10 à 12 Tois. toutes les autres

dis-

diſtances ſont égales à celle du Ravelin du Corps de la
Place.

Pour ce qui eſt du petit Ravelin, mis à la tête de cet Ouvrage.

1. Prenez la diſtance de la Courtine MN. & faites-en deſ...
deux angles de l'Epaule I H. deux arcs, s'entrecoupans
en O.

2. Marquez des mêmes angles ſur la Face une diſtance de
8 Toiſ. P. Q.

3. Tirez du point O. vers P Q. les Faces du Ravelin juſqu'à la Contreſcarpe ; le reſte ſe fait comme au grand
Ravelin.

§. 6.

A la Hollandoiſe.

1. Monſieur *Freitag* prolonge les Flancs de deux côtés de 60
verges, comme AB. CD. Fig. 1. Pl. XXIII.

2. En joignant BD. enſemble, il partage cette ligne en 3 parties égales.

3. Il met une de ces parties ſur les aîles vers la place, comme
BE. DF. pour joindre EF. enſemble.

4. Sur cette nouvelle ligne, il met de part & d'autre la même
troiſiéme partie pour les demi-Gorges EG. FH.

5. En érigeant des Perpendiculaires ſur GH. pour les Flancs,
il leur donne la moitié de la demi-Gorge pour hauteur,
comme GI. HK.

6. BI. & DK. forment les Faces, & GH. la Courtine ; Le
reſte ſe conſtruiſant comme au Ravelin du Corps de la Place.

Pour conſtruire le petit Ravelin devant la Courtine de cet
Ouvrage.

1. Erigez ſur l'angle du Foſſé une perpendiculaire de 12 verges
comme LM.

2. Tirez de ce point M. vers la moitié des Faces de l'Ouvrage
à Corne, N. O. des lignes droites juſqu'au Foſſé pour avoir
les Faces. Les autres diſtances ſe prenant comme au grand
Ravelin du Corps de la Place.

§. 7.

Monſieur *Martius* p. 124. prolonge les Flancs de 40 à 70 verges, faiſant le reſte comme Freitag, excepté qu'il ne donne à
la Capitale du petit Ravelin que de 6 à 8 verges.

§. 8. *Gold-*

§. 8.

Goldman le fait ainsi.

1. Il prolonge les Flancs du corps de la Place de 60 verges, en joignant les aîles en haut ensemble, AB. Fig. 2.
Pl. XXIII.

2. Il partage cette ligne en 2 parties égales, élevant sur le milieu C. une perpendiculaire vers la campagne, égale à une de
ces deux parties, comme CD.

3. Il prend la distance AD. & en fait deux arcs, s'entrecoupant vers B. en E. pour avoir la Face B E.

4. Il prend aussi la distance BD. & en fait un autre Triangle
équilatéral vers A. en F. pour former la Face A F.

5. Il met la longueur d'une Face sur les aîles pour les Capitales
AG. BH.

6. En joignant GH. ensemble, il abaisse des points EF. des
perpendiculaires jusqu'à cette ligne pour les Flancs FI. &
EK. Le reste, après avoir tiré la Courtine IK, est comme
dans la maniére de Freitag.

CHAPITRE X.

De l'Ouvrage-à-Corne devant le Bastion.

§. 1.

1. ERigez de la pointe du Bastion une perpendiculaire de
86 Tois. A B. Fig. 3. Pl. XXIII.

2. Tirez du point B. de part & d'autre un arc de 60 Tois.

3. Recoupez ces arcs, des points D. C. qui marquent les angles
de deux Fossés en E. F. avec 120 Tois.

4. Abaissez du milieu de la ligne E F. une perpendiculaire de
18 à 20 Tois. GH.

5. Tirez les Faces, & tout le reste, comme à l'Ouvrage-à-Corne devant la Courtine. L. 3. C. 9. §. 2.

§. 2.

L'Auteur de la nouvelle maniére de fortifier à la Françoise,
P. 154. s'y prend de cette façon.

1. Il prolonge la Capitale du Bastion, de 86 à 90 Tois. comme
AB. Fig. 4. Pl. XXIII.

                                    2. Il

2. Il tire au point B. de part & d'autre des perpendiculaires de
26 Toif. comme BC. BD.
3. Il érige fur DC. d'autres perpendiculaires de 16 Toif. comme CE. DF.
4. En tirant les lignes de défenfe rafantes , il met depuis l'angle Flanqué jufqu'à la pointe Capitale de la Corne , de 25 à
30 Toif. pour la longueur des Faces , FG & EH.
5. Il tire des points GH , les aîles vers le milieu des Faces du
Baftion , jufqu'à la Contrefcarpe , faifant le refte comme à
l'Ouvrage-à-Corne devant la Courtine.

CHAPITRE XI.

De l'Ouvrage-à-Corne couronné.

§. 1.

A la Françoife.

1. **A**Yant fait un Ouvrage-à-Corne , comme il faut , divifez
fon côté extérieur AB. eu 4 parties égales , comme
ACD. E. B. Fig. 5. Pl. XXIII.
2. Prenez trois de ces 4 parties , & décrivez-en de l'angle du
Foffé F. un arc vers la campagne.
3. Erigez fur le même Angle une Perpendiculaire jufqu'à l'arc,
comme F G.
4. Mettez du point G. fur l'arc , de part & d'autre , la même
diftance des 3 premiéres parties , comme GH. & GI.
5. Joignez HG. & GI. enfemble par des lignes droites , du
milieu defquelles vous abaifferez des Perpendiculaires de 16
T. comme KN. & LM.
6. Tirez la ligne de défenfe à l'ordinaire , en donnant aux Faces de 29 à 30 Toif. comme IO. GQ.
7. Prenez 15 Toif. pour le Complement de la ligne de défenfe,
comme NP. & NR.
8. QR. & OP. donnent les Flancs , & PR. la Courtine.
9. Prolongez la Face de l'Ouvrage-à-Corne, de 24 à 27 Toif.
ou environ dans la campagne, comme BS. & joignez IS. enfemble par une ligne droite.
10. Marquez 24 Toif. fur les aîles , comme BT. & tirez une
ligne de S. vers T. jufqu'au Foffé.
11. L'Orillon, la Tour-creufe, & tout le refte, fe font comme
dans l'Ouvrage-à-Corne devant la Courtine.

§. 2. Mon-

§. 2.

Monſieur *Ozanam* l. c. p. 98. le dépeint ainſi.

1. Son Ouvrage-à-Corne étant fait, il prolonge le Parapèt de la Face de la corne de 30 Toiſ. au-delà du Foſſé, comme AB. Fig. 6. Pl. XXIII.

2. Il tire du point C. qui eſt l'Angle de l'Epaule du Parapèt du corps de la Place par le point B. une ligne indéfinie.

3. Il partage la ligne AB. en 2 parties égales, comme AD. & DB.

4. Il tire du point C. par D. une autre ligne droite, égale à la ligne AD. comme DE.

5. En joignant EF. enſemble, il diviſe cette ligne en deux parties égales, comme FG. & EG.

6. Il prend ſur les points EF. deux Angles, chacun de 30 degrés, & tire par leurs extrémités des lignes droites, s'entrecoupant en H.

7. En joignant FH & EH enſemble, il diviſe chacune de ces lignes, en 4 parties égales, dont il retient une pour la demi-Gorge, HI. & FK.

8. En prenant le même côté FH ou EH, il en fait un Triangle équilatéral vers l'Ouvrage-à-Corne, pour trouver le point L.

9. De ce point L. il tire par KI. les Flancs dont la hauteur eſt égale à la cinquième partie du côté FH. comme KM & IN.

10. La ligne de défenſe raſante forme les Faces.

11. La ligne tirée par B. de C. montrera juſqu'où il faut tirer la dernière Face, ſçavoir en O.

12. La largeur du Foſſé eſt de 8 à 10 Toiſ.

13. La largeur du Parapèt eſt de 3 Toiſ. Le Niveau de la campagne lui ſervant de Rempart.

14. Les deux petits Ravelins, qu'il met devant les deux Courtines de cet Ouvrage, ſont faits comme celui devant la Courtine de l'Ouvrage-à-Corne.

§. 3.

A la Hollandoiſe.

Monſieur *Freitag* bâtit cet Ouvrage à la manière ſuivante.

1. Ayant achevé l'Ouvrage-à-Corne, il lui tire une parallele tout autour, égale à la largeur ordinaire du Chemin couvert.

2. Il divise la ligne AB. ou BC. en 3 parties égales, Fig. 1. Pl. XXIV.

3. Il prend une de ces 3 parties pour la demi-Gorge, en mettant les deux autres sur une perpendiculaire érigée sur B, pour s'en servir de Capitale BD.

4. Il donne aux Flancs, qu'il bâtit perpendiculaires sur la demi Gorge, la même longueur de la demi-Gorge, EE. FF.

5. DE. & DF. forment les Faces.

6. Il met sur les paralleles aux aîles vers la place 1½ verges, comme GH. & IK.

7. Il prolonge les paralleles aux Faces vers la campagne de 5 verges, comme GL. & IM.

8. Il érige sur les points HK. des perpendiculaires de 4 verges pour les Flancs, comme HO & KN.

9. OL & MN. donneront les Faces.

10. La largeur du Parapèt est de 18 à 20 pieds, regnant tout autour, excepté devant les Flancs qui regardent la Place, OH. KN. afin que l'ennemi, en cas qu'il se rendît maître de ce dehors, n'y soit pas à couvert contre le canon de la Ville.

11. La Berme a 3 pieds.

12. Le Fossé a 3 verges de largeur.

13. Le Niveau de la campagne lui servant de Rempart, tout le reste se fait comme au Corps de la Place.

§. 4.

Monsieur *Martius* p. 126. & *Cellarius* gardent cette méthode :

1. Ayant construit l'Ouvrage-à-Corne comme il faut, ils prolongent ses demi-Gorges vers la campagne au-delà du Fossé de 6 verges, comme AB. & CD. Fig. 2. Pl. XXIV.

2. Ils tirent au reste de l'Ouvrage vers la campagne, y compris le Ravelin devant sa Courtine, une parallele de 6 verges.

3. En partageant les paralleles EG. & GI. en 2 parties égales, ils élevent sur le milieu FH. des perpendiculaires, pour les Flancs, égales à une de ces 2. parties, comme FK & HL.

4. Ils font de la distance KL. un Triangle équilatéral vers la campagne, en M.

5. KM & LM. formeront les Faces ; le reste étant comme à la maniére de Freitag.

§. 5. Mr.

§. 5.

Mr. *Faulhaber* ne différe en rien de la defcription de Martius, qu'en ce qu'il fait la ligne IO & EP. la moitié encore
plus grande que IG & EG. Fig. 2. Pl. XXIV.

CHAPITRE XII.

*De l'Ouvrage-à-Corne, flanqué fur les aîles, ou avec
épaulemens.*

§. I.

1. PRolongez les premiers traits du Flanc dans la campagne
à la longueur de la Courtine fans Brifure, comme
AB. & CD. Fig. 3. Pl. XXIV.
2. Tirez des points B D. des perpendiculaires de 25 à 28
Toif., en forte qu'elles fe regardent mutuellement, comme BE. & DF.
3. Erigez fur l'angle du Foffé G. une perpendiculaire environ
de 180 Toif. GL.
4. Tirez du point L. de part & d'autre un arc de 50 à 60
Toif.
5. Recoupez ces arcs des points EF. en IK. avec 118 Toif.
6. Joignez IE. & KD. de même que IK. enfemble par des
lignes droites.
7. Abaiffez du milieu de la ligne IK. une perpendiculaire de
20 Toif. comme LM.
8. En tirant les lignes de défenfe à la Vaubane, prenez 35 Toif.
pour les Faces, & faites le refte comme à l'Ouvrage-à-Corne
devant la Courtine.
9. Le point H. marque la Capitale du Ravelin de 24 Toif.
dont les faces font tirées vers le milieu de celles de l'Ouvrage-à-Corne.

§. 2.

1. L'Auteur de la nouvelle maniére de fortifier à la Françoife, p. 154. vous enfeigne ainfi.
2. Elevez fur le milieu de la Courtine A. Fig. 4. Pl. XXIV,
une Perpendiculaire de 300 Toif. A. B. qu'on peut augmenter

ter & diminuer, selon qu'on aura besoin d'avancer l'Ouvrage.

2. Tirez au point B. de part & d'autre des perpendiculaires de 55 à 65 Toiſ. comme BC. BF.

3. Des extrémités de ces Perpendiculaires, vous en abaiſſerez d'autres vers la place égales en longueur à la diſtance CF. c'eſt-à-dire, aux deux premiéres, comme CD. & F E.

4. Joignez CDEF. enſemble, & fortifiez les trois côtés DC. CF. & FE. reguliérement, comme ſon Quarré, dont il eſt parlé ci-deſſus Liv. 2. Chap. VI. §. 6. tant à la grande qu'à la moyenne & petite maniére; ainſi, ſi vous voulez choiſir la grande, vous donnerez aux Perpendiculaires BC. & BF. 65 Toiſ. afin que toutes deux enſemble forment le côté intérieur du Quarré, qui eſt de 130 Toiſ. Par conſéquent vous prendrez 25 Toiſ. pour les demi-Gorges, faiſant le reſte comme il eſt marqué à l'endroit allégué. De même, ſi vous voulez fortifier ce Quarré ſelon la moyenne manière, les Perpendiculaires BC & BF. n'auront que 60 Toiſ. & dans la petite que 55, puiſque le côté intérieur, repréſenté par ces Perpendiculaires, n'a que 120 Toiſ. dans la moyenne, & 110 dans la petite; les Gorges & le reſte étant marqué dans le même endroit.

5. Mettez 8 Toiſ. de l'angle de l'Epaule ſur la Face du Baſtion au corps de la Place, comme GH & IK.

6. Tirez des points LM. qui déterminent les Faces du Quarré, les aîles vers les points HK. juſqu'au Foſſé, & l'Ouvrage ſera fait; les autres diſtances étant comme à l'Ouvrage-à-Corne même.

§. 3.

Ce même Auteur p. 155 & 156. nous donne encore cette conſtruction devant l'angle du Baſtion, en cas qu'il ne fût pas néceſſaire de donner un ſi grand front à cet Ouvrage.

1. Prolongez la Capitale du Baſtion de 160 Toiſ. vers la campagne, A. B. Fig. 1. Pl. XXV.

2. Tirez au point B. de part & d'autre des Perpendiculaires de 20 Toiſ. BC. BD.

3. Erigez ſur CD. d'autres Perpendiculaires de 21 T. comme CE. DF.

4. Tirez du point C. par F. & de D. par E. les Faces de 30 T. comme GE. & FH.

5. Abaiſſez des points GH. des Perpendiculaires, parallèles à la ligne AB.

6. Pro-

6. Prolongez la Courtine CD. jusqu'à ce qu'elle touche ces Perpendiculaires en I. M.

7. Mettez des points IM. sur les Perpendiculaires vers la Place de 25 à 30 Toif., comme IL. & KM.

8. Marquez des points GH. sur les mêmes Perpendiculaires 150 T. comme GN. HO.

9. Décrivez des centres KL., le compas ouvert de 21 Toif., des demi-Cercles en dedans de la Place.

10. Tirez des points NO. des lignes droites, qui touchent l'extrémité des demi-Cercles en P & Q.

11. Prenez sur LK. des Angles de 100 degrés, & tirez ensuite les Flancs de L. en R. & de K. en S., c'est-à-dire, jusqu'aux lignes, dont vous avez touché l'extrémité des arcs.

12. Elevez sur NO. d'autres Flancs de 22 Toif. à l'ouverture de l'angle de la Courtine de 100 degrés comme NT. OV.

13. Formez les lignes de défense rafantes de 150 T., comme RW. SX.

14. Mettez les ailes des points WX. vers Y & Z, qui sont à 12 Toif. de la pointe du Baftion. Les autres distances étant comme dans celui du verset précédent.

Quant au petit Ravelin, qu'il met devant le côté CD. Sa Capitale est égale à cette même ligne, & les Faces sont tirées vers l'angle du Parapèt devant l'Epaule.

CHAPITRE XIII.

De l'Ouvrage-à-Couronne devant la Courtine.

§. I.

A la Françoise.

1. ERigez de la pointe de la Capitale du Ravelin, une Perpendiculaire de 100 Toif. que l'on peut hausser, dans les Polygones de plus de 7 côtés, jusqu'à 110 & davantage, comme A B. Fig. 2. Pl. XXV.

Remarquez, qu'au cas qu'il n'y ait point de Ravelin, il faut prendre la Courtine du corps de la Place, & en faire un Triangle équilatéral, dont la Section représentera la pointe de la Capitale du Ravelin.

2. Décrivez du point B. de part & d'autre des arcs, le compas ouvert de 100 Toif.

H 5

3. En

3. En prenant 113 Toif. entre les pointes du compas, vous re-
couperez ces arcs de C. D., qui font de 4 à 6 Toif. de l'O-
rillon, en E. F.

4. Joignez EB. & BF. enfemble, & tirez les aîles de E. F.
vers C. D. jufqu'à la Contrefcarpe.

5. Partagez les lignes EB & BF. en deux parties égales, &
de leur milieu G. H. abaiffez des Perpendiculaires de 15 à
20 Toif., comme GI. & HK.

6. Tirez les défenfes à l'ordinaire, & prenez pour la longueur
des Faces 31 Toif., & 16 pour le complement de la ligne de
défenfe.

7. Le refte fe fait comme à l'Ouvrage-à-Corne.

§. 2.

Monfieur Ozanam l. c. p. 98, en fournit telle difcription.

1. Elevez fur les angles du Parapèt de l'Epaule AB. Fig. 3.
Pl. XXV. des Perpendiculaires, égales à peu près au côté
intérieur de la Place, comme AC. & BD.

2. Prenez fur les points C. D. des angles de 120 dégrés, &
tirez par leurs extrémités des lignes droites, jufqu'à ce
qu'elles fe rencontrent en un point, qui eft ici E.

3. Prenez la diftance CE. ou DE. & décrivez-en deux arcs
s'entrecoupant en F. vers la place.

4. Partagez les deux côtés CE. DE. en 4 parties égales chacun, dont une donnera la demi-Gorge & le Flanc, tiré du
centre F.

5. Les Faces fe forment par le tir de la ligne de défenfe rafante. Pourfuivez le refte comme au grand Ravelin du Corps
de la Place.

Quant aux petits Ravelins, qu'il met au devant des Courtines de cet Ouvrage,

1. Prenez la diftance de 2 angles de la Courtines, & faites-en
des angles de l'Epaule GH. un Triangle, fe terminant en I.
qui montre la pointe de la Capitale du Ravelin, dont vous
tirerez les Faces vers les angles de l'Epaule.

2. Le Parapèt a 3 Toif. d'épaiffeur, & le Foffé 3 ou 4 Toif.
moins de largeur, que celui de l'Ouvrage-à-Couronne.

§. 3.

L'Auteur de la nouvelle maniére de fortifier à la Françoife,
p. 159, enfeigne, comment on peut couvrir deux Courtines
à la fois.

1. Prolongez la Capitale du Baftion A. Fig. 4. Pl. XXV. de
135 à 140 Toif. comme AB.

2. Tirez les côtés intérieurs du point B. à l'ouverture de l'angle de Gorge du corps de la Place, ensorte, qu'ils composent une parallele aux côtés intérieurs de la Place, la longueur desquels vous mettez aussi dessus, comme B C. B D.

3. Faites les demi-Gorges, les Flancs & les Faces de la même grandeur qu'au corps de la Place.

4. Des extrémités des deux dernieres Faces E F. vous tirerez vers les points G. H. qui sont à 8 Toïf. des Angles de l'Epaule.

5. Le Rempart & le Parapèt de ces dehors sont de la même épaisseur qu'au corps de la Place ; mais le Fossé n'a que 12. Toïf. de largeur.

§. 4.

A la Hollandoise.

Monsr. *Freitag* construit l'Ouvrage-à-Couronne devant la Courtine, ainsi.

1. Du milieu de la Courtine du corps de la Place il éléve une Perpendiculaire de 94 verges, comme A B. Fig. 5. Pl. XXV.

2. Du même point A. il tire un demi-Cercle par B. mettant de part & d'autre 50 verges, comme BC. BD.

3. En joignant BC. & BD. ensemble par des lignes droites, il leur tire des paralleles de 12 verges vers la Place, terminées par les aîles qu'on tirera des points CD. vers l'Epaule O. P. jusqu'à la Contrescarpe.

4. Ces paralleles étant divisées en 4 parties égales vous en prendrez une pour les demi-Gorges EF. EG. KL. & HI.

5. Erigez sur les points I. F. G. K. des Perpendiculaires pour les Flancs, terminés par le tir de la ligne de défense rasante. Le reste se fait comme à l'Ouvrage-à-Corne.

§. 5.

Monst. *Marsius* p. 127. en fait cette description.

1. Erigez sur l'angle de la Contrescarpe une Perpendiculaire, tout au plus de 90 verges, comme AB. Fig. 6. Pl. XXV.

2. Prenez sur B. de part & d'autre de la ligne A B. un Angle de 50 à 80 degrés, de sorte que l'Angle entier ne monte, que depuis 100 jusqu'à 160 degrés, comme BCD.

3. Voyez à quel Polygone il appartient ; *par exemple*, s'il a 120 degrés d'ouverture, il appartient à un Hexagone.

4. Ti-

4. Tirez par les extrémités de cet Angle BC. & BD. des lignes de 40 à 60 verges, comme B E. B F.

5. Faites le reste selon les proportions des parties, dont un Hexagone a besoin, *par exemple*, supposons que la ligne BE. ou BF. n'ait que 40 verges de longueur, & qu'on soit obligé de la fortifier à la moyenne: cherchez premiérement les Tables de la moyenne Fortification, & principalement les distances qui appartiennent à l'Hexagone, à cause que notre Angle BCD, étant de 120 dégrés, desigue l'angle de la figure Hexagonale: proportionnez ensuite les distances; ainsi pour trouver les demi-Gorges de la ligne BE. ou BF. le calcul sera tel.

Le Polygone intérieur de l'Hexagone, selon les Tables du Colonel Scheiter, de 66 verges & 8 pieds, donne une demi-Gorge de 16 verges 5 pieds; quelle demi-Gorge donnera le Polygone intérieur de 40 verges? La régle de trois vous montrera 9 verges 8 pieds & quelques pouces.

Polygone intér: donné.	Demi-Gorge donnée.	Polygone intér: pris à volonté.
668 p.	165 p.	400 pieds.
		165
		2000
		2400
		400
		66000

$$
\begin{array}{l}
(5\\
16\\
50(3\\
680\\
1268(6\\
66000\\
6688\\
66
\end{array}
\Bigg\} \; 98 \; \frac{536}{668} \; \Big| \; \frac{268}{334} \; \Big| \; \frac{134}{167} \; \text{pieds.}
$$

Ainsi la demi-Gorge proportionnée au Polygone intérieur de 400 pieds ou 40 verges, sera de 98 pieds ou 9 verges 8. pieds.

Le Flanc & les autres distances se trouvent pareillement; *par exemple* dans notre hypothése.

Polyg. intér.	Flanc.	Polyg. intér.
668 pieds	128 p.	400 p.

$$128$$

$$3200$$
$$800$$
$$400$$

$$51200$$

$$51200 \div 668 = 76 \quad \frac{432}{668} \Big| \frac{216}{334} \Big| \frac{108}{167} \text{ pieds.}$$

Par conséquent le Flanc proportioné au Polygone intérieur de 400 pieds sera de 76 pieds.

6. Les Faces se trouvent par le tir de la ligne de défense rasante.

7. Les ailes sont tirées vers l'angle de l'Epaule.

8. Les autres distances sont égales à celles des autres dehors.

§. 6.

D'autres Hollandois le font ainsi :

1. Ils érigent de la pointe du Ravelin une Perpendiculaire égale à la Courtine, comme AB. Fig. 1. Pl. XXVI. En cas, qu'il n'y ait point de Ravelin, vous prendrez la même distance pour en faire un Triangle équilatéral, dont la Section représentera la pointe.

2. En retenant la même distance, tirez de A. par B. un demi-Cercle.

3. Mettez cette même longueur de B. sur l'arc en CD.

4. Joignez BC. & BD. ensemble par des lignes droites.

5. Tirez du point A. par BCD. les Capitales, dont la longueur soit égale à la troisième partie de la ligne BC, ou BD. comme CE. BF. & DG.

6. Partagez la même ligne BC. en 5 parties égales : prenez-en une pour les demi-Gorges, sur lesquelles vous érigerez des Perpendiculaires pour les Flancs.

7. Les Faces se forment par le tir de la ligne de défense rasante.

8. Les ailes feront tirées vers l'angle de l'Epaule du corps de la Place.

9. Les autres distances sont égales à celles des autres dehors.

C H A-

CHAPITRE XIV.

De l'Ouvrage-à-Couronne devant le Baſtion.

§. 1.

A la Françoiſe.

1. ERigez ſur la pointe Capitale du Baſtion une Perpendiculaire de 100 Toiſ. plus ou moins, ſelon le terrain que vous y voulez renfermer, comme AB. Fig. 2. Pl. XXVI.

2. Tirez de la même diſtance du point B. des deux côtés un arc.

3. Prenez 90 Toiſ. plus ou moins, ſelon la longueur des côtés extérieurs, & recoupez ces arcs de l'angle des deux Foſſez C. D. en F. E.

4. Joignez B F. B E. F C. & E D. enſemble par des lignes droites.

5. Partagez les côtés B F & B E. en 2 parties égales, & abaiſſez de leur milieu des Perpendiculaires de 15 à 16 Toiſ. comme G H. I K.

6. Tirez les lignes de défenſe à l'ordinaire, & donnez aux Faces 31 Toiſ. de longueur.

7. Le reſte eſt comme à l'Ouvrage-à-Couronne devant la Courtine.

§. 2.

L'Auteur de la nouvelle maniére de fortifier à la Françoiſe, p. 158. en donne cette conſtruction.

1. Prolongez la Capitale du Baſtion de 152 Toiſ. comme AB. Fig. 3. Pl. XXVI.

2. Tirez au point B. des Perpendiculaires, de part & d'autre.

3. Décrivez du point B. vers la place un demi-Cercle juſqu'à ces Perpendiculaires, le compas ouvert à diſcrétion

4. Partagez chaque quart de demi-Cercle en 2 parties égales, comme C D. D E. & E F. F G.

5. Tirez du point B. des lignes droites par les points D F.

6. Portez ſur ces lignes 20 Toiſ. de B. en H. I. pour les demi-Gorges.

7. Eri

7. Erigez sur H. I. des Perpendiculaires de 21 à 24 Toif. pour les Flancs HT. IV.

8. Prenez la diftance de l'extrémité du Flanc T. à l'extrémité de l'autre V. : decrivez-en un Triangle équilateral, dont la Section K. montrera la pointe du Baftion, dans laquelle il faut tirer les Faces.

9. Prolongez les Faces jufqu'aux lignes BD. BF. & là où elles fe rencontrent, comme en LM., ce fera l'extrémité de la Courtine, fur laquelle vous érigerez des Flancs, égaux aux deux premiers.

10. Les Faces auront 45 Toif. de longueur, comme NO. PQ.

11. Les aîles feront tirées de l'extrémité des Faces O. Q. vers R. S. qui font à 12 Toif. de l'Angle du Baftion.

12. Le refte eft comme dans l'autre Ouvrage-à-Couronne devant la Courtine.

§. 3.

A la Hollandoife.

1. Monfieur *Freitag* érige de la pointe du Baftion une Perpendiculaire de 60 verges, comme AB. Fig. 4. Pl. XXVI.

2. Il tire du même point A. par B. un arc.

3. Il met fur cet arc 50 verges ayant le point B. pour centre, comme BC. BD. qu'il faut joindre enfemble par des lignes droites.

4. Il tire à ces deux lignes des paralleles de 12 verges vers le corps de la Place, comme EF. FG.

5. Il partage ces paralleles en 4 parties égales, dont une lui forme la demi-Gorge.

6. Il érige les Flancs perpendiculaires fur la demi-Gorge.

7. Les Faces fe forment par la ligne de defenfe rafante.

8. Les aîles font tirées vers l'angle de l'Epaule ; le refte eft égal aux diftances de l'Ouvrage-à-Couronne devant la Courtine.

§. 4.

D'autres obfervent cette conftruction :

1. Ils prolongent la Capitale du Baftion de la longueur de la Courtine, comme AB. Fig. 5. Pl. XXVI.

2. Ils décrivent du point A. par B. un arc avec la même diftance.

3. Ils mettent du point B. fur cet arc la longueur de la Courtine, comme BC. & BD.

4. En

4. En joignant BD. & BC. enfemble par des lignes droites, ils en divifent chacune en 5 parties égales.
5. Ils tirent du point A. par BCD. les Capitales, égales à deux de ces cinq parties, comme DE. BF. & CG.
6. Une cinquiéme partie de celles-là forme la demi-Gorge.
7. Les Faces tirées à la ligne de défenfe rafante détermineront les Perpendiculaires, élevées fur les demi-Gorges pour les Flancs.
8. Les aîles feront tirées vers l'Angle de l'Epaule; & tout le refte fe fait comme dans l'Ouvrage-à-Couronne devant la Courtine.

§. 5.

Monfieur *Martius* p. 128. prolonge la Capitale du Baftion de 40 à 70 verges, en prenant l'Angle du Polygone, égal à celui du corps de la Place, donnant de bons côtés extérieurs, qu'il fortifie à la maniére des Ouvrages-à-Corne.

CHAPITRE XV.

De l'Ouvrage-à-Couronne avec épaulemens.

Monfieur *Ozanam* p. 97. dépeint un Ouvrage-à-Couronne avec épaulemens, qu'on fait, lors qu'on eft obligé de faire les aîles d'une Couronne hors de la portée du mouf-quët, foit pour occuper quelque commandement ou quelque *Cavin* &c. Voici fa conftruction:

1. Elevez de l'Angle du Parapèt de l'Epaule une Perpendiculaire de 150 à 250 Toif. comme AB. CD. Fig. 6. Pl. XXVI.
2. Retranchez-en de 100 jufqu'à 150 Toif. felon la longueur des Perpendiculaires, comme AE. CF.
3. Tirez aux points E. F. des Perpendiculaires vers la campagne de 20 Toif. comme EH. FG.
4. Tirez des points GH. les aîles vers A. C. jufqu'à la Contrefcarpe.
5. Aux points GH. tirez d'autres Perpendiculaires jufqu'aux lignes AB. & BC. comme HI. GK.
6. Décrivez fur les points DB. deux angles, chacun de 120

degrés

degrés , & tirez par leurs extrémités des lignes droites , s'entrecoupant en L.

7. Joignez BL. & DL. ensemble.

8. De la distance BL. ou DL. faites au dedans de l'Ouvrage un Triangle équilatéral, dont la section soit en M.

9. De ce point M. tirez par B, D. L. les Capitales indéfinies.

10. Partagez le côté intérieur BL. ou LD. en 4 parties égales , dont une déterminera la demi-Gorge , & le Flanc ; dont l'Angle avec la Courtine soit de 100 degrés.

11. Les Faces se forment par la ligne de défense rasante.

12. Le reste est comme aux autres dehors , excepté , que l'épaisseur du Parapet des Flancs H E. & K G. n'est que de 9 pieds , afin que de la Face du Bastion on le puisse d'autant plus facilement ruiner , en cas que l'ennemi s'en soit rendu maître.

LIVRE IV.
Du Profil.

CHAPITRE I.
De la Construction du Profil.

§. 1.

Du Profil pour le corps de la Place, à la Françoise.

LE Profil, qui repréſente les hauteurs & les largeurs des parties d'une Place, étant la partie la plus eſſentielle & la plus néceſſaire de ſçavoir dans la Fortification, puiſque ſans ſa connoiſſance il eſt impoſſible de dire combien les travaux peuvent coûter, le reſte ne conſiſtant qu'en largeur ou en longueur, je trouverois à propos d'en parler ici plus au long, ſi ce n'étoit, que les Chapitres ſuivans ſont deſtinés à cette explication. Cependant je ne ſçaurois m'empêcher de vous enſeigner, de quelle maniére on peut faire le profil à la Vaubane, d'une Foctereſſe revêtuë de gazon.

1. Tirez une longue ligne droite, qui repréſente le niveau de la campagne, A. B. Fig. 1. Pl. XXVII.
2. Mettez de A. ſur cette ligne 11 Toiſ. pour la baſe du Rempart, A. C.
3. Derriére le même point A. vers C. mettez 3 Toiſ. pour la baſe du talut intérieur du Rempart A. D. ſur le terrain on ne ſe ſoucie pas beaucoup de ce talut, en lui laiſſant telle pente, que la chûte des terres forme d'elle-même.
4. Mettez du point C. vers A. une Toiſe & demie pour le talut extérieur du Rempart C. E. Sur le terrain, la terre étant fort bonne, ce talut ſera d'une Toiſe & demie; étant médiocre, on compte 9 pouces de talut ſur un pied de hauteur, & étant méchante, on donne pied ſur pied.

5. Ele-

5. Elevez ſur D. E. des Perpendiculaires de 3 Toiſ. pour la hauteur du Rempart DF. & EG.

6. Joignez A F. & GC. enſemble par des lignes droites, qui marqueront les taluts du Rempart.

7. FG. donne la largeur ſupérieure du Rempart.

8. Marquez ſur cette ligne de G. vers F. 3 Toiſ. & 3 pieds, pour la baſe du Parapèt G. I.

9. Mettez de I. vers F. 7 pieds pour deux Banquettes, dont la première ait 3 pieds de largeur avec 6 pouces de talut, & 1½ pied de hauteur, & la ſeconde autant, comme I. H.

10. Derriére le point I. vers G. marquez un pied & demi, comme I K. pour le talut intérieur du Parapèt.

11. Elevez ſur K. une Perpendiculaire de 7½ pieds, pour la hauteur intérieure du Parapèt K L.

12. Joignez L. à la ſeconde Banquette, pour achever le talut intérieur du Parapèt, comme L M.

13. Prolongez le talut extérieur du Rempart de 4 pieds par deſſus le niveau du terre-plain du Rempart, pour le talut extérieur du Parapèt, & en même tems la hauteur, comme G N.

14. Joignez L N. enſemble pour la largeur ſupérieure du Parapèt.

15. Marquez de C. vers B. ſur la première ligne 6 pieds pour la Berme, comme CO.

16. Mettez après la Berme ſur la même ligne 20 Toiſ. pour la largeur du Foſſé, comme O. R. dont O P. & RQ. repréſentent les taluts extérieur & intérieur, chacun de 15 pieds.

17. De P. Q. abaiſſez des Perpendiculaires de 15 pieds, comme P T. & Q S. pour la hauteur ou profondeur du Foſſé.

18. T S. repréſentent la largeur inférieure du Foſſé.

19. De R. vers B. mettez 4 Toiſ. pour la largeur du Chemin couvert juſqu'aux Banquettes, comme R. W.

20. Derriére W. vers B. mettez 7 pieds pour deux Banquettes, que vous conſtruirez de la même maniére que ſur le Rempart, comme V. W.

21. Après le point V. mettez un pied & demi, comme VX. & élevez ſur X. une Perpendiculaire de 7½ pieds, comme XY. pour le talut & la hauteur du Glacis.

22. Joignez Y, & la plus haute Banquette enſemble, pour repréſenter le talut.

23. Ti-

23. Tirez une ligne de Y. vers B. de 36 Toif. pour le Glacis.

Les observations particuliéres sur cela sont contenuës dans les chapitres suivans; vous voyez en attendant, que le talut intérieur du Parapèt ne suit aucunement celui du Rempart, afin que la pente ne devienne pas inutile; ce qui arriveroit néceffairement, si elle étoit plus grande: car non-feulement les foldats se trouveroient obligés de s'y coucher sur le ventre, & par conséquent leurs tirs, comme étant trop génés, ne vaudroient rien; mais aussi le Parapèt deviendroit trop foible, & ne pourroit guéres réfister à la fureur du Canon ennemi.

§. 2.

Profil des Ouvrages détachés, à la Françoise.

Ce Profil se fait comme le précédent, pourvû qu'on lui donne les diftances suivantes :

1. La base du Rempart de 8 à 16 Toif.
2. Talut intérieur du Rempart 14 pieds. Remarquez ici ce que j'ai dit de ce talut au Verfet précédent.
3. Talut extérieur 8 pieds. Repétez aussi ce que j'ai avancé de ce talut dans ce même Verfet.
4. La hauteur du Rempart 14 pieds.
5. La base du Parapèt 3 T.
6. Talut intérieur $1\frac{1}{2}$ pied.
7. Talut extérieur est égal à celui du Rempart en terrasse, comme au corps de la Place.
8. Les Banquettes sont égales à celles du Rempart.
9. Hauteur intérieure du Parapèt $4\frac{1}{2}$ pieds par dessus les Banquettes.
10. Hauteur extérieure $3\frac{1}{2}$ pieds.
11. La Berme 6 pieds.
12. La largeur du Foffé 12 Toif.
13. Talut intérieur du Foffé de 7 à 14 pieds.
14. Talut extérieur lui est égal.
15. Profondeur du Foffé 14 pieds.

Le reste est comme au Profil du corps de la Place. Remarquez outre cela, que plus les dehors font éloignés du corps de la Place, moins ils doivent être élevés, afin qu'ils puissent être défendus de dessus le Rempart de la Place.

§. 3.

Profil pour le corps de la Place, à la Hollandoise.

Je me servirai du Profil de Monsieur Freitag, comme de celui, qui est le plus imité parmi les Hollandois. Voici les distances dont il se sert, en retenant auparavant, que l'Enn̄éagone sert de modéle aux Polygones de plus de 9 côtés, jusqu'au Dodécagone.

	IV.	V.	VI.	VII.	VIII.	IX.
1. Base du Rempart	9 T.	10 T.	11 T.	12 T.	13 T.	14 T.
2. Talut intérieur	12 p.	14 p.	15 p.	16 p.	18 p.	18 p.
3. Talut extérieur	6 p.	7 p.	7 p.	8 p.	9 p.	9 p.
4. Hauteur	12 p.	14 p.	15 p.	16 p.	18 p.	18 p.
5. Base du Parapèt	12 p.	14 p.	15 p.	18 p.	20 p.	24 p.
6. Talut intérieur	1 p	1 p.	1 p.	1 p.	1 p.	1 p.
7. Talut extérieur	2 p.	2 p.	2 p.	2 p.	2 p.	2 p.
8. Hauteur intérieure n'ayant qu'une Banquette	6 p.	6 p.	6 p.	6 p.	6 p.	6 p.
9. Hauteur extérieure	4 p.	4 p.	4 p.	4 p.	4 p.	4 p.
10. Banquettes larges	3 p.	3 p.	3 p.	3 p.	3 p.	3 p.
11. Hauteur des Banquettes	1-p.	1-p.	1-p.	1-p.	1-p.	1-p.
12. Base de la Faussebraye	33 p.	38 p.	39 p.	44 p.	50 p.	50 p.
13. Base de son Parapèt	12 p.	14 p.	15 p.	18 p.	20 p.	24 p.
14. La Berme	6 p.	6 p.	6 p	6 p.	6 p.	6 p.
15. Largeur du Fossé	72 p.	84 p.	96 p.	108p.	120p	132p.
16. Son talut intérieur	10 p.	10 p.	10 p	12 p.	12 p.	12 p.
17. Son talut extérieur	10 p	10 p.	10 p.	12 p.	12 p.	12 p.
18. Sa profondeur	10 p.	10 p.	10 p.	12 p.	12 p.	12 p.
19. Chemin couvert	12 p	15 p	15 p	17 p.	21 p	21 p.
20. Sa Banquette	3 p.	3 p.	3 p.	3 p.	3 p.	3 p.
21. Talut du Glacis	1 p	1 p	1 p.	1 p	1 p	1 p.
22. Hauteur du Glacis	6 p.	6 p.	6 p.	6 p.	6 p.	6 p.
23. Largeur du Glacis	69 p.	69 p.	69 p.	70 p.	74 p.	79 p.

Pour me mieux faire entendre, je vous expliquerai cette table, mot à mot. Supposons le Profil d'un Pentagone, ce qui vous marque déja qu'il ne faut pas prendre d'autres distances, que celles qui se trouvent sous le V. signifiant le Pentagone. Tirez ensuite une longue ligne sur le papier, A. B. Fig. 2. Pl. XXVII. qui représente le niveau de la campagne, & faites le reste, comme je m'en vais vous le dire.

1. Ayant

1. Ayant tiré la ligne A B. mettez de A. vers B. 10 Toif. comme A. C. pour la bafe du Rempart.

2. Derriére le même point A. vers C. mettez 2 T. 2 pieds, pour le talut intérieur du Rempart, A D.

3. De C. vers D. mettez 1 T. 1 p. pour le talut extérieur du Rempart, C. E.

4. Erigez fur D. E. des Perpendiculaires de 2 T. 2 p. pour la hauteur du Rempart D F. & E G.

5. Tirez A F. & G C. enfemble pour les taluts, & F G. pour la largeur fupérieure du Rempart.

6. Marquez de G. vers F. 2 T. 2 p. pour la bafe du Parapèt G H.

7. Marquez de H vers F. 3 pieds pour une Banquette, dont la hauteur fera d'un pied & demi, comme H I.

8. De H vers G. mettez un pied pour le talut intérieur du Parapèt H K.

9. Elevez fur K. une Perpendiculaire de $5\frac{1}{2}$ pieds, pour la hauteur intérieur du Parapèt K L. en fuppofant une Banquette; fans cela, quand il y en a deux cette hauteur fera de $7\frac{1}{2}$ pieds, ainfi qu'il eft marqué dans la table précédente.

10. Joignez l'extrémité de la Banquette & le point L. enfemble, pour exprimer le talut intérieur du Parapèt avec fa hauteur.

11. Prolongez le talut extérieur du Rempart de 4 pieds par deffus le niveau de fon terre-plain, comme G M, pour le talut & la hauteur extérieure du Parapèt.

12. Joignez L M. enfemble pour la largeur fupérieure du Parapèt.

13. De C. vers B. mettez 6 T. 2 p. pour la bafe de la Fauffebraye, C. O.

14. De O. vers C. marquez 2 T. 2 p. pour la bafe de fon Parapèt, O P.

15. De P. vers C. mettez 6 pieds pour deux Banquettes, ou 3 pour une, comme P Q.

16. De P vers O. marquez 1 pied pour le talut intérieur de ce Parapèt, P R.

17. Elevez fur R. une Perpendiculaire de $7\frac{1}{2}$ pieds, quand il y a deux Banquettes, & de 6 pieds, quand il n'y en a qu'une, pour la hauteur intérieure du même Parapèt, R. S.

18. Joignez S. & la hauteur de la derniére Banquette N. enfemble pour le talut intérieur du Parapèt.

19. Mettez de O. vers R. 2 pieds, comme Q T. & élevez fur T.

T. une Perpendiculaire de 4 pieds, pour la hauteur & le talut extérieur du même Parapet, comme T V.

20. Joignez S. V. ensemble pour sa largeur supérieure, & O V.
pour le talut.

21. De O. vers B. marquez 1 Toif. pour la Brrme OW.

22. Derriére W. mettez 14 Toif. pour la largeur du Fossé,
W X.

23. Marquez de W. vers X. & réciproquement de X. vers W.
10 pieds pour les deux taluts du Fossé, desquels vous abaif-
serez des Perpendiculaires de 10 pieds pour sa profondeur,
Z, Y Z.

24. Joignez WZ & XZ ensemble pour les taluts, & ZZ.
pour la largeur inférieure du Fossé.

25. Le Chemin couvert a 2 T. 3 p. & le Glacis 69 pieds, faits
au reste à la Françoife.

§. 4.

Profil pour les Ouvrages détachés, à la Hollandoife.

Ce Profil se fait comme le précédent, excepté qu'on y employe les distances suivantes :

1. La base du Rempart 40 pieds.
2. Son talut intérieur 6 p.
3. Son talut extérieur 3 p.
4. Sa hauteur 6 p.
5. La base du Parapet 18 p.
6. Son talut intérieur 1--p.
7. Son talut extérieur 2 p.
8. Sa hauteur intérieure 6 p.
9. Sa hauteur extérieure de 2 à 3 p.
10. Les Banquettes comme au corps de la Place.
11. La Berme 3 p.
12. La largeur du Fossé 48 p.
13. Son talut intérieur 10 p.
14. Son talut extérieur 10 p.
15. Sa profondeur 10 p.
Le reste étant comme dans l'autre.

CHAPITRE II.

Des Angles.

AVant que d'expliquer les lignes du Profil, examinons un peu les principaux Angles qui se trouvent dans chaque Plan, dont il y en a deux qui ne changent jamais, sçavoir, celui du Centre & celui de la Figure.

§. 1.

Trouver l'Angle du centre de chaque figure régulière.

Divisez 360 degrés du diamétre du globe par le nombre des Bastions de votre figure; le nombre qui en sortira, c'est-à-dire, le Quotient montrera l'Angle demandé; *par exemple au* Quarré, il aura 90 degrés, parce que 360 étant divisés par 4, le Quotient est 90: au V. il sera de 72 degrés, à cause que le Quotient est d'autant, quand on divise 360 par 5, qui marque le Pentagone; par conséquent dans l'Hexagone il aura 60 degrés; au VII. 51°. 25ᶫ. 43ᵘ. au VIII. 45 degrés, au IX. 40. au X. 36. au XI. 32°. 43ᶫ. 38ᶫ. au XII. 30 degrés. Vous voyez par là, que les côtés extérieurs du Polygone se multiplient à mesure que l'Angle du centre diminuë.

§. 2.

Pour trouver l'Angle de la figure dans chaque Polygone régulier.

On n'a qu'à soûtraire l'Angle du centre de chaque Polygone de 180 degrés, le reste montrera votre Angle demandé; *Par exemple* au Quarré, l'Angle du centre a 90 degrés, lesquels soûtraits de 180 degrés donnent l'Angle de la figure de la même ouverture; par conséquent au V. il sera de 108 degrés, au VI. de 120. au VII. de 128°. 34ᶫ. 17ᵘ. au VIII. de 135. degrés, au IX. 140. au X. 144. au XI. 147°. 16ᶫ. 22ᵘ. au XII. 150 degrés. Plus donc cet Angle a d'ouverture, plus le Polygone gagne des côtés.

§. 3.

De l'Angle du Bastion, ou flanqué.

Cet Angle a été un grand sujet de contestation entre la plûpart des Auteurs, qui ont traité de la Fortification, les uns ayant soûtenu, qu'il devoit être toûjours aigu; les autres, qu'il ne le doit être que jusqu'à l'Hexagone, & droit aux figures de plus de six côtés, Le Chevalier de *Ville* Liv. 1. part. 1. Chap 21 & 22. défend l'Angle droit aussi dans l'Hexagone, disant qu'en général l'Angle obtus ne vaut rien, & l'aigu encore moins. Contre le premier il allégue, (1) que les coups, qui en sont tirés, ne peuvent donner qu'obliquement, & par conséquent moins endommager la Batterie ennemie, que si on la battoit en Angle droit; (2) que les Angles droits sont plus contenans que les obtus, qui s'approchant trop de la Gorge, ne renferment pas tant d'espace que les autres; (3) que les obtus diminuent beaucoup la défense. Contre le second, il allégue, (1) qu'on ne peut pas combattre dans ces pointes étroites, (2) ni y loger assez de canon, l'espace manquant pour le recul; (3) ni faire des retranchemens. Cette opinion de l'Angle droit a pris tant de racine, que c'étoit une espèce d'une épaisse ignorance de soûtenir le contraire. Quoiqu'on alléguât, qu'en le faisant obtus il étoit plus capable de résister aux Batteries, & à l'injure du tems; ou qu'en le construisant aigu on tiroit plus de feu des Courtines; tout étoit rien. En effet, ils avoient raison; car en ce tems-là on ne faisoit la brèche qu'avec le canon, en sorte que l'Angle droit avoit toute la perfection qu'on pouvoit souhaiter, au lieu que l'obtus ôtoit beaucoup de la capacité du Bastion, & même du Flanc; outre qu'une même Batterie battoit aisément deux Faces. En le formant aigu, la pointe en étoit bien-tôt rompuë par des fréquentes décharges, sans alléguer les injures du mauvais tems, qu'elle ne pouvoit pas long-tems supporter. Mais aujourd'hui, qu'on fait ordinairement la brèche avec la mine, il faut raisonner tout autrement, & dire, que cet Angle soit droit, obtus, ou aigu, ne doit jamais embarasser l'esprit de l'Ingénieur, pourvû qu'il n'ait pas guéres moins de 70 degrés d'ouverture, ni beaucoup plus de 100, & que sa pointe soit renforcée d'un long & épais contrefort; car au premier cas, il devient trop foible, & au second, la ligne capitale devient trop courte, enlevant ainsi beaucoup de la capacité du Bastion. Joint à cela, que la plûpart du tems on fait les mines à une des Faces, où l'Angle droit n'y remédie pas plus, que l'obtus, ou l'aigu, pourvû qu'on garde une ouverture raisonnable. Et même, si

on

on vouloit miner la pointe du Baſtion, eſt-ce que la mine auroit pour cela plus de peine d'emporter une pointe à Angle droit,
qu'à Angle obtus, ou aigu? Certes c'eſt une critique fort
inutile, & même ſans raiſon. Ainſi, pourvû que cet Angle ſoit
d'une ouverture proportionnée, & que la défenſe s'en augmente, il n'importe qu'il ſoit droit ou non. Au contraire, un Angle tellement conditionné eſt beaucoup préférable à un droit,
ſi pour l'avoir tel on eſt obligé de racourcir les Flancs. De ce
principe Mr. de *Vauban* ne ſe gêne point, quand il eſt queſtion
de cet Angle, le faiſant tantôt obtus, tantôt aigu. Selon les
régles données ci-deſſus, il vient au IV. de 63 degrés, au V.
de 77. au VI. de 87. au VII. de 95. au VIII. de 100. au IX.
de 100°. 30ʹ. au X. de 101 degrés, au XI. de 102. au XII.
de 103.

Monſieur le Comte de *Pagan* a pris l'ouverture de cet Angle
ſelon ſes trois maniéres de Fortifications, dont voici la
Table:

	Grande.	Moyenne.	Petite.
V.	74°. 36ʹ.	71°. 6ʹ.	66°. 54ʹ.
VI.	86. 36.	83. 6.	78. 54.
VII.	95°. 10ʹ. 17ʺ.	91°. 40ʹ. 17ʺ.	87°. 28ʹ. 17ʺ.
VIII.	101. 36.	98. 6.	93. 54.
IX.	106. 36.	103. 6.	98. 54.
X.	110. 36.	107. 6.	102. 54.
XI.	113°. 52ʹ. 22ʺ.	110°. 22ʹ. 22ʺ.	106°. 10ʹ. 22ʺ.
XII.	116. 36.	113. 6.	108. 54.

Monſieur *Freitag* a pris au commencement cet Angle au IV.
de 65 degrés, au V. de 74. au VI. de 80. au VII. de 84 degrés, 17 minutes; au VIII. de 87°. 30ʹ. & aux autres Polygones de 90 degrés. Mais ayant changé de ſentiment, il l'a
pris au IV. de 60 degrés, au V. de 69. au VI. de 75. au VII.
de 79°. 17ʹ. au VIII. de 82°. 30ʹ. au IX. de 85. au X. de 87.
au XI. de 88°. 38ʹ. & au XII. de 90.

Le Colonel *Scheiter* s'eſt ſervi de cet Angle, au IV. de 64 degrés, au V. de 76. au VI. de 84. au VII. de 90. au VIII. de
95. au IX. de 97. au X. de 99. au XI. de 101. & au XII.
de 103.

Monſr. *Melder* le prend au IV. de 61 degrés, 12 minut. au
V. de 70°. 46ʹ. au VI. de 74°. 46ʹ. au VII. de 76°. 36ʹ. au VIII.
de 78°. 10ʹ. au IX. de 79°. 22ʹ. au X. de 79°. 44ʹ. au XI. de
80°. 58ʹ. au XII. de 81°. 30ʹ.

Morsheuſer l'a pris au IV. de 60 degrés, au V. de 71. au VI.
de 80. au VII. de 85°. 43ʹ. au VIII. & aux autres 90 degrés.

Goldman le veut au IV. de 63 degrés, au V. de 69. au VI. de 75. au VII. de 79°. 17'. au VIII. de 82. au IX. de 85. au X. de 87. au XI. 88°. 38'. au XII. 90.

Pascha le choisit au IV. de 60 degrés, au V. de 65. au VI. de 70. au VII. de 75. au VIII. de 80. au IX. de 85. au X. de 90. au XI. de 95. & au XII. de 100. Il seroit inutile de rapporter ici plus d'Auteurs, puisque les desseins que j'ai allégués ci-dessus, montrent d'eux-mêmes l'ouverture de cet Angle dans chaque Polygone.

§. 4.

De l'Angle de la Courtine.

Cet Angle n'a pas fait moins de bruit dans le monde, que le précédent, chaque Ingénieur presque le formant différemment. *Erhard* le fait toûjours aigu, en tirant son Flanc perpendiculaire à la Face du Bastion pour le mieux couvrir sans avoir besoin d'Orillon; mais je répons à cela que, quoiqu'il soit vrai que ces sortes de Flancs ne puissent être battus du canon ennemi que fort obliquement, il n'est pas moins certain, qu'aussi ils ne voyent pas beaucoup, & par conséquent le passage du Fossé reste trop peu défendu, sans alléguer l'obliquité des Embrasures, qu'il est impossible d'éviter, outre que la Gorge devient trop serrée, & le Flanc fort petit, & mal propre à découvrir le Chemin couvert; ce qui fait pourtant le principal article de la défence d'une Place.

Monsieur le Chevalier de *Ville* Liv. 1. part. 1. Chap. 20. p. 54. & la plûpart des Hollandois sont pour l'Angle droit, puisqu'ils construisent leur Flanc perpendiculaire sur la fin de la Courtine, pour pouvoir d'autant mieux défendre les ponts & les portes, qui sont au milieu de la Courtine. Pour dire ce que j'en pense, ils tombent dans le même défaut qu'Erhard pour la défense du Fossé & du Chemin couvert, les Embrasures faites pour cela à ses Parapets devenant encore trop obliques. Vous direz peut-être, qu'il sera aisé d'y faire un bon Orillon & un Flanc retiré en rond; mais souvenez-vous aussi, que de cette maniére l'Orillon sera trop foible, ou qu'il lui faudra donner tant d'espace, que le reste du Flanc ne suffira plus pour la défense.

Monsieur le Comte de *Pagan*, voyant la nécessité de changer cette construction, a donné une plus grande ouverture à l'Angle de Courtine, & bâti son Flanc perpendiculaire sur l'extrémité de la ligne de défense, afin que tous les coups donnent en Angle droit, & ayent ainsi plus de force. A tout cela il n'y a rien à redire, & sans doute on auroit retenu cette disposi-
tion,

tion, si on n'avoit pas remarqué que ces Flancs sont trop exposés au feu de l'ennemi, & que les dehors ne sont pas assez
ménagés.

Monsieur le Général de *Vauban* a été le premier, qui s'est avisé
de réformer ces erreurs, & de prendre un milieu entre le Flanc
perpendiculaire sur la ligne de défense, & celui qui est sur la
Courtine, les Faces du Bastion opposé, le Fossé & le Chemin
couvert. Il est d'une très-bonne longueur, bien couvert de
son Orillon, & les coups qu'on en tire, ne sont pas moins
droits. Ce n'est donc pas sans raison, qu'on doit préférer
ce Flanc à tout autre, puisqu'il y a tant d'avantage pour lui
seul, sans qu'on puisse lui opposer, ce qui a été la cause,
qu'on a rejetté les autres.

§. 5.

Les autres Angles n'étant pas de conséquence, je ne trouve pas à propos d'en amuser le Lecteur, que je suppose assez
habile pour ne pas ignorer, que leur fondement dépend uniquement de ces quatre que je viens d'expliquer.

CHAPITRE III.

De la demi-Gorge.

LA première des lignes d'une Place, qui vient à être consi-
dérée, est la demi-Gorge. Ce n'est pas assez que d'avoir
de beaux Flancs, des Faces assez raisonnables, & de manquer
de demi-Gorges bien conditionnées, dont on a uniquement
besoin, quand on veut faire des retranchemens. Toutefois,
comme c'est une erreur assez lourde, que de faire la Gorge trop
étroite, on ne manque pas moins en la formant trop grande,
à cause qu'il faut nécessairement racourcir les Flancs, ou bien
la ligne de défense, de cette manière les Faces deviennent
trop longues, ce qui est un autre défaut. Pour éviter tout
cela, il faut prendre une grandeur médiocre, proportionnée
aux autres parties de la Place, pourvû que le Flanc s'en augmente, & qu'il reste assez d'espace pour des Retranchemens,
ou des Cavaliers.

Monsieur de *Rogers* a très bien observé cette maxime dans sa
méthode, n'ayant pas seulement les plus beaux Flancs du monde, mais encore de très-belles Gorges, renfermant assez
de

de terrain pour renforcer la défenſe de beaux Cavaliers.

Monſieur de *Vauban*, qui a une expérience conſommée au fait de la Guerre, & qui, à juſte titre, s'eſt acquis la réputation d'être le plus habile Ingénieur que l'Europe ait jamais vû, n'a pas manqué non plus de pourvoir les Places de fort-belles Gorges, & de beaux Flancs couverts.

L'Auteur de la nouvelle maniére de fortifier à la Françoiſe, p. 36. donne à ſes demi-Gorges, depuis le Pentagone juſqu'à l'Octogone, la cinquiéme partie du côté, en prenant dans les autres Polygones toûjours un pied davantage, autant de fois qu'il ſe trouve de degrés d'augmentation à leur angle de Circonférence au deſſus de 135.

Monſieur le Chevalier de *Ville*, Liv. 1. part. 1. Chap. 19. p. 153. donne 30 pas de Roi à la demi-Gorge aux Places dont le côté en a 180; lequel n'en ayant que 150, la demi-Gorge n'en aura que 25. La raiſon de cela eſt, parce que dans ſa maniére de fortifier, une plus grande Gorge rendroit ſes Flancs plus petits, ou empêcheroit du moins qu'on ne pourroit pas commencer la défenſe ſi avant dans la Courtine, comme il fait.

Monſr. *Freitag* prend la demi-Gorge au IV. de 20 Toiſ. 2 pieds, 4 pouces; au V. de 21 Toiſ. 1 pied, 7 pouces, au VI. de 21 Toiſ. 5 pieds, 9 pouces; au VII. de 22 Toiſ. 3 pieds, 3 pouces; au VIII. de 23 Toiſ. 2 pouces; au IX. de 23 Toiſ. 5 pouces; au X. de 23 Toiſ. 1 pied, 4 pouces; au XI. de 23 Toiſ. 3 pieds, 6 pouces; au XII. de 23 Toiſ. 4 pieds, 2 pouces. Dans ſa ſeconde maniére, elle eſt au IV. de 89 pieds, 7 pouces, au V. de 102 p. 6 p. au VI. de 110 — 8. au VII. de 117 — 1. au VIII. de 121 — 6. au IX. de 128 — 9. au X. de 134 — 7. au XI. de 139 — 5. au XII. de 143 — 5.

Le Général *Ruſſenſtein* ſe ſert des diſtances proportionnées à ſes trois maniéres de Fortification, que voici :

	Grande.	Moyenne.	Petite.
IV.	109 pieds.	98 — 1 p.	87 — 2 pouces.
V.	126 p. 3 pouces.	113 — 7	101 — 1
VI.	138 — 1	114 — 4	110 — 5
VII.	146 — 9	132 — 2	117 — 5
VIII.	153 — 7	138 — 4	123
IX.	164	147 — 6	131 — 2
X.	172 — 2	155	137 — 8
XI.	179	161 — 2	143 — 3
XII.	185 — 8	166 — 5	148

Le

Le Colonel *Scheiter* obferve la Table fuivante :

	Grande.		Moyenne.		Petite.	
IV.	158 pieds, 4. pouces		120 — 4.		81 —	3.
V.	186 — 9.		145		103 —	1.
VI.	209 — 2.		165 — 9.		112 —	4.
VII.	228		183		142 —	1.
VIII.	243 — 1.		179 — 1.		150 —	6.
IX.	255 — 4.		208		161 —	2.
X.	266 — 3.		218 — 6.		171 —	1.
XI.	275 — 5.		227 — 3.		179 —	1.
XII.	283 — 2.		231 — 9.		185 —	7.

Je ne trouve pas néceffaire d'en ajoûter davantage ; chaque deffein montre déja les demi-Gorges de lui-même, dont on pourra juger à plaifir.

CHAPITRE IV.

Du Flanc.

C'Eft fans contradiction que les plus grands Flancs, proportionnés au refte des parties d'une Place, font les meilleurs, à caufe qu'ils font plus propres à la défenfe que les petits ; c'eft ce qui eft de la première importance. Il ne faut pourtant pas, que tout foit Flanc, parce que l'ennemi battroit, en ce cas, le Flanc au lieu de la Face, & l'angle en fortant deviendroit trop aigu, fans compter beaucoup d'autres inconveniens qu'on y verroit. Encore moins faut-il qu'ils foient trop petits, puifqu'on pécheroit contre les premiers principes de l'Architecture militaire, qui veulent que chaque partie d'une Place foit fuffifamment flanquée & défenduë. A quoi ferviroit un bel homme fans bras, ou qu'à demi-bras ; ainfi une Fortereffe fans Flancs proportionnés à la défenfe ne vaut rien. Meffieurs les Hollandois le font affez petit.

Freitag lui donne dans fa première manière, au IV. 6 verges ; au V. 7. au VI. 8. au VII. 9. au VIII. 10. au IX. 11. & aux autres Polygones 12. Dans fa feconde manière, il le prend au IV. de 8 verges, au V. de 9. au VI. de 10. au VII. de 11. au VIII. jufqu'au XII. de 12.

Le Général *Ruffenftein*, & le Colonel *Scheiter* l'ont beaucoup augmenté, témoin la table fuivante, dont la première ligne mar-

marque les distances de *Ruffenstein*, & la seconde celles de *Scheiter*.

	Grande.		Moyenne.		Petite.	
IV.	97 pieds	9. pouces	88 —	6.	77 —	7.
	92 —	4.	91 —	7.	91 —	1.
V.	110 —	7.	99 —	7.	88 —	6.
	114 —	8.	112 —	4.	112 —	3.
VI.	124 —	4.	112		99 —	5.
	130 —	2.	128 —	4.	126 —	6.
VII.	138 —	1.	124 —	3.	110 —	5.
	140 —	4.	138 —	1.	135 —	7.
VIII.	151 —	8.	136 —	6.	121 —	4.
	146 —	2.	143 —	5.	140 —	4.
IX.	152 —	7.	137 —	4.	122 —	1.
	158 —	5.	155 —	1.	151 —	5.
X.	153 —	4.	138 —	1.	122 —	7.
	167		162 —	9.	158 —	7.
XI.	154 —	1.	138 —	7.	123 —	3.
	172 —	4.	167 —	8.	162 —	9.
XII.	154 —	7.	139 —	2.	123 —	7.
	175 —	6.	170 —	7.	169 —	9.

Morsheuser forme le Flanc au IV. de 8 verges, au V. de 9. au VI. de 10. au VII. de 11, & aux autres de 12.

Goldman, le fait au IV. de 6 verges, au V. de 8. au VI. de 9. au VII. de 10. au VIII. de 11, & aux autres de 12.

Le Chevalier de *Ville*, Liv. 1. Part. 1. Chap. 20. p. 54. égale son Flanc à sa demi-Gorge.

L'Auteur de la nouvelle maniére de fortifier à la Françoise p. 39. dit, qu'il prend toûjours la sixiéme partie du côté pour le Flanc.

Monsieur *Ozanam* le veut au IV. de 16 Toif. au V. de 20. au VI. de 24. au VII. de 28. au VIII. de 32. au IX. de 36. & aux autres de 40.

Celui de Mr. de *Vauban* est pareillement proportionné au Polygone.

Monsieur de *Rogers* les bâtit si avantageusement, qu'ils montent dans quelques Polygones jusqu'à 60 Toif. & davantage, sans qu'il y paroisse aucune difformité du Bastion. Il est vrai, qu'une partie de son Flanc ne peut pas découvrir la Face du Bastion opposé, mais sçachez, qu'outre qu'il reste encore près de 50 Toif. pour sa défense, il ne prétend autre chose que d'en défendre le Fossé, à quoi il est merveilleux, en tirant toute autre défense des Cavaliers, qu'il met sur le terre-plain des Bastions. Chacun verra, que c'est la plus belle construction

tion du monde, n'ayant que faire de mes recommandations.

CHAPITRE V.

De l'Orillon.

CEtte petite partie du Bastion ne contribuë pas peu à la perfection du Flanc. Tout le monde sçait, que les Hollandois ne s'en servent pas, prétendant que leurs Flancs plats découvrent mieux la campagne, & que sans cela ils sont déja assez couverts par les dehors, qu'ils mettent ordinairement au devant de leurs Courtines, sans compter les frais qu'on peut épargner. Il est vrai, que ces dehors sont la plûpart si forts, que l'ennemi ne peut aucunement endommager le Flanc, si auparavant il ne s'en est pas rendu maître; pour lors le Flanc est encore tout entier, & par conséquent plus capable d'arrêter l'assaillant, & de lui nuire. Mais cette raison est sujette à bien des imperfections; posons le cas que l'ennemi ne puisse découvrir le Canon de la Ville à cause des dehors dont on a couvert la Place; par la même raison aussi les Canons de la Place ne pourront découvrir ceux de l'ennemi. Pour comprendre ceci, il ne faut que tant soit peu de bon sens naturel, qui montre suffisamment que tout ce qui empêche de me voir, ne pourra non plus être vû de moi. Outre cela, quel avantage a l'ennemi contre les assiegés, en emportant un de ces dehors, qui ordinairement sont solides, & bien assortis, & qui lui servent ainsi d'autant mieux de Batteries, pour ruiner le feu de la Place.

En ce cas-là l'ennemi peut passer le Fossé à son aise, les assiegés ayant assez affaire d'anéantir le feu, qui bat leurs Flancs. De plus, est-ce que ces dehors, qui fort souvent sont plus forts que le corps de la Place même, se font à si peu de frais, qu'en cette vûë on ne leur puisse pas préférer l'Orillon? Un chacun dira que non. Si donc il y a tant de choses à réformer, on ne sçauroit nier que les Orillons ne soient d'une grande utilité. La pure raison parle, de quelle importance il est d'avoir 2. 3. 4. &c. Canons tellement disposés, que l'assiegeant ne les puisse démonter, qui découvrent pourtant le mineur, battent la gallerie & nettoyent le Fossé.

La forme de l'Orillon ne fait pas grand chose à l'affaire. La plûpart du tems on l'arrondit; Mr. le Comte de Pagan & le Chevalier de Ville lui donnent une figure quarrée. Si
je

je voulois choisir , je serois pour les ronds plûtôt que pour les autres , parce qu'ils ont moins de prise , & sont moins sujets à être ébrèthés. Quant à son épaisseur , Mr. de *Vauban* & Mr. *Ozanam* la lui fixent au tiers de leurs Flancs , l'Auteur de la nouvelle maniére de fortifier à la Françoise lui donne 7 Toif. par tout , sans avoir égard aux Polygones.

Messieurs de *Blondel* & de *Rogers* , lui assignent 10 Toif. dans chaque figure. Le Comte de *Pagan* prend la moitié du Flanc. Le Chevalier de *Ville* & *Sardi* lui attribuent deux tiers du Flanc. Je ne doute pas , que tous ces Messieurs n'ayent leurs raisons , qui les ont portés à se déclarer pour ces distances : toutefois je crois , qu'à bien considérer la chose , une trop grande épaisseur n'est pas seulement nuisible en ce qu'elle ôte beaucoup du Flanc sans récompenser la perte ; mais encore à rejetter , à cause des grandes dépenses qu'il faut inutilement y employer. Ainsi je soûtiens , qu'une épaisseur depuis 6. à 8. ou 10 Toif. n'est suffisante que de reste. L'autorité de cela est fondée sur l'expérience de Mr. de Vauban , qui en plusieurs endroits du Royaume n'a donné que six Toif. à l'Orillon ; & si on regarde ses proportions , dont il se sert dans la construction du Quarré , son Flanc ne monte guéres plus haut que 18 Toif. dont le tiers n'est que 6. c'est ce qu'apparemment il a trouvé capable de résister à toute sorte d'efforts. Pour le rendre plus fort , il augmente cette épaisseur , dans les Polygones , à mesure que les Flancs s'agrandissent , dont il prend toûjours le tiers , comme j'ai déja remarqué.

CHAPITRE VI.

De la Tour-creuse , ou Casematte.

LA Tour-creuse , ou la Casematte est encore d'une grande utilité dans une Place ; car , outre que par ce moyen on peut extrêmement nettoyer le Fossé , & empêcher que l'ennemi ne le traverse pas si-tôt avec sa gallerie , pour attacher le mineur au Bastion , on en augmente beaucoup la défense , puisqu'un arc renferme bien plus d'espace que sa corde ; ainsi l'arrondissement de la Casematte contient bien plus de Canons que le Flanc plat. De plus , les merlons devenant plus larges par dedans rendent toute la Casematte plus forte , & plus capable de résister au feu de l'ennemi. La raison de cela con-

confiste dans la concavité même que l'arrondissement forme.
Il est constant qu'un boulet de Canon a plus de force,
quand il n'y a que peu de parties qui lui résistent, que
quand il y en a beaucoup qui partagent à la fois le débris qu'il fait, & qui s'opposent à son effort. Par cette raison un Flanc arrondi, qui enveloppe, pour ainsi dire,
tout le boulet, ne souffre pas tant qu'un plat, à cause
que celui-ci n'en est touché que d'un côté, au lieu
que la rondeur de l'autre en engloutit la moitié, & lui op-
pose par conséquent plus de parties, qui sont plus propres à soûtenir la force. Autrefois, on a fait des voutes
dans les Flancs, tellement bâtis, qu'il y en avoit deux
l'une sur l'autre, sans compter le haut Flanc; mais les
grandes incommodités qui en venoient, firent bientôt
changer cette simétrie. On remarqua premiérement, que
l'ennemi ne cherchoit qu'à ruiner la voute d'embas pour
faire tomber celle de dessus d'elle-même. En second lieu,
la fumée remplissoit si fort ces voutes, que les canoniers
n'y pouvoient demeurer, outre que la même fumée montant en l'air ôtoit toute la vûë au Canon du haut Flanc;
de plus, l'étonnement du Canon ébranloit toute la voute d'une
telle force, que tout le monde en devenoit tout étourdi; sans
alléguer le débris que les coups de la Batterie ennemie y cau-
soient. Tous ces inconvéniens ne firent au commencement
que découvrir les voutes, & n'en faire qu'une en forme quarrée; mais comme on remarqua ensuite, que le Flanc d'enhaut,
venant à être ruiné, estropioit tous ceux qui étoient dans la
Casematte, & que l'incommodité que ceux du haut Flanc
souffroient de la fumée de celui d'embas, ne se diminuoit aucunement; Monsieur de Vauban corrige ces defauts, en bâ-
tissant un seul Flanc arrondi, qui a plus d'avantage que tous
les premiers ensemble, sans être sujet à tant d'incommodités.

CHA-

CHAPITRE VII.

Du second Flanc.

VOici une autre pomme de discorde. Messieurs de *Vauban*, de *Pagan*, de *Rogers*, *Erhard* &c. ne veulent point de second Flanc, ou feu de la Courtine, au lieu que le Chevalier de *Ville*, *Marolois*, *Ozanam*, *l'Auteur de la nouvelle maniére de fortifier à la Françoi e*, *Freitag*, *Sardi* &c. en veulent. La principale raison des premiers est, parce qu'il est impossible de faire un second Flanc sans racourcir le premier, à moins qu'on ne veüille rendre la ligne de défense excessivement longue, & par conséquent affoiblir la défense, outre que les coups du second Flanc deviennent trop obliques & incapables de défendre grand-chose, principalement, quand on y met du Canon. Ceux du parti contraire répondent, que pour avoir un second Flanc de 10 ou 20 Tois. & davantage, il vaut bien encore la peine de retrancher 2 ou 3 Tois. du premier, d'y mettre 2 ou 3 piéces de Canon avec un corps de Mousquétaires, au lieu d'épargner ou de laisser au premier l'espace qu'il faut pour un Canon seul. Si on pouvoit faire un second Flanc sans préjudicier aux autres parties de défense, il faut avoüer qu'il seroit bien nécessaire de ne le point oublier, parce que c'est toûjours autant de feu de gagné, & la défense renduë meilleure; mais si on vouloit diminuer de beaucoup le bon Flanc pour en tirer le feu de la Courtine, ce seroit se vouloir priver de l'avantage de s'en servir. Monsieur le Chevalier de *Ville* Liv. 1. part. 1. chap. 21. p. 56. &c. Monsieur *Ozanam* pag. 9. & 10. du Traité de Fortification ; & l'Auteur de la nouvelle maniére de fortifier à la Françoise, art. 1. p. 1. jusqu'à 25, ayant traité à fond cette matiére, j'y renvoye le Lecteur pour ne pas devenir ennuyeux en répétant ici ce qui n'est déja que trop connu. Monsieur de *Vauban* nous en éclaircira mieux, si un jour il daigne faire part au public de ses raisons.

CHAPITRE VIII.

Des Embrasures & Merlons.

LEs Merlons n'ayant leurs formes que des Embrasures, puisqu'ils ne renferment autre chose que l'espace entre deux Canoniéres ou Embrasures, je trouve à propos d'expliquer ici les derniéres. Je n'ignore pas, qu'il se trouve des Ingénieurs qui n'en font pas grand cas, tant parce qu'elles affoiblissent le Parapèt, qu'à cause qu'elles contraignent le coup, qu'il ne donne qu'à l'endroit qu'elles lui permettent. Il est vrai aussi, que de cette maniére on a le moyen de pointer le Canon là où on veut, & qu'on épargne les frais des Embrasures; mais il ne faut pas moins avouër, que le Canon, tirant à barbette, court trop grand risque, & que les Canoniers n'en sont pas mieux à couvert, sans compter une infinité d'autres inconvéniens qui en dépendent. On les fait de différentes façons: tantôt on y forme un Angle au milieu, comme Fig. 3. Pl. 28: tantôt on les fait larges vers la campagne, & étroites du côté de la Place, comme Fig. 4. Pl. 28: les uns les forment plus larges du côté de la Place que vers la campagne, comme Fig. 5. Pl. 28: d'autres les construisent paralleles, comme Fig. 6. Pl. 28: d'autres les font larges en dedans & en dehors, & étroites vers l'embouchure, comme Fig. 8. Pl. 28: d'autres leur donnent la forme des Redans, comme Fig. 7. Pl. 28. Quant aux trois premiéres maniéres on ne doit jamais s'en servir, à cause que l'incommodité de la fumée qui rebrousse, & de la réverbération qui en est formée, arrête beaucoup le boulet, & qu'il faut attendre long-tems avant qu'elle se dissipe; joint à cela, que le Merlon étant d'une juste épaisseur, c'est-à-dire, de 18 à 20 pieds, on ne peut pas pointer le canon comme on veut, à cause des Angles qui se rencontrent au milieu, & jusqu'où le canon ne peut atteindre, qui n'avance dans l'Embrasure, que de 4 ou 5 pieds. La quatriéme est meilleure, mais elle devient trop serrée en dedans, & l'embouchure peut fort facilement être ruinée par la fréquente décharge du canon. La 5e. & 6e. sont sujettes aux défauts des premiéres. La septiéme ne vaut pas grandchose non plus, parce que ses dents de scie sont trop exposées à la fureur du canon ennemi, & le débris incommode trop le Canonier, & le canon. La 8e. est la meilleure de toutes, dont voici la construction:

Ti-

1. Tirez une ligne, parallele au revers de l'Orillon, environ de 9 pieds de l'Orillon, comme AB. Fig. 9. Pl. 28.

2. A trois Toises de là tirez une autre ligne, parallele à la premiére, comme CD.

3. Faites-en encore une autre à trois Toises de là, comme EF. & ainsi jusqu'à la fin du Flanc, supposé qu'on veüille planter les canons de cette distance l'un de l'autre.

4. Mettez de chaque côté de ces lignes du côté de la Place 2 pieds 3 pouces, de sorte que toute la largeur de l'embouchure vienne à 4 pieds & demi, comme AG. & AH.

5. Marquez du commencement des paralleles, A. vers B. 2 pieds, comme A. I. de I. en K. 1 pied, & de I. en L. un autre, en sorte que KL. forment la Gorge de l'Embrasure, qu'on joindra avec GH. qui marquent les extrémités de l'embouchure.

6. Mettez de B. qui est la fin d'une des paralleles, 3. pieds

de part & d'autre, comme BM. & BN. pour donner aux sorties des Embrasures une largeur de 7 pieds, dont vous joindrez les extrémités à celles de la Gorge, & vous acheverez ainsi le reste.

Mr. le Chevalier de *Ville* liv. 1. part. 1. chap. 27. p 83. *L'Auteur de la nouvelle manière de fortifier à la Françoise*: & Mr. *Sardi* en font presque la même description, Mr. l'Abbé *du Fay*, dans son Traité de Fortification p. 104. leur donne 2 pieds 8 pouces de largeur du côté de la Place, & de 6 jusqu'à 8 pieds vers la campagne. N'oubliez pas de revétir le dedans des Embrasures de branches de saule entrelassées, ou de bon gazon, pour mieux affermir le Merlon.

CHAPITRE IX.

De la Ligne de défense.

CEtte ligne a donné sujet à divers raisonnemens, dont les Ingénieurs se sont refutés les uns des autres. Les uns ont soûtenu, qu'il valoit mieux la proportionner à la portée du canon, qu'à celle du mousquèt; les autres se sont déclarés pour le parti contraire, prétendant qu'on a plus de raison de faire réflexion sur la portée du mousquèt que sur celle du canon. Les premiers alleguent: (1) qu'on peut enfermer une Place avec moins de Bastions, & par conséquent épargner

beau-

beaucoup de frais, qu'un plus grand nombre de Bastions, & une plus forte garnison demandent. (2) Pour ruiner la gallerie de l'ennemi, quand il veut passer le Fossé, il faut nécessairement du canon, les coups des mousquets ne portant aucun dommage. (3) Ces mêmes coups depuis la Contrescarpe vers le Bastion opposé ne pourront pas nuire à ceux, qui sont aux Flancs. Voilà les principaux argumens pour le canon, qui servent de source à plusieurs autres de moindre poids. Le parti contraire défend sa these par ceci: (1) parce que le canon a besoin d'un grand appareil, avant qu'il soit chargé & pointé, ce qui l'empêche de joüer souvent; (2) il consume une quantité prodigieuse de munitions; (3) ses coups sont incertains, principalement si par la fréquente décharge l'embouchure devient trop large; (4) Un seul coup ennemi est capable de le rendre inutile; (5) quand il créve ou se démonte, ou bien quand la Platteforme qu'on lui donne pour le recul, se ruine, il faut beaucoup de tems à l'ôter & remonter un autre à sa place, de même qu'à réparer la Platteforme, à moins qu'on ne veüille que tous les coups soient faux; au lieu qu'un bon corps de mousquétaires rangés en hayes l'une derriére l'autre, pour se relever successivement, & faire un feu continuel, tire (6) cent coups & bien 200 avant que le canon en tire un seul; outre que (7) la défense par les mousquets est à peu de frais, (8) elle est plus certaine, à cause qu'on tire là où on veut, si haut & si bas dans le Fossé que le Parapèt le permet, sans se soucier ni des angles droits, ni des obtus, ni des aigus, qui embarassent le boulèt de canon; (9) plus facile, parce qu'on peut faire un feu continuel sans ébranler beaucoup le Parapèt, car pendant qu'un rang charge, l'autre tire, & si l'un ou l'autre mousquétaire vient à être tué, on en a d'abord d'autres à leurs places sans le moindre embarras. En considérant tout cela, on ne se déclarera ni pour les sentimens des premiers, ni absolument pour l'opinion des derniers. Bien qu'il soit vrai, qu'on a plus de raison de proportionner la ligne de défense à la portée du mousquèt qu'à celle du canon, il ne faut pas pour cela rejetter tout-à fait les canons, mais garder l'usage de ces deux armes. Posons le cas que le boulèt de canon n'ait pas entiérement cette force, quand il ne donne que de près, qu'il a étant tiré à une juste distance, on m'avoüera aussi, qu'on le peut charger à cartouche, & même avec meilleur effet, & qu'en ce cas un mousquèt chargé à bale seule porte aussi loin, ou encore plus loin, qu'un canon ainsi chargé. Quand il s'agit de ruiner la gallerie de l'ennemi, que feroit-on si on n'avoit point de canons; & d'autre côté, si l'ennemi est déja si avant qu'il soit impossible de lui nuire par le canon, comment s'y prendre pour la défense sans mousquets?

On

On voit donc que l'une & l'autre de ces armes font fort néceſſaï-
res, & que par conſéquent, en rectifiant la ligne de défenſe,
il faut avoir égard plûtôt à la portée du mouſquèt qu'à celle
du canon, puiſque par ce moyen on peut ſe ſervir de tous les
deux ; car, où le mouſquèt donne, le canon n'y donne pas
moins, mais le mouſquèt ne va pas d'abord juſqu'où le canon porte. Pour répondre aux oppoſitions des premiers, ſça-
chez que ce n'eſt pas un épargne que de bâtir une Place,
dont la défenſe ne vaut rien ; ſi on n'a pas envie de ſe défendre comme il faut, on peut tout épargner, en ne faiſant rien ;
c'eſt ce qui vaut bien mieux. La ſeconde raiſon eſt bonne
pour la conſervation de l'uſage du canon ; mais pas aſſez pour
conclure, qu'il ne faille avoir égard qu'au canon. La troiſiéme
ne ſignifie rien non plus, puiſque ſi l'ennemi ne peut pas
donner avec ſon mouſquèt juſqu'à vos flancs, le vôtre n'ira
pas mieux juſqu'à ſon logement. Concluons donc, que la ligne
de défenſe de 120 juſqu'à 150 Toiſ. eſt toûjours bonne. E-
tant plus courte, le canon ne ſervira que de peu de choſe, outre que la pluralité des Baſtions demandera des ſommes im-
menſes ſans rendre la Place plus forte ; Etant plus grande, le
mouſquèt n'y ſçauroit donner avec effet. Je n'ignore pas qu'on
me pourra dire, qu'on trouve bien des mouſquets qui ne
portent de but-en-blanc qu'environ 120 ou 130 Toiſ. mais
ſuppoſé qu'il ſoit ainſi, eſt-ce pour cela une impoſſibilité de
tuer un homme avec un mouſquèt à coup perdu à plus de
160 Toiſ. ? Ou bien dans un aſſaut fait-on toûjours réflexion
au tir de but-en-blanc ? Certes, on ne s'inquiette pas beaucoup, quand on tuë l'ennemi à coup perdu.

CHAPITRE X.

De la Face.

LA Face étant la partie d'une Place la plus dangereuſe &
la plus expoſée aux inſultes de l'ennemi, qui y fait ordinairement ſes attaques & ſes brèches, il faut, ſans diſpropor-
tionner cependant les autres parties, la faire auſſi courte qu'elle peut l'être ; parce qu'autant qu'elle eſt avancée vers la campagne, autant eſt-elle ſujette à être attaquée. Toutefois il eſt
à remarquer que, quand elle eſt bien flanquée, ſa longueur
ne doit embaraſſer perſonne, pourvû qu'elle ne ſoit pas exceſſive ;
auquel cas elle diminuë la défenſe : & ſi elle eſt trop courte,
les dehors n'ont pas aſſez de défenſe ; ce qui cauſe bien du déſ-

K 4

or-

ordre. Ainſi une Face de 40 à 55 Toiſ. bien flanquée eſt également bonne.

CHAPITRE XI.

De la Courtine.

LA Courtine formant la partie de la Fortification qui couvre le plus une Place, il lui faut donner une raiſonnable longueur, c'eſt-à-dire, de 60 à 100 Toiſ. En la faiſant plus courte, les Baſtions deviennent trop près l'un de l'autre ; ce qui rend la défenſe du canon inutile, & augmente beaucoup les fraix. Et ſi elle eſt plus longue, l'uſage du mouſquet ne ſert de rien ; ce qui eſt un autre défaut qu'on doit éviter le plus qu'il eſt poſſible. Touchant la figure, qu'on lui donne, je tiens les droites préférables à d'autres, nonobſtant que les unes ne coûtent pas tant, & que les autres augmentent plus la force ; car les premiéres, en diminuant les fraix, diminuent auſſi la force ; & les derniéres, en augmentant la force, font monter la dépenſe trop haut. Pour vous faire juger de cela, voici diverſes conſtructions propoſées par d'autres, dont les uns l'ont voulu, comme Fig. 1. Pl. XXIX. c'eſt à dire, d'une figure circulaire en dehors formée par un arc tiré du centre A. qui avec les extrémités de la Courtine BC. fait un Triangle équilatéral. D'autres l'ont conſtruit, comme Fig. 2. Pl. 29. en tirant l'arc en dedans du centre A. qui forme pareillement avec les bouts de la Courtine BC. un Triangle équilatéral. D'autres ſe ſont aviſés de la conſtruire, comme Fig. 3. Pl. 29. en érigeant ſur le milieu de la Courtine une Perpendiculaire égale à la moitié de la Face du Baſtion, comme BD. & en joignant le haut de cette Perpendiculaire D. & le bas du Flanc A. C. enſemble par des lignes droites. D'autres ont choiſi la conſtruction de la Fig. 4. Pl. 29. dont j'ai parlé ci-deſſus Liv. 2. Chap. 6. §. 22. ſans en alléguer d'autres, qui ont inventé d'autres maniéres.

CHAPITRE XII.

Du Rempart.

LA largeur du Rempart ne peut pas être fixée à un certain nombre de Toises. Si le terrain est en abondance, & que le Prince veuille faire la dépense, le Rempart ne sçauroit jamais être trop large dans de grandes Villes, où il y a assez de capacité pour les bâtimens intérieurs ; mais puisque la plûpart du tems il manque à l'un ou à l'autre, soit que les Princes ménagent tant qu'il est possible, ou que le Fossé ne donne pas assez de terrain pour élargir le Rempart, sans diminuer une juste hauteur dont il a besoin, il faut prendre ses mesures là dessus, & tâcher qu'il ait du moins 4 ou 5 Tois. d'épaisseur depuis le Parapèt jusqu'au commencement du talut intérieur, & de 11 à 12 Tois. de Base : lorsqu'il est plus étroit, l'on n'y peut pas passer en Bataille commodément, & l'on est embarassé pour y mener du canon, lequel demande une largeur raisonnable pour agir : & lorsqu'il est plus large, il faut retrancher quelque chose de sa hauteur, ou bien affoiblir le Parapèt faute de terre qui manque ; ce qui est bien plus préjudiciable. Ainsi cela est fort ridicule, que de proportionner l'épaisseur du Rempart du nombre des Bastions, tout comme si on attaquoit un Pentagone avec d'autres armes qu'un Décagone ou un autre Polygone. La hauteur peut monter de 12 à 20 pieds de Roi ; une plus grande causeroit un Parapèt trop biais, puisque sans cela on ne pourroit pas découvrir le fond du Fossé. Encore ne peut-on pas positivement déterminer cela, car si la Place est sur une éminence, une hauteur de 12 pieds suffira ; mais si elle est environnée des hauteurs, il en faudra plus de 20., outre les Cavaliers qu'on a besoin de bâtir. Le talut dépend, une bonne partie du terrain dont l'un tient mieux que l'autre. La terre étant bonne, on donne au talut extérieur le moins de pente qu'on peut, tant pour augmenter le terreplain du Rempart, que pour empêcher que l'ennemi n'y monte pas si facilement. Pour ce qui est du talut intérieur, on lui laisse sa pente naturelle, que la terre en s'éboulant de haut en bas se donne d'elle même. L'extérieur est tantôt revêtu de gazon, & tantôt plaqué. Au premier cas, si la terre est bonne, on donne 6 pouces de talut à chaque pied de hauteur ; le terrain étant médiocre, on compte 9 pouces de talut sur le pied de hauteur, & pied sur pied quand la terre est mau-

mauvaise. Les Hollandois prennent en ce cas un pied & demi
de talut, ainsi que *Martins*, part. 3. Chap. 13. pag. 190.
l'explique. Sur le dehors de chaque rang on seme du chien-
dent, ou le grand trefle, parce que ces herbes jettent plus de
racines & plus profondes qu'aucune autre, & par conséquent elles lient mieux la terre. A chaque pied de hauteur on bat la terre avec une Stampe ou Damoiselle, en sorte qu'un pied se
réduit à 7 ou 8 pouces, en suite on y met des branches de
saule vertes de la grosseur d'un pouce, ou environ, dessus, qui
auront leur gros bout fiché dans le gazon de devant, pour
mieux affermir la masse du Rempart. La pente de ce revêtement ne doit jamais se faire en ligne droite; mais en sorte
que vers le milieu on forme un petit angle en dedans, qui
se perd insensiblement avant qu'on touche le haut. La raison
de cela consiste dans l'expérience, qui a fait voir que le grand
faix du Rempart a tellement poussé contre le revêtement à la
ligne droite, que vers le milieu le gazon a fait un arc
qui enfin s'est détruit lui-même, en cédant toûjours aux forces
intérieures qui le poussoient; au lieu que la masse intérieure
poussant contre le revêtement de la première nature, n'y fait
autre chose que mieux serrer le gazon, & en presser une
ligne droite, qui tiendra dix fois plus long-tems que si on
l'avoit faite ainsi dès le commencement. Quant à l'ordre de le
ranger, en mettant le premier lit, on attache chaque gazon à
la terre, avec une bonne cheville de bois; cela fait, on en
met le second, & puis le troisiéme, & ainsi des autres jusqu'à
la hauteur du Rempart. Chaque lit doit couvrir les joints du
premier, & imiter en cela la maçonnerie, pour sa propre conservation. Pour plaquer le talut, il faut avoir la meilleure
terre qu'on puisse trouver, c'est à dire, une bonne terre noire, maniable & propre à être travaillée. Avant que de s'en servir,
on la passe par une grille, & après l'avoir bien separée des
pierres, on la mouille, ensuite on la resseche, puis on la
bat, & on la passe une seconde fois par les grilles; quand elle
est bien travaillée, on s'en sert comme du gazon; & même
un tel revêtement est plus durable que le gazonné. Je trouve
inutile de répéter ici, que le Rempart des dehors ne doit pas
être ni si large, ni si haut que celui de la Place; tout le monde sçait pourquoi. Cependant la construction en est de même, pourvû qu'on lui donne les distances qui lui sont dûës,
dont j'ai parlé ci-dessus Liv. 4. Chap. 1. §. 2. Ajoûtez à cela, que le terre-plain, à l'extrémité duquel vous planterez des
Fraises à six pouces de distance les unes des autres, doit un
peu pencher vers la ville, afin que les eaux se puissent écouler,
& qu'elles ne creusent pas tant le Rempart. Quand on plante des
arbres sur le Rempart, c'est un grand ornement en tems de
paix,

ça... , & une bonne provision en tems de guerre ; mais puisque le bruit, que les branches menent en s'entrechoquant,
empêche beaucoup la sentinelle d'écouter comme il faut, cet
avis ne plait pas à tout le monde. Le petit chemin, qu'on
laisse sur le pied du Rempart, s'appelle Berme, dont l'explication se trouve ci-dessus.

CHAPITRE XIII.

Du Parapèt & des Banquettes.

§. 1.

CHacun sçait, que pour couvrir le canon & le soldat sur
le Rempart on construit le Parapèt auquel on donne
pour cela une hauteur & une largeur raisonnable. Monsieur le
Chevalier de *Ville*, dit, qu'une hauteur de 4 pieds ne suffit que
de reste, c'est ce que Mr. de *Vauban* soûtient aussi ; mais d'autres
Ingénieurs y ajoûtent encore un demi pied. La largeur doit être
de 3 à 4 Tois. tout au plus. Le Parapèt étant moins large, il
est incapable de résister aux coups de canon ; & étant plus
large, le soldat n'en pourra défendre la Contrescarpe, à
cause qu'une trop grande largeur lui ôtera la vûë. Il a besoin d'un bon revêtement de gazon, tant pour en former le
talut extérieur que l'intérieur, qui sert au soldat pour s'y tenir plus ferme. La construction de ce revêtement est au reste,
comme au Rempart, excepté, qu'on lui donne ses propres pen-
tes & ses propres hauteurs, dont j'ai parlé ci-dessus Liv. 4.
Chap. 1.

§. 2.

Pour ce qui est de la Banquette, qu'on met au pied du Parapèt pour y faire monter dessus le soldat, qui doit faire feu
dans le Fossé ou dans le Chemin couvert, c'est une chose connuë, & chacun sçait quelle largeur & quelle hauteur il y
faut employer. S'il y en a deux, sept pieds donneront la base,
& trois la hauteur, dont la derniére n'en aura que la moitié ;
mais n'en ayant qu'une, on la fera large de 3 pieds, avec
un talut de 6 pouces, & haute d'un pied & demi. Tout sera construit de gazon.

CHA-

CHAPITRE XIV.

Du Baſtion.

LE Baſtion étant achevé eſt ou plein ou vuide; c'eſt-à-dire, ou le Rempart occupe tout l'eſpace qui eſt entre les Faces & les Flancs, ou il regne ſeulement dedans, leur faiſant une figure parallele. Chacun a ſes avantages à part, qui par conſéquent ſont les déſavantages de l'autre, dont vous jugerez à volonté. Les argumens pour le vuide, ſont: (1) qu'on y peut conſtruire des Magazins, tant pour y conſerver la munition de guerre, que de bouche, (2) faire de meilleurs retranchemens que dans les pleins, en tirant une Courtine d'un Flanc à l'autre, qui ſera déja bordé d'un Foſſé, au lieu que dans un plein il en faudroit creuſer un, à autant de fraix; (3) mieux, & avec moins de peine découvrir les mines. Le plein, au contraire a cette prérogative, (1) qu'on y peut bâtir des moulins à vent pour la farine de la garniſon, ou bien élever de bons Cavaliers, qui découvrent tous les environs de la campagne, & tiennent tête aux commandemens, s'il y en a qui s'y trouvent; (2) on y peut ranger grand nombre de ſoldats pour combattre; (3) on y a quantité de terre pour réparer les endroits ruinés, & boucher les trous que l'ennemi a faits; (4) on n'y manque pas des matériaux pour faire des retranchemens, formés par un Parapèt, en Angle rentrant, &c. Monſr le Chevalier de *Ville*, Liv. 1. part. 1. Chap. 30. p. 101 & 102. rejette les vuides; & l'*Auteur de la nouvelle maniére de fortifier à la Françoiſe*, Chap. 1, art. XII. p. 61. ſe déclare contre les pleins. Chaque opinion a ſes Partiſans. Quand on a envie de conſtruire des Cavaliers, je tiens, que les pleins ſont préférables aux vuides, ainſi que Mr. de *Vauban*, Mr. de *Rogers*, &c. le pratiquent; & qu'au contraire les moitié-pleins ſont les meilleurs.

CHAPITRE XV.

Des Cavaliers.

LEs Cavaliers sont une des meilleures défenses d'une Place qu'il y ait, parce qu'ils découvrent bien loin dans la campagne : ce qui oblige l'ennemi d'ouvrir la tranchée pareillement de loin, outre qu'ils sont comme autant de seconds Bastions, opposés à l'ennemi ; sans compter, qu'ils servent encore à défendre la tête de la brèche faite dans le Bastion, & qu'on en peut tirer dans les retranchemens de l'ennemi quand il en a fait quelques - uns. D'ailleurs leur usage est admirable, si l'ennemi veut passer le Fossé, qui se voit contraint de hausser furieusement la Traverse pour se mettre à couvert. Je sçais bien, qu'on dit que l'ennemi, après qu'il s'en sera rendu maître, s'en pourra servir comme d'une Citadelle contre la Ville ; mais par cette même raison il ne faudroit non plus faire des Bastions, puisque la Ville seule ne résistera pas long - tems, les Bastions & les Retranchemens étant perdus. Si donc on redouble les peines à l'ennemi par les Cavaliers, on a grande raison de les établir. La hauteur se proportionne à l'occasion, de sorte qu'on les éléve tantôt plus, tantôt moins. La plûpart on leur donne de 15 à 20 pieds de hauteur, par dessus le terre - plain du Rempart, & on les borde d'un Parapet de 3 Tois. d'épaisseur. La longueur consiste pareillement dans la raison de ce qu'on en veut défendre. La montée, pour y mener du canon, peut être large de 10 à 15 pieds. S'ils sont revêtus de gazon, ou placagés ; le revêtement de pierre, n'étant d'aucun usage ici, on s'en rapportera aux proportions, dont on se sert en faisant le talut du Rempart. L'espace entre le Parapet du corps de la Place & le Cavalier, doit être de 5 à 6 Tois. pour ne pas incommoder la marche du soldat, ni géner le canon. Quant à leurs assiettes, les uns les élévent au milieu des Courtines ; les autres à la fin de la Courtine ; d'autres dans le Bastion même. Touchant la forme, l'un les fait ronds ; un autre quarrés ; un autre en quarré long, ou en Trapeze ; un autre en figure triangulaire &c. Dans la situation, il faut avoir égard aux parties qu'on veut défendre ; ainsi dans les Places, où on prend la défense seulement du Flanc, on ne les sçauroit mieux placer que dans le Bastion ; dans les autres où il y a un second Flanc, leur assiette est plus avantageuse aux extrémités de la

Cour-

Courtine. Monsieur *Ozanam* est pour ceux qu'on met au
milieu de la Courtine, Mr. de *Vauban*, Mr. de *Rogers* &c. les
font ordinairement dans le Bastion, Mr. le Chevalier de *Ville*
est pour la troisiéme situation.

§. 1.

Sardi, Ingénieur Italien, qui les bâtit sur le milieu de la
Courtine, leur donne cette figure.

1. Abaissez du milieu de la Courtine A. Fig. 5. Pl. XXIX. une
   Perpendiculaire vers le centre de la Place, telle que vous
   voudrez, A. E.

2. Tirez une parallele au Parapèt de 5 Tois.

3. Mettez du point B. qui est à la rencontre de cette parallele
   & de la Perpendiculaire, de part & d'autre, sur la parallele
   15 Tois. comme C D.

4. Mettez du même point B. vers E. 100 pieds de Roi pour
   la largeur du Cavalier, comme B F.

5. Tirez par le point F. une parallele à la ligne CD. mettant
   de chaque côté 20 Tois. comme F G. F H.

6. En joignant CH. & DG. ensemble par des lignes droites, élevez cette terrasse de 3 Tois. & donnez lui 8 pieds
   de talut.

7. Son Parapèt, haut de 4 pieds, sans Banquettes, n'a que
   15 pieds d'épaisseur.

8. La montée qu'on représente, en mettant de F. de part &
   d'autre 50 pieds, comme F I. F K. a 100 pieds d'ouverture.

§. 2.

Monsieur de *Rogers*, qui les construit dans le Bastion, ainsi
que j'ai déja avancé, les trace paralleles aux Flancs, & les sé-
pare du Parapèt du Rempart de 10 Tois. Pour les achever,
il prolonge :

1. Le revers de l'Orillon jusqu'à la capitale du Bastion A.
   Fig. 6. Pl. XXIX.

2. Ensuite du point B. qui est la section du prolongement
   & de la parallele au Flanc, il tire une parallele aux Faces,
   comme B C. & C D.

3. Du centre A, il ouvre le compas jusqu'à E. & F. qui marquent les endroits où le prolongement de la Brisure & la
   parallele au Flanc se rencontrent, & tire de E. en F, un
   arc, déterminant le Cavalier, auquel il donne une hauteur
   proportionnée aux commandemens des environs, de 3 à 4
   Tois.

Toif. & lorsque les environs font fans hauteur, il ne leur donne que 10 à 12 pieds de hauteur, les bordant d'un Parapèt de 3 Toif. d'épaiffeur.

§. 3.

Le Chevalier de *Ville* ne laiffe entre le Parapèt du Rempart, & le Cavalier, que de 6 à 8 pieds d'efpace, qu'il taille encore outre cela dans l'épaiffeur du Parapèt même, parce que, dit-il, le Cavalier couvre affez la Place fans le Parapèt.

§. 4.

Monfieur *Marolois* p. 243. le tire parallele aux Flancs & aux Faces, en diftance de 15 à 36 pieds, réglant la hauteur au befoin. En l'élevant à l'extrémité de la Courtine, il lui affigne une longueur proportionnée au nombre des piéces qu'il y veut mettre, donnant depuis 12 jufqu'à 20 pieds de largeur à chacune; Fig. 7. Pl. XXIX.

§. 5.

Mallet le place entre l'Angle de Gorge & le point, que les deux lignes de défenfe fichantes font fur le rayon, tirant du milieu un cercle, éloigné du Parapèt du Rempart de 4 Toif. pour le moins. Il le borde d'un Parapèt de 21 pieds d'épaiffeur, haut par devant de 6 pieds, & de 3 vers la campagne; fa hauteur monte à 2 Toif. & le talut à 7 pieds; *Voyez* Fig. 8. Pl. XXIX.

§. 6.

Ceux qui lui donnent une figure triangulaire, abaiffent
1. Du milieu de la Courtine A. Fig. 9. Pl. XXIX. une Perpendiculaire de 10 à 12 Toif. comme A C.
2. En retenant le centre B. ils décrivent par A. & C. un cercle, qu'ils divifent
3. En trois parties égales, commençant en A. fa hauteur n'eft que de 12 pieds, bordée d'un Parapèt à l'épreuve du Canon.

§. 7.

Ceux qui le rangent à l'extrémité de la Courtine, fe fervent auffi de cette conftruction:
1. Ils abaiffent de l'Angle de Courtine A. une Perpendiculaire, égale à deux troifiémes parties de la demi-Gorge, comme
A B.

AB. Fig. 10. Pl. XXIX.

2. Ils tirent du milieu de cette ligne C. une parallele au Parapèt de la longueur de la demi Gorge, comme CD.

3. Du point D. ils tirent une parallele à la ligne CB. comme DE. en joignant BE. ensemble.

4. Ils y ajoûtent une hauteur, dont il a besoin, avec un Parapèt de 3 Tois. d'épaisseur.

§. 8.

Il y a encore beaucoup d'autres maniéres, dont les Auteurs se servent, mais il seroit ennuyeux de les alléguer toutes ici, voyez cependant l'Auteur de la nouvelle maniére de fortifier la Françoise, Chap. 1. art. 18. p. 92.

CHAPITRE XVI.

Des Platteformes.

CEs Batteries, dont on se sert, pour y reposer le Canon sur le Rempart, & empêcher, que la terre ne céde pas sous les roües des affuts par la fréquente décharge, se font différemment. *Sardi* veut qu'on les maçonne, afin qu'on ne soit pas obligé de les faire réparer tous les 4 ou 5 ans, comme celles des poutres, que les pluyes, les neiges, & d'autres injures du tems font trop tôt pourrir; outre que les cloux dont on attache les planches, mises sur les poutres, se brisent fort facilement, & ainsi les planches étant decloüées, le coup du Canon devient incertain. Mais ordinairement on les construit de *Tablouins*, c'est-à-dire, de bonnes solives de chênes de 10 ou 12 pieds de longueur, & de 5 ou 6 pouces d'épaisseur, rangées les unes auprès des autres à l'intervalle de 2 ou 3 pieds, que quelques uns des Hollandois étendent jusqu'à 8 pieds. Ce vuide doit être rempli de terre bien battuë jusqu'à la hauteur des poutres. Ensuite, on couvre le tout de bonnes planches, épaisses de 2 ou 3 pouces d'une même espéce de bois, qu'on attache avec de bons cloux, enfoncés dans les solives pour rendre la masse plus forte. Ces Platteformes ne sont pas d'une même hauteur, ni d'une même largeur, ni d'une même longueur. La hauteur se proportionne à la hauteur du l'arapèt, par-dessus lequel on prétend tirer, qui monte ainsi de 2. jusqu'à 5 pieds. *Sardi* leur donne une largeur de 50 pieds, tant pour le recul du Canon, que pour avoir assez de place, pour tourner & charger le canon, & joüir d'abord de toutes choses, dont on a besoin. *Martius* compte pour la plus grosse piéce 18 pieds de longueur, 12 pour le recul, & 6 pour la place, où on a les barils de poudre, & d'autres choses nécessaires, de sorte que toute la largeur seroit de 36 pieds. *Mieth* ne donne à tout cela que 24 pieds. Le Général *Russenstein* 30. Le Chevalier de *Ville* Liv. 2. part. 2. p. 351. leur assigne 15 ou 20 pieds, outre la place qu'occupe le canon. En tout ceci on ne peut rien mettre positivement, à cause qu'il faut avoir égard aux piéces qu'on veut planter dessus, qui demandent tantôt plus, tantôt moins d'espace. La longueur se proportionne au nombre des canons, reguliérement on compte 3 Tois. pour chaque piéce, avant qu'on en mette une autre. Quelques-uns des Hollandois donnent 20 pieds à chaque canon. Toute la Platteforme doit aller un peu en baissant vers le Parapet, afin que le canon ne recule pas tant, & soit plus aisé à remettre en Batterie. Cette pente sera environ sur 15 ou 20 pieds d'un. *Mieth* n'est pas de cet avis, soûtenant que cette pente rend le recul inégal, & par conséquent le coup incertain. *Voyez* Fig. 1. Pl. XXX.

CHAPITRE XVII.

Des Fondemens du Rempart.

LEs Fondemens, qui se font ou de terre ou de maçonnerie se réglent selon la qualité du fond, sur lequel on les met, qui est ou sabloneux, ou pierreux, ou marécageux, ou dans l'eau, ou de bonne terre &c.

§. 1.

Fondement sur un Sol marécageux.

Si le marais est dans un voisinage, où on ne manque pas de pierres, vous le remplissez de grosses pierres de roc, entre lesquelles on met de petits cailloux, des morceaux de briques, du gray, du gravier, de la chaux vive, & du charbon de Maréchal, matiéres propres à faire une masse aussi solide que le fer. On continuë ce travail, jusqu'au niveau du marais, qu'on couvre d'un pavé de petits cailloux, bien pillés, & rangés en bon ordre horisontalement; sur ce pavé, on commence à élever le Rempart, de la maniére qu'il est dit au précédent Chap.

XII. N'ayant point de ces grosses pierres de roc, dont je viens de parler, on enfonce un peu de biais de bons pilotis dans le marais, endurcis auparavant au feu, & bien goudronnés, pour qu'ils ne pourrissent pas. On les range d'un pied & demi, ou de deux, & quelquefois de trois l'un auprès de l'autre. Leur longueur se doit proportionner à la profondeur du marais, parce qu'on les avance autant qu'on peut jusqu'au refus du mouton. Cela fait, remplissez l'espace entre-deux de toutes sortes de pierres, de cailloux, de briques, du gray, de la chaux vive, du charbon des forges, & semblables matiéres, que vous affermirez tant qu'il vous sera possible, par des machines, faites à peu près comme un mouton, rondes, d'un pied de diamétre, & ferrées par le bout, pour mieux serrer les matériaux entre les pilotis. Ayant gagné le rés de chaussée, on couvre les pilotis de planches de 3 pouces d'épaisseur qu'on attache avec de bons cloux de fer; sur ce planchet, vous mettrez des grosses solives taillées à 4 faces, trois ou 4 pieds l'une de l'autre, sur lesquelles on met un autre lit, en forme de croix, dont les poutres se joignent avec les premiéres, & étant posées deux pieds l'une de l'autre, forment par tout de quarrés-longs, comme la Fig. 2. Pl. 30. le montre. Ce gril étant bien joint ensemble & bien chevillé de fer, dont les cloux sur les jointures des quatre faces, c'est-à-dire, sur les quatre côtés extérieurs, doivent aller jusques dans les têtes des pilotis, au travers du premier planchet, pour les mieux arrêter. On remplit ces quarrès-longs, faits par les deux lits de poutres, de bonne terre, bien battuë, jusqu'à 4 ou 5 pouces de leur superficie, qu'on laisse vuides. Sur cette terre vous mettrez du gravier, mêlé avec de la chaux vive, en achevant le reste du vuide jusqu'au rés de chaussée d'un lit de gazon quarré. Cela étant construit, couvrez tout le gril d'un second plancher goudronné, bien attaché au gril, & élevez le Rempart par dessus.

§. 2.

Fondement sur un Sol sabloneux.

1. Creusez le fondement de 7 à 8 pieds.
2. Pavez le fond, que vous ferez auparavant bien uni & égal, de bonnes planches de 3 pouces d'épaisseur, endurcies au feu & bien goudronnées.
3. Mettez y un lit de gazon, en sorte que l'herbe vienne toûjours dessous, & que la partie la plus épaisse regarde la campagne.
4. Derriére ce lit mettez de la bonne terre, bien mouillée, & tel-

tellement battu, qu'un pied se réduise à 7 ou 8 pouces, jusqu'à ce qu'elle soit aussi haute que le gazon.

5. Prenez des branches vertes de saule, pour les mettre sur ce lit, dont les tiges s'enfoncent dans le gazon.

6. Ce premier lit étant achevé, faites-en autant d'autres, l'un sur l'autre, jusqu'au niveau de la campagne, où vous commencerez à élever le Rempart.

§. 3.

Fondement dans un endroit plein d'eau.

Ces endroits étant de différentes sortes, c'est à dire, ou Lac, ou Etang, ou Riviére profonde, ou Riviére peu profonde &c. on n'y peut non plus faire les fondemens d'une même maniére. Si c'est sur un Lac, que je veux bâtir, & qui n'est pas fort profond, je me sers des pilotis, dont j'ai parlé; étant si profond, que mes pilotis n'y sçaurojent atteindre le fond, je fais faire de Bacs goudronnés, de 12 pieds de largeur, ayant les bords de 5 à 6 pieds de haut, & le sol armé d'une espéce de chaussetrappes de la longueur de trois quarts d'aune, afin qu'elles s'affermissent mieux, venant au fond de l'eau. Dans ces Bacs, vous mettrez de gros gabions de la même hauteur, chargés de pierres, de la chaux vive, du gravier, & du charbon de forge, attachés de part & d'autre. Le vuide entre eux, sera rempli de bonne terre, bien battu. Cela fait, enfoncez ces machines, l'une après l'autre, jusqu'à ce que vous aurez entouré autant de place, qu'il vous en faut pour vos Ouvrages. *Voyez* Fig. 3. Pl. XXX. Ensuite remplissez l'espace entre ces batteaux de pareils gabions, que vous plongerez dans l'eau, moyennant les *Caliornes*, c'est à dire, un gros cordage, dont on se sert pour guinder & lever des fardeaux, en remplissant le vuide entre-deux avec du gravier. Le premier lit étant achevé, faites le second dessus, & toûjours d'autres, jusqu'au niveau de l'eau, lequel gagné, couvrez les Bacs qui entourent toute la masse, d'un bon plancher, bien chevillé de fer, en traversant la masse de bonnes solives, bien jointes les unes avec les autres, dont les extérieures seront attachées au plancher avec de bons clous, ainsi que la Fig. 4. Pl. 30 le montre. Au travers de ces poutres mettez un autre lit, faisant un gril, semblable à celui que je viens de décrire, & achevez le reste aussi comme avec l'autre. Dans un Etang, vous vous servirez de pilotage, en cas que vous n'ayez pas assez de grosses pierres de roc pour le remplir. Dans une Riviére profonde, il faut écarter l'eau par des digues, qu'on fait de la même maniére que le fondement dans un Lac, & ayant

en

entouré autant d'espace qu'on a besoin, on affermit la digue, & l'on tâche de tirer le reste de l'eau qui y est renfermée, par des moulins ou des jets-d'eau, pour venir au fond sec, dans lequel on enfonce les pilotis, & fait le reste comme au fondement d'un lieu marécageux. *Voyez* Fig. 5. Pl. 30. La Riviére n'étant pas profonde, on commence d'abord par le pilotage. De tous ces fondemens, il n'y en a pas un qui demande plus de précaution, que celui qui se fait dans un Lac, à cause de la profondeur, qui empêche qu'on ne peut pas voir, si tout le vuide entre les corbeilles est bien rempli, où s'il y a encore des troux, qui pourroient causer du dommage; c'est pourquoi on le doit éviter le plus qu'il est possible.

§. 4.

Fondement de Maçonnerie.

Pour revétir un Rempart de murs, il faut faire les mêmes fondemens que je viens d'expliquer, dans un lac, ou un endroit marécageux, ou dans une Riviére, &c. Mais, le sol étant sabloneux, ou de bonne terre, on creuse le fond de 8 à 10 pieds, & de 7 à 8. en largeur; étant venu au fond, je couvre le sol d'un pavé de cailloux, & si la terre est sabloneuse, d'un plancher goudronné : ensuite, je commence à élever le mur de toute sorte de pierres jusqu'au niveau du fondement; mais si l'on se sert de terre avec la muraille, on maçonne le fondement avec des pierres taillées, jusqu'à un pied ou deux au dessus du niveau des eaux, ou au niveau de la campagne; ces pierres doivent être bien jointes les unes aux autres avec des crampons de fer & du mortier, dont la composition demande moitié chaux, & moitié sable, quelquefois on prend trois parties de sable & une de chaux. En rangeant les pierres, il faut employer les entiéres aux coins, & aux extrémités de la muraille, autant qu'il est possible. Le premier fondement étant fait sous la terre, & ayant continué la muraille jusqu'au niveau de la campagne avec des pierres de taille, on acheve le reste avec des briques. Pour mieux faire soûtenir ce revêtement, il ne faut pas oublier la petite concavité vers le milieu de la muraille en dedans, dont j'ai déja parlé à l'occasion du revêtement de gazon; au lieu que la plûpart on éléve la muraille en ligne droite, & on l'assujettit ainsi au défaut, que j'ai remarqué au revêtement de gazon. Comme nulle muraille, à moins qu'elle ne soit excessivement épaisse, ne peut soûtenir long-tems un grand fardeau, dont on l'accable, il ne faut pas moins songer à lui donner un talut, qu'aux revêtemens de gazon. Ce talut sera proportionné en-

core

core à la hauteur de la muraille , comme celui de gazon à la hauteur de sa terrasse. *Pierre Sardi* donne au talut la cinquiéme partie de toute la hauteur , depuis le niveau de la campagne jusqu'au cordon , qu'on met ordinairement au dessus de la troisiéme partie de la muraille , divisée en quatre. Mr. le Chevalier de *Ville* , Liv. 1. part. 1. Chap. 29. p. 92 & 93. fait le fondement de la muraille épais de 15 à 18 pieds , élevé perpendiculairement jusqu'au plan du Fossé ; où il retranche l'épaisseur de deux pieds & demi du côté des dehors pour former la retraite , qui est le nom qu'on donne à ce retranchement , A. Fig. 6. Pl. 30 : de-là jusqu'au Cordon B. il fait aller la muraille en penchant , donnant sur chaques 5 pieds de hauteur un de talut. Monsieur *Ozanam* , p. 54. assigne au talut la cinquiéme . ou la sixiéme partie de la hauteur de la muraille qu'il éléve depuis le fond du Fossé de 4 Tois. Les Hollandois prennent en général 1. pied de talut sur 6. de hauteur. N'étant pas encore assez d'avoir une pente pour la muraille , on s'est avisé de lui donner aussi des contre-Forts , qui entrent dans les terres du Rempart , & empêchent que la terrasse ne se jette avec tant de violence sur le mur. Monsieur de *Vauban* marque la qualité des siens dans une Table que vous trouverez aussi dans le Traité de Fortification de Mr. l'Abbé *du Fay* p. 148. telle que voici :

1.	2.	3.	4.	5.	6.	7.
10.	$6\frac{1}{2}$.	$4\frac{1}{2}$.	18.	4.	3.	2.
15.	$7\frac{1}{2}$.	C'est	C'est	5.	$3\frac{1}{2}$.	2p. 4pouc.
20.	$8\frac{1}{2}$.	par	par	6.	4.	2—8.
25.	$9\frac{1}{2}$.	tous	tout	7.	$4\frac{1}{2}$.	3.
30.	$10\frac{1}{2}$.	égal.	égal.	8.	5.	3—4.
35.	$11\frac{1}{2}$.			9.	$5\frac{1}{2}$.	3—8.
40.	$12\frac{1}{2}$			10.	6.	4.
45.	$13\frac{1}{2}$.			11.	$6\frac{1}{2}$	4—4.
50.	$14\frac{1}{2}$.			12.	7.	4—8.
55.	$15\frac{1}{2}$.			13.	$7\frac{1}{2}$.	5.
60.	$16\frac{1}{2}$.			14.	8.	5—4.
65.	$17\frac{1}{2}$.			15.	$8\frac{1}{2}$	5—8.
70.	$18\frac{1}{2}$.			16.	9.	6.
75.	$19\frac{1}{2}$.			17.	$9\frac{1}{2}$.	6—4.
80.	$20\frac{1}{2}$.			18.	10.	6—8.

Pour entendre cette Table, sçachez que le §. 1. marque la
hauteur de la muraille ; §. 2. son épaisseur sur la retraite ; §. 3.
son épaisseur au Cordon ; §. 4. l'espace entre deux contre-Forts ;
§. 5.

§. 5. la longueur des contre-Forts ; §. 6. leur épaisseur en racine, & §. 7. leur épaisseur à l'extrémité. Afin que vous compreniez le reste, je vous expliquerai la premiére rangée, après laquelle vous entendrez les autres ; *par exemple*, vous trouvez dans le premier quarré vers la gauche 10, dans le second 6-, dans le troisiéme 4-, dans le quatriéme 18, dans le cinquiéme 4, dans le sixiéme 3, & dans le septiéme 2. Cela veut dire, qu'en faisant faire une muraille de 10 pieds de hauteur, il faut que vous lui donniez 6 pieds & demi d'épaisseur au fondement, avec un talut, en sorte qu'au cordon, elle ne soit plus épaisse que de 4- pieds ; pour la soûtenir des contre-Forts, on les place toûjours de 18 à 18 pieds, l'un de l'autre, en leur donnant une longueur de 4 pieds vers la Place, & une épaisseur proche la muraille de 3 pieds, & une autre de 2 pieds à l'extrémité.

Monsieur le Chevalier de *Ville* donne aux contre-Forts une longueur de 7 à 8 pieds, & une épaisseur de 4 à 5, en les écartant l'un de l'autre de 15 à 20 pieds.

Monsieur *Ozanam* les place de 18 pieds l'un auprès de l'autre, & les voute enhaut, pour mieux affermir la solidité de la muraille.

Sardi leur attribuë une largeur de 6 pieds du côté des murs, & de 3. vers le Rempart, à la distance de 12 pieds de l'un à l'autre devant la Face & le Flanc ; mais si c'est devant la Courtine, il laisse 16 pieds entre deux contre-Forts.

Speéklin, & presque tous les Hollandois, les font longs de 16 pieds, épais en racine de 4. & à l'extrémité de 2 ; laissant entre-deux un espace de 12 pieds. *Voyez* Fig. 7. Pl. XXX.

CHAPITRE XVIII.

Du Fossé.

AYant déja dit quelque chose du Fossé au Liv. I. Chap. 3. §. 15 & 16. il ne reste d'en dire, sinon que sa grandeur dépend de celle du Rempart, qu'on éléve de la terre, qui en est tirée. Quant à la forme, c'est à l'Ingénieur de la lui donner comme il le juge à propos, c'est-à-dire, le faire rond devant l'Angle flanqué, ou non ; large & peu profond, ou étroit & profond ; parallele aux Faces, ou plus large devant l'Epaule.

Tout

Tout cela dépend des raisons qu'un Ingénieur peut alléguer pour la défense de sa construction. J'ai dit ci-dessus, qu'ordinairement on donne au Fossé d'un lieu marécageux beaucoup de largeur & peu de profondeur, pour donner plus de peine à l'ennemi qui le voudroit passer, en l'obligeant à le saigner. Les Places sur un roc ont le Fossé étroit & profond, tant pour éviter plus facilement les surprises que l'escalade de l'ennemi. Le terrain étant bon, une largeur médiocre & une profondeur égale sont les meilleures, excepté, quand on se voit obligé de faire le Fossé également large & profond, qui causera encore plus de difficulté à l'ennemi de le passer; toutefois on feroit mieux de ne le point creuser plus de 4 Toises au devant des Courtines, à cause que, comme l'Auteur de la nouvelle maniére de fortifier à la Françoise p. 78. ne manque pas d'observer, le Flanc haut ne découvriroit pas le pied de la Courtine; mais au devant des Faces, on le peut creuser tant qu'on veut, la profondeur cachant mieux le pied de la muraille, & causant plus de peine à l'ennemi à rémonter, étant descendu dans le Fossé. Si on me demande, où j'employe la terre qui en est tirée; je répons que c'est à l'épaisseur du Rempart, qui ne sçauroit être trop large, à moins que ce ne soit une petite Place, ou bien au Glacis. Il est vrai que le revêtement monte beaucoup plus haut; mais aussi la Place en devient plus forte. D'ailleurs on fait tantôt le Fossé parallele aux lignes de défense, avec un égal arrondissement qui élargit beaucoup le Chemin-couvert au devant des pointes des Bastions; tantôt plus étroit vers ces pointes; tantôt on tire la Contrescarpe devant les Faces vers l'Angle de l'épaule; tantôt vers le revers de l'Orillon. Je tiens que chaque construction est bonne, chaque partie du Fossé étant flanquée. Le Fossé étant tiré parallele aux Faces, l'Angle de la Contrescarpe empêche, que quelques parties vers le milieu n'en sçauroient être vûës du Flanc opposé, quoique cela n'empêche pas qu'il ne soit bon pour cela; car, outre que le Ravelin couvre ces parties, la Tenaille dans le Fossé ne les flanque que de reste. Pour corriger pourtant cela, on n'a qu'à tirer la Contrescarpe au devant des Faces vers le revers de l'Orillon, & ainsi votre Flanc découvrira tout votre Fossé. Si on le vouloit faire aussi large que la hauteur du Flanc, comme quelques Ingénieurs le veulent, on le feroit assûrément, selon les systêmes de quelques-uns, plus approchant d'un grand Lac que d'un Fossé; ce qui coûteroit des sommes immenses, découvriroit trop le pied de la muraille, & causeroit que l'ennemi n'auroit pas besoin d'élever tant son travail pour la battre, que lorsque le Fossé est plus étroit; & cela arriveroit aussi en tirant la Contrescarpe, selon les mêmes systêmes, vers l'Angle
de

de l'Epaule, c'est-à-dire, vers le point dans lequel l'Orillon
& la Face se joignent ensemble. Selon la première méthode,
le Fossé a autour du Bastion une égale largeur ; mais selon la
seconde, en l'élargissant davantage au devant des Angles de
l'Epaule, il devient plus étroit vers la pointe du Bastion.
Toutefois ce n'est pas toûjours cet étrécissement qui rend le Fossé meilleur ou méchant, puisqu'il n'arrive quelquefois que par
accident. Si je donne une raisonnable largeur à mon Fossé
autour de l'Angle flanqué, il n'importe rien, si devant l'Epaule il vient de quelques Toises plus ou moins large ; mais en
fixant une largeur au devant de l'Epaule qu'il lui faut nécessairement, on feroit mal de le rendre devant l'Angle flanqué plus étroit, à cause qu'ainsi il n'auroit pas assez de largeur, & on faciliteroit par conséquent le passage de l'ennemi. Pour ce qui est du Fossé sec & du plein d'eau, j'a-
muserois le Lecteur, en répétant ici ce que j'en ai dit au Liv.
I. Chap. 3. §. 16. En général, le Fossé plein d'eau se glace
en hiver, & le sec n'est pas toûjours sûr contre les surprises. Un bon revêtement de muraille remédie à tous deux.
Veut-on prendre des précautions plus conformes à chacun en
particulier, qu'on casse la glace tous les soirs, & qu'on palissade
le milieu du Fossé ? Dans un Fossé sec je puis encore me servir
de palissades, ou d'une Cuvette bien profonde & large de
15 à 20 pieds avec des palissades tout autour. Quant aux
qualités de l'un & de l'autre, l'eau assûre contre les escala-
des & les surprises, & même contre les mines, si elle est de
source, le sec au contraire est plus exposé aux surprises,
fort aisé à combler, & propre à y faire des mines & toute
sorte de logemens. Mais, encore peut-on alléguer contre
les pleins d'eau, qu'ils empêchent beaucoup les sorties & les
retraites ; la puanteur de l'eau, quand elle n'est pas vive,
engendre un air mal sain, cause de fréquentes maladies, &
rend le soldat moins courageux ; au lieu que le sec n'est
point sujet à ces défauts, pourvû qu'on prenne garde qu'on
n'y jette point de charognes ni d'autres vilainies. Le meilleur Fossé est celui qui, moyennant les écluses ou d'autres machines, peut être rempli d'eau, & desséché quand
on veut. Le revêtement de la Contrescarpe est comme celui
du Rempart. Si les Fossez des dehors étoient aussi larges
que ceux de la Place, ils seroient d'autant meilleurs ; mais
pour épargner les fraix, outre qu'on ne sçait où mettre tant
de terrain, on leur donne une largeur de 10 à 12 Tois. Il
y a des Ingénieurs qui font aussi un petit avant-Fossé autour
du Glacis, soûtenant que la terre qui en est tirée, fortifie le
Glacis, sans compter que son eau empêche les surprises, & tient
le bétail à couvert. Mais il y en a d'autres qui le rejettent

L 5

tout

tout - à - fait , (1) à cause qu'il empêche les sorties & les retraites de ceux de la Place ; (2) couvre l'ennemi d'abord qu'il
l'a gagné , qui s'en sert comme d'une tranchée faite ; (3)
coûte beaucoup , & quelquefois plus qu'un bon dehors.
Quand on en veut faire un , on lui donne de 2 à 5 Toiſ. de
largeur , & 1. ou 2. de profondeur.   Mr. de *Vauban* l'a tiré autour d'une partie de la Citadelle de Strasbourg.

CHAPITRE XIX.

Du Chemin - couvert & du Glacis.

LE Chemin - couvert qui , ſuivant en lignes paralleles la
Contreſcarpe d'une Place , défend la campagne & empêche
que l'ennemi n'approche ni ſe ſaiſiſſe du Foſſé , doit avoir une
largeur de 4 à 5 Toiſ.   Car étant plus large , il faudroit que
ſon Parapèt fût d'autant plus haut , à moins qu'on ne voulût
que les Batteries de l'ennemi s'enfilaſſent ; une moindre largeur ſeroit auſſi préjudiciable , à cauſe qu'on n'y auroit pas
la liberté d'y mener du canon ou des troupes , ſans que l'un
n'embaraſſe l'autre.   C'eſt ce qui eſt le défaut des Places bâties à la Hollandoiſe , dont les Chemins - couverts ſont trop
étroits.   Aux Angles rentrans de ces chemins on fait des
Places d'armes , où on s'aſſemble avant que de faire les ſorties,
dont les demi - Gorges ont 10 Toiſ. & les Faces 12 ou 13.
Leur Parapèt s'appelle *Glacis* , dont la hauteur intérieure avec
ſon talut & Banquette eſt égale à celui du Rempart ; mais
le talut extérieur qui ſe perd inſenſiblement en pente vers
la campagne , eſt bien plus grand , montant de 20 à 40 Toiſ.
quand il n'y a point d'avant - Foſſé , & quand il y en a un , une
largeur de 10 ou 12 Toiſ. ſuffit.   Quelques Ingénieurs veulent un double Glacis , l'un derriére l'autre , pour en aſſûrer
mieux le Chemin - couvert.   Le Chevalier de *Ville* , Liv. I.
Part. 2. Chap. 40. p. 145. eſt d'avis , qu'on creuſe une partie
de ce chemin au deſſous du niveau de la campagne , pour
couvrir tant la Cavalerie que l'Infanterie.   Le Foſſé du corps
de la Place étant ſec , je ne vois pas par quelle raiſon on a
beſoin de baiſſer ce chemin , puiſque ce n'eſt pas là où la
Cavalerie doit ſe promener , étant dans le Foſſé où elle doit
s'aſſembler pour les ſorties.   Mais quand il eſt plein d'eau ,
& que les aſſemblées ſe font dans l'Angle ſaillant , ou aux Places d'armes du chemin , il n'eſt pas beſoin de le baiſſer

pour

que cela tout autour, Il suffit, quand les Places d'armes font
couvertes de maniére que la Cavalerie y puisse être sans courir
risque d'être apperçuë.

CHAPITRE XX.

Du Calcul du Profil.

POur calculer un Profil, il faut se servir des principes de la
Stereométrie, toutes les parties dont il est composé, ne
formant que des Trapezes, dont il faut égaler les différentes
largeurs, longueurs & épaisseurs. Pour faciliter ce calcul,
ressouvenez vous de ce que je vous ai dit ci-dessus, Liv. I.
Chap. 1 §. 6. qu'un pied cube vaut 1728 pouces cubes, &
une Toise cube comprend 216 pieds cubes. La raison consiste dans la multiplication de la racine quarrée. Le pied de
Roi a 12 pouces de longueur, comme chacun le sçait, &
pour en former un pied quarré multipliez 12 par 12, &
vous aurez 144; cette somme multipliée derechef par 12. qui
marquent l'épaisseur, donnera 1728 pouces cubes, & en même tems un pied cube. Ainsi, une Toise a 6 pieds de longueur, multipliez 6 par 6. & il en viendra une Toise quarrée
de 36 pieds; cette somme multipliée par 6. qui marque l'é-
paisseur de la Toise, donnera 216 pieds cubes, ou une Toise cube.

§. 1.

Pour le Rempart.

Supposons un Quarré, ayant un Rempart de 4000 Tois. de
circonférence, large en racine de 11 Tois, sept en haut, &
élevé de 3 Tois. Pour trouver la solidité de cette masse, égalez
(1) les deux largeurs, c'est-à-dire, ajoûtez-les ensemble, &
prenez-en la moitié, qui sera 9. (2) Multipliez ces 9 par la
hauteur 3, le produit sera 27: multipliez (3) ensuite l'enceinte 4000 par 27, le nombre 108000 qui en sort, donnera la solidité en Toises cubes.

§. 2.

§. 2.

Pour le Parapèt.

Suppoſons un Parapèt, dont la largeur ſupérieure ſoit de
14 pieds, l'inférieure de 18, la hauteur intérieure de 6. &
la hauteur extérieure de 4. la longueur étant égale à celle du
Rempart. Ajoûtez (1) les deux largeurs enſemble, & prenez-
en la moitié, qui ſera ici de 16 pieds; (2) faites la même
choſe avec les deux hauteurs, & la moitié ſera de 5 pieds.
(3) Multipliez 16 par 5 & le produit 80 qui en ſort, multi-
pliez-le auſſi par l'enceinte de 24000 pieds (ce qui fait 4000 T.)
& vous aurez 1920000 pieds quarrés (4): diviſez cette ſomme
par 216, qui ſignifient le nombre des pieds quarrés pour une
Toiſe cube; il ſe trouvera, que votre Parapèt aura 8888 Toiſes cubes de ſolidité.

§. 3.

Pour la Banquette.

Suppoſez que ſa hauteur ſoit de 18 pouces, la largeur inférieure de 3 - pieds, ou 42 pouces, la ſupérieure de 3 pieds,
ou 36 pouces, & la circonférence de 4000 Toiſ. ou 24000
pieds, qui font juſtement 288000 pouces. Ajoûtez (1) les
deux largeurs enſemble, & gardez-en la moitié, qui ſera de
39 pouces. (2) Multipliez ces 39 par la hauteur de 18, &
le nombre 702 qui en vient, multipliez-le (3) avec l'enceinte 288000. (4) Diviſez enſuite la ſomme de 202176000
pouces, qui en ſort par 1728, pour en faire des pieds cubes,
dont il y en aura 117000. (5) Diviſez derechef cette ſomme
par 216 pour en avoir des Toiſes cubes, dont vous trouverez
541 -.

§. 4.

Pour le Foſſé.

Suppoſons un Foſſé parallele aux Faces, large en haut de 20
Toiſ. & en bas de 16, ayant 3 Toiſ. de hauteur & 4000 de
circuit. (1) Ajoûtez les deux largeurs enſemble pour en re-
tenir la moitié, 18. (1) Multipliez ces 18 par la hauteur 3,

il

il en viendra 54. (3) Multipliez ce nombre par l'enceinte 4000, & vous aurez 216000 Toiſ. cubes. (4) Reſtant encore l'eſpace entre la Courtine & l'Angle de Tenaille, A. B. C. D E. F. Fig. 2. Pl. XXX prenez (5) la hauteur du Flanc, A. B. qui ſoit de 20 Toiſ. (6) : prenez auſſi la diſtance de l'Angle juſqu'à la moitié de la Courtine, C. D. qui ſoit de 10 Toiſ. (8) Meſurez de A. juſqu'à C., ſuppoſons que cette diſtance ſoit de 40 Toiſ. (8) Meſurez auſſi la moitié de la Courtine BD. de 36 Toiſ. *Par exemple.* (9) Joignez les longueurs des deux lignes AB. & CD. enſemble, & gardez-en la moitié, qui ſera 15. (10) Faites la même choſe des deux autres, 40 & 36. dont la moitié ſera 38. (11) Multipliez ces deux moitiés 15 & 38 enſemble, & le nombre 570 qui en ſort, multi-pliez-le (12) encore avec la hauteur du Foſſé 3, & le produit 1710 donnera en Toiſ. cubes la capacité du Trapeze ABCD. Et puiſqu'un Quarré a 8 de ces Trapezes, multipliez (13) ce nombre par 8. & vous en aurez toute la capacité entre les Courtines & les Angles de Tenaille, ce qui fera ici 13680 T. (14) Ajoûtez cette ſomme à la première 216000, & vous verrez la capacité de tout votre Foſſé, laquelle conſiſte en 229680 Toiſ. cubes.

§. 5.

Pour la Banquette dans le Chemin-couvert.

Elle eſt égale à celle du Rempart, excepté, que nous aug-menterons ſon circuit de 500 Toiſ.; ainſi, au lieu de mul-ti-plier 702 avec 288000, comme dans l'autre, vous les multi-pliez par 324000, pour avoir la ſomme de 227448000 pou-ces, leſquelles diviſés par 1728 donneront 131625 $\frac{75}{216}$ pieds cu-bes, & ceux-ci diviſés par 216, 609 $\frac{81}{216}$ Toiſ. cubes.

§. 6.

Pour le Glacis.

Le Glacis étant haut de 6 pieds, large de 36 Toiſ. ayant un cir-cuit intérieur *par exemple* de 4500 Toiſ. & l'extérieur de 5100 forme un Triangle rectangle, fort facile à calculer, pourvû que (1) vous ajoûtiez les deux circuits enſemble, & en preniez la moitié 4800. (2) multipliez la largeur 36 Toiſ ou 216 pieds, par 3, ce qui eſt la moitié de la hauteur, & la ſomme 648 qui en vient, multipliez-la (3) par la Circonférence 4800 Toiſ. ou 28800

48800 pieds, (4) divisez la somme 18661400 qui en sort par 216; & alors le quotient 86400 montrera la solidité du Glacis.

§. 7.

Pour sçavoir, si vous n'aurez pas trop de terrain de reste, ni trop peu pour élever les parties de la Fortification, ajoûtez toutes les sommes ensemble, & voyez si la somme générale est à peu près égale à celle qui marque la solidité du Fossé; si elle est plus grande, vous ôterez quelque chose au Glacis; si elle est moins grande, vous doublerez les Banquettes, & par conséquent, hausserez les Parapèrs, qui les bordent; ou bien, vous élargirez davantage le Rempart, ou vous élèverez de Cavaliers &c. *Par exemple ici,*

La solidité du Rempart a	108000 Toif.
Celle du Parapèr	8888
Celle de sa Banquette	545
Celle de la Banquette dans le Chemin-couvert	609
Celle du Glacis	86400
Somme générale	204438 Toif.

Le Fossé ayant fourni 119680 Toif. cubes, il restera encore 25242 Toif. de Terrain, que vous employerez de la manière que je vous ai dit.

§. 8.

Pour un Mur.

Supposons un Mur de 8 pieds de fondement, élevé en ligne parallèle, d'autant d'épaisseur, & de 48 de longueur. (1) Multipliez le fondement 8. par l'épaisseur 8. & la somme 64. qui en sort, multipliez-la (2) aussi par la longueur 48. & vous aurez sa solidité de 3072 pieds cubes, ou 14 Toif. Cubes. & 48 pieds de reste. Quant à la hauteur, par-dessus ce fondement, qui soit ici de 16 pieds, large en racine de 8 pieds, & 4 au cordon; Ajoûtez les 2 épaisseurs ensemble, & par la moitié 6 qui en vient, multipliez la hauteur 16.: le produit 96. qui en sort, multipliez-le par la longueur 48. & vous aurez 4608 pieds cubes, ou 21 Toif. cubes, restant 72 pieds. C'est ainsi, que vous pourrez sçavoir, combien de pierres de taille & combien de briques il vous faut; de même, combien de chaux, & de sable pour le mortier &c.

§. 9.

Pour sçavoir combien de tems il faudra pour bâtir une Place, ayant (1) calculé tout par Toiſ. cubes, comptez le monde que vous y voulez employer, (2) comptez ce que chaque
homme peut travailler par jour. Poſons le cas, que vous ayez
229680 Toiſ. cubes à travailler ; vous employez à cet Ouvrage 4000 hommes par jour, dont 3 achevent journellement
7 Toiſ. cubes. Pour sçavoir en combien de tems ils l'acheveront ; dites par la régle de trois : ſi 3 hommes achevent 7
T. par jour, combien en acheveront 4000 ? cela fait 6333-$\frac{1}{3}$
Toiſes Cubes. Ayant cela, dites dérechef : ſi 9333 T. demandent un jour, combien de jours demanderont 229680 T.
ce qui fera 24 jours, $\frac{7^{11}}{28710}$ Pareillement on peut sçavoir,
combien cela coûtera. Suppoſons, que vous donniez cinq
quarts d'écu par Toiſe ; multipliez cinq par 229680, & diviſez la ſomme de 1348400 qui en vient par 4. & vous trouverez que cela vous coûtera 337100 écus ; ſans compter
pourtant les frais de la maçonnerie, de la charpenterie, de
la ſerrurerie, &c. ce qu'on ne peut pas définir, avant qu'on
ſcache, combien de portes, de ponts, de voutes, de murailles, &c. on y veut faire faire. En ſorte, que ce n'eſt
qu'une Idée que je vous donne du gros, ſans lequel il y a
mille autres dépenſes qu'il eſt impoſſible de ſpécifier, à
moins qu'on n'ait auparavant reçu ordre de tout ce qui ſe
doit faire.

LIVRE V.

Des choses, dont on ne peut pas se passer dans une Place.

CHAPITRE I.

De la maniére dont il faut tracer une Forteresse à la Campagne.

§. 1.

AVant que de parler des choses dont on a besoin dans une Place, je vous enseignerai de quelle maniére on trace les Forteresses en campagne. Pour cela, on se sert, ou de l'Angle du centre, ou de celui de la Figure. Posons le cas que nous ayons un Pentagone à faire, & que nous voulions nous servir du premier Angle.

1. Prenez tous les 5 Angles du centre A. Fig. 9. Pl. 30. & tirez les rayons, A B. A C. A D. A E. & A F.

2. Mettez-y dessus autant de Toises, que les côtés extérieurs viennent à 180 Toif. chacun, comme G. H. I. K. L.

3. Plantez des piquets dans les endroits G. H. I. K. L. en tirant une ligne droite de l'un à l'autre, moyennant une corde.

3. Partagez chaque côté extérieur en 2 parties égales, & abaissez de leur milieu une Perpendiculaire de 25 Toif. marquée par des piquets. M. N. O. P. Q.

5. Tirez les lignes de défense par l'extrémité de ces Perpendiculaires, en attachant la corde aux piquets G. H. I. K. L. & tirant une ligne par les piquets M. N. O. P. Q.

6. Marquez sur ces lignes que vous venez de tirer, 50 Toif. vous servant des piquets G. H. I. K. L. des centres.

7. Des piquets M N O P Q. marquez sur le reste de la ligne

de défense, le complement, de 38 Toif. 3 pieds, en joignant l'extrémité des Faces & des complemens ensemble avec la corde.

8. Creufez les Faces & les Courtines avec des béches, environ d'un pied de profondeur & d'autant en largeur.

9. Partagez le Flanc en 3 parties égales, & moyennant la corde, attachée à des piquets, faites l'Orillon & la Tour-creufe, comme avec le compas.

10. Ayant creufé cela, vous tracerez de même le Foffé, le Ravelin, ou quelque autre dehors, le Chemin-couvert, & le Glacis.

§. 2.

Si par hazard le centre de la Figure vient dans un Vivier, ou dans un marais, & qu'il faille pour cela fe fervir de l'angle de la Figure.

1. Tirez une ligne-droite de 180 Toif. avec la corde, attachée d'un bout au piquet A. Fig. 10. Pl. 30. l'autre allant jufqu'à votre inftrument B.

2. Mettez l'Inftrument en forte, que par les pinnules immobiles, vous voyez le piquet A. & par les mobiles vous décriviez un arc de 108 degrés, qui marquera l'angle de la Figure Pentagonale, comme B. C.

3. Attachez la corde au piquet B. & tirez par C. une ligne de 180 Toif. terminée en D.

4. Au centre D. faites la même chofe qu'au centre B. en regardant par les pinnules immobiles le piquet B. & en décrivant de l'autre côté un angle de 108 degrés, par l'extrémité duquel on tirera la troifiéme ligne DE. de 180 Toif.

5. Au centre E. vous ferez encore comme au centre D, pour avoir la ligne EF. de 180 degrés.

6. Le refte donnera le cinquiéme côté FA. égal aux premiers.

7. La Perpendiculaire, la Face, le Flanc, & toutes les autres diftances, feront tirés comme au précédent verfet 1.

M

CHAPITRE II.

Des Ruës.

§. 1.

ON ne fait pas toûjours les ruës de même façon. Dans des grandes Villes on leur donne jusqu'à 6 Tois. de largeur, & dans les autres de 3 à 4. Leur construction est telle :

1. Tirez aux courtines de la Place une parallele de 8 à 10 Tois. pour la grande ruë, afin qu'on ait de la place, tant pour se retrancher en cas de nécessité, que pour y assembler les soldats, & les mettre en bataille, quand il survient quelque alarme inopinée.

2. Tirez du centre F. les rayons dans les angles flanqués. Fig. 1. Pl. 31.

3. Prenez de 20 jusqu'à 40 Tois. & portez-les du centre F. sur les rayons, comme G H I, que vous joindrez ensemble, pour décrire la grande place d'armes.

4. Mettez des points ABC. qui marquent les concours des premiéres ruës & des rayons, 3 Tois. de part & d'autre, comme AD. BE. CK.

5. Faites la même chose des points G. H. I., & tirez les distances, marquées sur la grande ruë proche du Rempart, dans les points marqués sur les côtés de la grande place d'armes.

6. Partagez les premiéres ruës ABC. en 2 parties égales chacune, & abaissez de leur milieu des Perpendiculaires jusqu'à la grande place d'armes, en mettant aussi de part & d'autre 3 Tois. pour avoir d'autres ruës de 6 Tois. de largeur.

7. Ayant ôté 8 Tois. de la ligne QQ. ou PP. partagez le reste jusqu'à la grande place d'armes en 3 parties égales.

8. A la distance d'une de ces trois parties, tirez une parallele aux premiéres ruës ABC. comme 1, 2, 3, 4. qui marque la place pour des maisons.

9. Tirez à cette ligne une parallele de quatre Tois. vers le centre de la Place, pour marquer une nouvelle ruë. 5. 5.

10. A cette ruë, tirez une autre parallele vers le centre, à la distan-

diſtance d'une des trois parties , comme 6 , 7 , 8 , 9 pour la ſeconde place des maiſons.

11. A cette nouvelle ligne , tirez une autre parallele de quatre Toiſes vers le centre de la Place , comme 10. 10. pour la ſeconde ruë.

12. Le reſte entre cette derniére ruë , & la grande place d'armes , formera la troiſiéme place , pour des maiſons.

§. 2.

Monſr. *Sardi* donne à la grande place d'armes 200 pieds de Roi , qu'il met du centre A. ſur le rayon , comme A B. Fig. 2. Pl. 32.   A la grande ruë , qui regne autour du Rempart , il donne 40 pieds de largeur , comme CD. de même qu'aux autres , qui conduiſent dans les Baſtions , mais aux autres , qui joignent le milieu des Courtines , & la grande place d'armes enſemble , comme E. F. il n'en donne que 30 , & 24 aux Traverſes , dont il ne fait qu'une de chaque côté , au milieu. Quant à ſes places d'armes , auprès des Gorges , il met 150 pieds de part & d'autre de l'angle de Gorge ſur les Courtines , comme I K & I L. en joignant K L. enſemble par une ligne droite.   Enſuite , il abaiſſe des points K L. des Perpendiculaires de 150 pieds , comme K M & L N , & joint M N enſemble pour achever la place d'armes.   Outre cela , il fait encore quatres places d'armes au milieu des ruës , dont voici la conſtruction :

1. Marquez les quatre angles , que la Traverſe fait avec celle qui mène au milieu de la Courtine , comme 1 , 2 , 3 , 4.

2. Mettez de chaque angle 50 pieds ſur les lignes dont il eſt compoſé , de part & d'autre , comme 5 , 6 , 7 , 8.

3. En retenant cette diſtance , formez des quarrés rectangles en 9 , 10 , 11 & 12.

4. Joignez enfin les angles 5 , 6 , 7 , 8 , & les ſections 9 , 10 , 11 , 12 enſemble , & la place ſera faite.

§. 3.

Monſieur *Freitag* donne à chaque côté de la grande place d'armes de 9 à 15 verges , prenant pour cela du centre un demi-Diamétre de 150 à 180 pieds. La grande ruë parallele au Rempart à 24 ou 30 pieds de largeur , de même que celles qui donnent dans les Baſtions & le milieu de la Courtine ; les Traverſes en ayant un peu moins.

§. 4.

Martius p. 259, fait la grande place d'armes égale à cel[le]
de Freitag ; mais à chaque ruë capitale il donne de 24 à 4[0]
pieds de largeur, & de 18 à 20 aux Traverses.

CHAPITRE III.

Des Portes.

POur bien disposer une Porte, qu'on ne sçauroit jamais tr[op]
assûrer, soit parce que c'est l'endroit sur lequel l'ennemi fait le plus de réflexion, ayant intelligence dans la Plac[e]
soit parce qu'il la peut petarder ; il la faut mettre au mili[eu]
de la Courtine, afin qu'elle soit défenduë des deux Flanc[s]
Ceux qui lui assignent le Flanc même pour l'assiette, pr[é]
tendent que les sorties en sont plus secrettes, & elles sont pl[us]
assûrées en tems de guerre, mais ces raisons ne valent p[as]
grand-chose, & l'une & l'autre sont mal prises. Tout le mo[nde]
de sçait, que dans un siége l'ennemi se donne la plus gra[n]
de peine du monde pour faire taire le canon de la Place,
qu'en cette vûë il éleve toutes ses Batteries, en sorte qu'ell[es]
battent le Flanc ; si donc on y vouloit mettre une Porte, q[ue]
seroit-ce que de la vouloir faire ruiner en très-peu de tem[s]
& la rendre inutile par le feu de l'ennemi qui donnero[it]
continuellement dessus ? De plus, une Porte ainsi placée affoiblit beaucoup la défense, en ôtant toûjours autant du Flan[c]
& cause qu'une bonne partie de la Face opposée reste sans dé
fense. Autre espéce d'ignorance, c'est de la faire dans les F[a]
ces du Bastion, où elle présente à l'ennemi une bréche tou[te]
faite ; oûtre qu'elle n'y est flanquée que d'un côté de for[t]
loin ; & que les sorties y sont trop exposées à la vûë de l'[as]
siégeant. Il est vrai, qu'on peut les couvrir de quelques de[hors]
hors ; mais ces dehors étant même la plûpart mal défend[us]
si l'ennemi s'en rendoit maître, elles seroient d'autant pl[us]
facilement perduës. Etant donc le milieu de la Courtine l'en
droit le plus assûré pour les Portes, il faut tâcher d'en faire [le]
moins qu'on peut. Vous direz peut-être, que faire peu d[e]
Portes, c'est priver une Place de grands avantages, & comm[o]
dités ; Mais aussi vous avoüerez, que moins on en a, moins [on]

a befoin de corps de gardes, qui fans cela font très-neceffai-
res pour empêcher les furprifes.

Quant à la fabrique, la Porte doit être voutée fous le Rempart, & en détournant, afin que le petard, ou le canon n'en
emportent pas plufieurs à la fois, fi elles étoient l'une derriére
l'autre, en ligne parallele. Au milieu, on y fufpend des Orgues qu'on laiffe tomber, en cas de quelque furprife. Cette
voute en a deux autres à côté, appellées corps de garde, à
caufe qu'on y met des foldats, qui étant de garde doivent
veiller. La grandeur, ou la largeur des Portes, peut être de
12 à 16 pieds de Roi, & la hauteur de 15 à 17. afin qu'un
chariot chargé de foin y puiffe aifément paffer; l'épaiffeur
étant égale à celle du Rempart. Mr. *Ozanam* p. 71. leur
donne 10 ou 12 pieds de largeur, & 15 ou 16. de hauteur.
Freitag les fait également larges & hautes de 14 à 15 pieds.
Mattius p. 250 leur attribue 13 ou 14 pieds de largeur, &
15 ou 16 de hauteur. Tout cela dépend de l'utilité, qu'on
prétend en tirer. Le bois doit être de bon chêne, de 3 ou 4
doubles joints, & affermis de bons cloux & fortes barres
de fer. A côté on fait encore une petite porte, dans la
grande, de 3 pieds de haut, & de 3 de large, pour faire paffer les gens à pied, la grande étant fermée. Au deffus
de cette petite porte, on laiffe un ou deux troux, qu'on ferme
en dedans, pour regarder ce qui fe paffe devant, avant qu'on
l'ouvre.

CHAPITRE IV.

Des Corps de Garde.

LE nombre des Corps de garde eft à proportion des endroits, qui ne peuvent pas s'en paffer; & la grandeur à
celle du nombre de la garnifon. La Porte étant couverte d'un
Ravelin, on met ordinairement un bon Corps de garde,
dans le milieu, pour empêcher le petard & autres furprifes. Ces Corps de garde font entourés quelquefois d'une bonne muraille à crenaux, dont les foldats fe fervent comme
d'un Réduit, en s'y retirant étant preffés, & ne pouvant plus
foutenir la force de l'ennemi. Quelquefois on leur donne
encore un petit Foffé de 2 Toif. de largeur pour plus grande
fûreté, *voyez* Fig. 1. Pl. XXXII. Mais aux Places, dont les

Por-

Portes ne font pas couvertes de Ravelins, on met un Corps
de garde au milieu du grand pont, foûtenu par des piliers
de chêne, & féparé du reste du pont par un pont levis,
comme Fig. 2. Pl. 32. A l'entrée de la première Porte, il y a
à un autre Corps de garde ; fous la grande Porte, par où on
paffe immédiatement en Ville, encore un autre ; ainfi qu'on
voit à Strasbourg, & fort fouvent dans toutes les grandes Places de guerre en France. Le plus grand Corps de garde est
ordinairement fur le marché, ou fur la grande place d'armes
au milieu de la Ville, pour empêcher les défordres & tumultes qui peuvent naître entre les bourgeois & la garnifon. Chaque Corps de garde doit avoir au moins une ou
deux cheminées avec un théatre de bois tout du long, haut
par-deffus la terre du côté de la muraille de 4 pieds, & de
côté des pieds de 3 & large de 7 à 8. pour le repos du fol-
dat. L'Officier qui a la garde, est logé féparément, à moins
qu'il ne foit bas-Officier, auquel cas il est dans la même
chambre avec tout le corps qui a monté la garde. Si le lieu
est humide, on peut lambriffer la chambre, pour garantir les
foldats des maladies.

CHAPITRE V.

Des Magasins.

IL y a plufieurs efpéces de Magafins, l'un pour la poudre
& la munition de guerre en général ; l'autre pour le foin ;
un autre pour la munition de bouche, &c. L'Arfénal est le
Magafin où l'on met des canons, affuts, moufquets, piques,
drapeaux, étoiles, fufils, arquebufes à croc, hallebardes, fa-
bres, bayonnettes, & généralement toutes fortes d'armes offenfives & défenfives ; on le divife ordinairement en deux étages, partagés en plufieurs chambres ; le premier étage est deftiné pour le gros canon, les affuts & les chariots de munitions, &c. Le fecond, pour les armes offenfives & défenfives
de même que pour les bombes, carcaffes, grenades, balles,
boulets, chauffetrappes, de la méche, du falpetre, du plomb,
de la poix, du goudron, du fouffre, des cloux, des doubles,
des haches, des béches, des rouleaux, des pontons, des moulins à bras, à vent & à cheval, des poutres pour des chevaux
de Frife, & d'autres machines, & mille autres chofes qu'on
ne peut pas fpécifier. La poudre a fes Magafins à part,

en plusieurs endroits & autant éloignés de l'Arsénal, qu'il est possible, tant pour éviter que tout l'Arsénal ne saute en l'air, si par malheur le feu s'y prend, qu'afin qu'on ait toûjours de la poudre en réserve, si l'un ou l'autre Magasin vient être ruiné. On ne sçauroit jamais prendre trop de précaution contre le feu; c'est pourquoi on ne feroit pas mal de vouter les Magasins, & couvrir les voutes de grands sacs à laine, séparée de toute graisse, ou de sacs bourrés de poil cuit; ce qui envelope les bombes qui y peuvent tomber, & les affoiblit tellement, qu'elles n'ont plus de force d'endommager la voute. Le sol de ces Magasins doit être pavé d'un bon plancher de bois de chêne, garni par dessous de charbons de forge, pour empêcher l'humidité. Quand on les fait sous un Rempart, on les voute pareillement à l'épreuve de toutes sortes de bombes, c'est-à-dire, de 6 à 8 pieds d'épaisseur, & on les couvre de terre, de 6 à 7 pieds de hauteur, s'il est possible, pour auéantir d'autant plus la force des carcasses. Ils ne tirent le jour, que par des troux obliques garnis de grilles de fer; & afin qu'on n'y puisse jetter du feu par ces soupiraux, au travers des grilles, on taille un angle sortant dans la muraille, qui retient tout le feu qu'on y pourra jetter. *Voyez* Fig. 3. Pl. XXXI. Tout le Bâtiment sera environné d'un second mur, quand il n'est pas sous le Rempart, auquel cas il n'en a besoin que d'un. Les Magasins de foin, où on garde en même tems l'avoine, doivent être proche les écuries. Dans les Magasins pour la munition de bouche on garde du vin, du brandevin, de la biére, du vinaigre, de la viande salée, de saucissons, du lard, du sel, du poivre, du beure, &c. Le nombre & la grandeur des Magasins dépendent des raisons, qui les ont fait bâtir. Dans une grande Ville il en faut beaucoup, & dans d'autres à proportion. Par tout où on les construit, il est fort nécessaire d'y mettre des Sentinelles, afin qu'on n'y puisse pas porter du dommage. Un Commandant aura soin de tout cela, sçachant que le salut de la garnison en dépend.

CHAPITRE VI.

Des Casernes.

POur empêcher les désordres qui s'élevent fort souvent entre la garnison & la bourgeoisie, comme aussi pour pouvoir assembler plus vite les soldats en cas d'allarme, on fait des Casernes ou Baraques le long du Rempart, au dedans de la Ville ou autre part proche du Rempart, pour y loger les soldats. La Ville fournira pour cette commodité le Service, c'est-à-dire, des lits, des tables, des bancs, des chaises pour les Officiers, de la chandelle, & le bois pour mettre le pot au feu. La longueur des Casernes est proportionnée au nombre de la garnison, de 10 à 20 Toises. La largeur de 20 à 30 pieds, & la hauteur, jusqu'au plafond, de 12 à 16 pieds, & de 5 Toises. si on fait deux chambres l'une sur l'autre. Aux doubles, c'est-à-dire, aux Casernes séparées par le milieu par une muraille, ayant des deux côtés des chambres, on donne de 7 à 8 Toises de largeur. Ordinairement les chambres sont tellement conditionnées, que dans chacune on loge 6 soldats, qui ont deux lits pour s'y coucher. Chaque Capitaine a sa chambre à part, mais le Lieutenant & l'Enseigne, ou deux Lieutenans & deux Enseignes, sont logés ensemble. Tout cela dépend du Prince. Il est bon, si les chambres sont séparées les unes des autres par une muraille, pas trop épaisse; parce qu'on en peut remédier au feu, si par malheur, il s'y prend. Le bois, dont on se sert pour la construction, doit être de chêne, ou de bouleau, qui, n'ayant pas les pores si propres à prendre le feu comme le Sapin, assûrent plus contre la furie de cet élément. Dans chaque chambre on a besoin d'une bonne cheminée, tant pour se chauffer en hiver, que pour mettre le pot au feu. Il ne faut pas que les fenêtres soient fort hautes, afin qu'en été, le soleil ne donne pas si fort dans les chambres, & qu'en hiver, on ait lieu de se chauffer plus commodément.

CHAPITRE VII.

Des Voutes.

LEs Voutes sont d'une grande utilité dans une Place; j'entens les soûterraines, où la garnison se peut retirer, & mettre à couvert les munitions de bouche & de guerre pendant quelque bombardement. Il est constant que les soldats ne sont pas de fer, ni de pierre; ainsi ils ont besoin de repos: si donc il n'y a point de ces voutes soûterraines, & que l'ennemi brûle les maisons, par ses bombes, où veut-on que le pauvre soldat, qui a travaillé jour & nuit, accablé des injures du tems, reprenne des forces, & se raffraichisse? Tout le monde connoissant ainsi la nécessité de ces Voutes, il est question, où les placer, pour qu'elles soient en sûreté. Je répons, qu'elles sont bonnes par tout, pourvû qu'on ne les éloigne pas trop du Rempart, afin que le soldat ne soit pas obligé de traverser la moitié de la Ville, avant qu'il y vienne. Les meilleures sont celles qu'on fait sous le Rempart, tant parce qu'elles sont mieux couvertes que les autres, qu'à cause que la fumée des maisons brulées en Ville ne les incommode pas tant. Ajoûtez à cela, qu'on s'en peut aussi servir comme des Contre-mines, où on pourra fort commodément écouter, en quel endroit l'ennemi tâche de conduire la mine, qu'on éventera d'autant plus aisément. Il n'est pas besoin qu'elles soient fort spacieuses. La largeur de 12 pieds suffit, & une hauteur égale; de cette maniére, la Voute sera couverte de 6 pieds de terre, le Rempart étant elevé de 3 Tois; l'épaisseur de la muraille pour l'arcade doit être de 3 à 4 pieds, en sorte qu'avec les 6 pieds de terre qui viennent dessus, elles soient à l'épreuve de la bombe; à côté il n'en faut que la moitié. Le jour n'y vient que par des portes, qu'on y fera en tems de siége au travers du talut intérieur du Rempart, au dessus desquelles on fera des fenêtres, gardées d'une petite grille de fil d'archal; s'il y a moyen de pratiquer encore ailleurs des soupiraux, sans que la Voute en coure risque, on ne doit pas manquer de le faire.

CHAPITRE VIII.

Des Contre-mines.

IL y a deux espéces de Contre-mines; les unes se font en construisant la Place, & les autres en tems de siége. Les premiéres sont comprises sous le nom de voutes soûterraines, que j'ai expliqué au Chapitre précédent, par quoi entend, des galleries voutées, de 6 pieds de hauteur, & de 3 à 4 de largeur, regnant tout autour du Bastion. Celles qu'on fait en tems de siége, vont jusqu'au niveau de l'eau du Fossé, & s'il est sec, jusqu'à son fond. Elles sont parallelles aux Faces, aux Flancs & aux Gorges, en sorte qu'elles forment le dessein d'un second Bastion, éloigné du revêtement du premier environ de 9 à 10 pieds du côté de la Ville. Leur hauteur sera de 4 pieds, & la largeur de 3. On y entre par les Gorges. De ce chemin creux on en conduit d'autres, qu'on appelle *Branches* ou *Rameaux*, jusqu'au revêtement du Bastion; c'est ce qui se fait pour écouter de quel côté l'ennemi approche. *Voyez* Fig. 3. Pl. XXXII. Quand on l'entend, on travaille directement à lui, & en perçant le solide qui est entre deux, par un petard attaché à un bon madrier, on le chasse de-là, & si son fourneau est garni de barils ou de sacs à poudre, on évente la mine, c'est-à-dire, on enleve la poudre, ou bien, quand on ne croit pas avoir assez de tems pour le faire, on coupe vîtement le boyau qui donne dans le fourneau, ou l'on jette quantité d'eau dans le tuyau pour gâter la poudre; ensuite on détruit tout le fourneau, & on le rend inutile en ôtant les barils ou les sacs. Voyez sur cette matiére Mr. le Chevalier de *Ville*, Liv. 3. part. 2. Chap. 17. L'Auteur de la nouvelle maniére de fortifier à la Françoise, art. 13. p. 69. jusqu'à 75. où ils en parlent fort amplement.

CHAPITRE IX.

Des Ponts, Pont-levis, & Poternes ou sorties.

§. 1.

LEs Ponts doivent être proportionnés aux Portes. Ordinai-rement on leur donne telle largeur, que deux chariots y puissent passer l'un à côté de l'autre, c'est-à-dire, de 14 à 16 pieds. *Freitag* ne les fait larges que de 12 à 14 pieds. Il est nécessaire qu'on les fasse si bas, qu'ils ne soient pas décou-verts de la campagne & tournés un peu en rond. Etant tout droits, on les fait au milieu un peu plus hauts que vers les extrémités, afin qu'on ne découvre pas le pied de la Porte. Les Ponts de pierre sont plus pompeux qu'utiles dans une Forte-resse, à cause qu'on ne les peut pas toûjours couper en cas de besoin. Les pilliers de pierre sont préférables aux pilotis, tant au regard de la force, que de la dureté. Quand on vou-dra pourtant se servir de pilotis, le meilleur bois pour cela sera le chêne & l'aune, endurcis au feu ; parce qu'ils ont moins d'aubier (c'est une méchante matiére blanchâtre entre l'écorce & le vif d'un arbre, qui commençant à pourrir fait que tout le bois qu'elle touche, pourrit aussi) que d'autres arbres, & par conséquent ne pourrissent pas si facilement. On range cinq pilotis, l'un à côté de l'autre, à l'intervalle de deux pieds; les trois du milieu seront enfoncés perpendiculairement, & les deux autres pencheront un peu en dedans, le tout étant tra-versé par une croix, témoin la Fig. 4. Pl. XXXII. Ayant achevé un rang, vous en ferez un autre, éloigné du premier de 16 à 20 pieds ; en continuant cela jusqu'au bout du Pont. Si-tôt que deux rangs sont faits, joignez les pilotis ensemble par de grosses poutres quarrées, allant d'un rang à l'autre; sur ces solives mettez au travers de bonnes doubles, épaisses de 4 pouces, bien jointes les unes aux autres, & attachées aux solives avec de bons cloux de fer; *Voyez* Fig. 5. Pl. XXXII. Pour achever le reste, on met des gardefous des deux côtés, pour empêcher que personne ne tombe dans le Fossé. C'est ainsi qu'on construit un grand Pont, qui joint la Place à la Demi-lune, pourvû que vous remarquiez encore, que proche de la Porte on fasse un Pont-levis, dont je parlerai inconti-nent. Un semblable Pont joindra la Demi-lune à la Con-trescarpe ; de là on gagne le chemin des chariots, taillé dans

la

le Glacis, au bout duquel il y a une barriére, où on examine les gens qui veulent entrer. Remarquez aussi que ces Ponts ne sont nécessaires qu'aux endroits, où il y a des portes, & que pour passer dans les autres dehors qui ne couvrent point de porte, on descend dans le Fossé par la Poterne, & on monte dans les dehors par des rampes, pratiquées dans l'angle rentrant de leurs Gorges ; ou par des échelles, le Fossé étant plein d'eau.

§. 2.

Les *Ponts-levis* sont fort nécessaires proche des portes, & aux entrées de la Place. Le Chevalier de *Ville* Liv. 1. part. 4. Chap. 66. vous parle de toutes sortes de construction de ces Ponts. Les plus communs sont à *Fléches*, qu'on leve & abaisse tout entiers, comme AB. CD. Fig. 6. Pl. XXXII. Le mouvement est du côté de la porte AB. On les suspend par les extrémités CD. par de bonnes chaines DE. & CF. attachées à deux poutres d'un pied de diamétre, qu'on appelle *Fléches*, dont le mouvement les fait hausser & baisser, FG. & EH. Le Chevalier de *Ville* a pourtant raison de ne pas trop estimer cette construction, à cause que quand on leve ces Ponts, on les découvre trop, & les fléches venant à rompre on ne les peut plus ni hausser, ni baisser. Ceux qui se haussent par le moyen d'un *Trébuchet*, avec un Contrepoids en dedans, sont meilleurs ; leur longueur & largeur sont égales aux chassis de la porte qui les doit soûtenir, étant levés. Les bras auront de 8 à 9 pouces d'épaisseur, de même que la poutre qui les joint. L'épaule où aboutissent les bras, & sur laquelle ils doivent tourner, doit avoir de 14 à 16 pouces de diamétre. Les deux extrémités étant ferrées de deux bons cercles de fer, on fera entrer dans le cercle deux chevilles de fer, longues d'un pied, & de 2 ou 3 pouces de diamétre, afin qu'elle se puisse mouvoir à l'aise sur une forte bande de fer courbée, qu'on mettra à la jointure du seüil & jambage de la Porte. Le Quarré intérieur des Fléches sera traversé d'une Croix de St. André, qui servira de contrepoids. Les chaines doivent être brazées par tout, afin qu'on n'abatte pas le pont sans faire du bruit, & qu'elles tiennent mieux.

§. 3.

Les *Sorties*, ou *Poternes*, ou *Fausses-portes*, qui se font ou au revers de l'Orillon, ou proche de l'angle de la Courtine, par dessous le Rempart, sont voutées, & larges de 7 à 9 pieds, & également hautes. Le Fossé étant sec, elles conduisent immé-

médiatement au fond; mais étant plein d'eau, on rencontre un
petit Pont, guéres plus haut que le niveau de l'eau, pour être
d'autant mieux couvert. Dans le Glacis on fait d'autres sorties, c'est-à-dire, des coupures, larges de 10 pieds, qui servent pour les chemins par lesquels on sort & on se retire. L'une
& l'autre sortie sera fermée avec des barriéres de bois de
chêne. Après avoir traversé le Fossé, on fera des rampes
pour faire monter le monde dans la Contrescarpe, & avancer
la sortie.

CHAPITRE X.

Du Calibre.

§. 1.

LEs armes à feu forment l'ame d'une Forteresse, & comme
tout se meurt sans ame, ainsi une Forteresse sans armes
à feu est bientôt réduite aux abois. On peut ranger toutes sortes d'armes à feu, en deux classes, dont la premiére
contiendra le gros canon; & la seconde l'arquebuse à croc,
le mousquet, le fusil, &c. Sous le nom de gros Canon j'entens des piéces de 48 liv. de bale, de 36, de 24, de 18, de
12, de 6, de 4 & de 2. On compte en général, que toutes ces
piéces portent 350 Toif. de but en blanc; & qu'étant tirées de
100 à 120 Toif. elles percent deux Toif. de terre sertée, 2 Toif.
si la terre n'est pas si bonne, & 3 à 4 T. le terrain étant tout à fait
maigre. La charge de la piéce de 48 est de 32 livres de poudre,
& de 36 à l'épreuve. Celle de 36 est de 24 liv. Pour toutes
les autres on comptera toûjours deux troisiémes parties de la
pesanteur de leurs bales; ainsi la piéce de 24 aura besoin de
16 liv. de poudre, la piéce de 18, de 12 liv.; la piéce de 12,
de 8 liv.; la piéce de 6, de 4 liv. &c. Quant à l'épreuve de
ces piéces, on égale la poudre aux bales. La premiére de 48
pése 7000 livres, & pour être avancée, elle a besoin de 24 atte-
lages, ou couples de chevaux, étant longue de 12 pieds de
Roi. La piéce de 36 pése 5200 livres, & est traînée par 18
couples de chevaux, & longue de 11 pieds de Roi. La piéce de
24 pése 4500 livres, & est tirée par 12 couples de chevaux, &
longue de 10 pieds de Roi. Vous voyez donc, qu'on compte
ordinairement sur chaque deux livres de bale, une couple de
chevaux; mais il faut remarquer, qu'on augmente ce nombre

à

à proportion que les chemins sont plus ou moins profonds. La piéce de 18 à 9 pieds de longueur ; celle de 12. 8 pieds ; celle de 6. 7 pieds, &c.

§. 2.

Messieurs les Allemands & les Hollandois donnent de certains noms à leurs piéces ; celle de 48 est appellée *Canon* par excellence & en particulier ; celle de 24 porte le nom de *demi-Canon*, qu'ils appellent *eine halbe Cartaun* ; celle de 12 se nomme *Piéce de Batterie*, & celle de 6 est appellée *Couleuvrine* ; Les inférieures participent indifféremment du nom, de *Fauconneau*. Monsieur *Goldman* & *Martius* disent que leurs piéces de 48, tirées de 400 pieds Rhinlandiques, percent 20 pieds de terre serrée. Celles de 24, tirées de 300 pieds, s'enfoncent 12 pieds dans la bonne terre ; & celle de 12, tirée de 300 pieds, perce 5 pieds. Quant à la charge, Monsr. *Hondius* donne 32 liv. de poudre aux piéces de 48 ; & aux autres, la moitié de la pesanteur des bales, & trois quatriémes parties pour l'épreuve.

§. 3.

On peut ajoûter à ces Calibres ceux du grand, du moyen & du petit *Petard*. J'appelle grands Petards ceux qui ont de 60 à 100 liv. de métail, dont le moyen n'en a que de 25 à 50, & le petit de 10 à 12. Pour s'en servir avec avantage, il faut que le Petard soit proportionné à la force de ce que je prétens rompre ; *Par exemple*, un petit Petard ne rompt point une porte double bien barrée ; & un grand, attaché à une porte foible, n'y fera qu'un trou, parce que la violence est trop grande pour les parties opposées qui cédent d'abord, sans que les autres qui sont à l'entour, en souffrent. Vous verrez par la même raison qu'un gros Canon n'aura autre effet contre une porte que d'y faire un trou, le coup rompant trop soudainement l'union qui est entre la partie enfoncée, & celles qui n'en ont pas été ebranlées. On employera donc les médiocres contre les portes doubles & barrées, & les petits contre les simples ; les grands étant utiles dans des mines & en d'autres occasions.

Pour ce qui est de l'ouverture du Petard, on les fait de trois maniéres, c'est-à-dire, ou que la bouche vient plus large que la culasse, ou plus étroite, ou égale. Les premiers ouvrent d'avantage, s'ils peuvent agir contre une porte, & ne sont pas si dangereux à créver ; mais aussi n'ont-ils pas tant de force que ceux qui ont la bouche & la culasse en parallele. Ceux-ci,

quoi-

quelqu'ils ne fassent pas un si grand trou que les premiers, ne
laissent pourtant pas d'être très bons, ayant le métail à la
bouche à moitié si épais qu'à la culasse. Les troisièmes sont
fort sujets à créver, pésent plus que les autres, & font beaucoup moins d'effet.

La matiére dont on les construit, n'est pas moins différente;
puisque la nécessité oblige quelquefois de les former de bois,
de plomb, d'étain &c. Ceux qui ont soin d'une meilleure
fabrique, prennent 10 livres de cuivre, 1 liv. d'étain, & une
demi livre de léton, & en font un alliage. La meilleure est
la Rosette, toute pure, sans autre mélange. Les Petards, qui
en sont faits, tiennent mieux que les autres, & on en peut
amoindrir le métail.

En les chargeant, on met au milieu un bâton environ d'un
pouce de diamétre ; le vuide d'alentour sera rempli de poudre bien battuë, jusqu'à peu près de deux doigts de la bouche.
Cela fait, on en tire le bâton, & on remplit le trou qui en reste,
de poudre fine non battuë; ensuite on fait un autre trou
par la lumiére jusqu'à ce vuide, qu'on remplira pareillement
de bonne poudre jusqu'à la fusée. Ces sortes de charges font
plus d'effet qu'aucune autre, à cause que la bonne poudre
qui est au milieu, prend mieux à la fois. L'espace de deux
doigts qui reste, sera rempli d'un tranchoir de bois ou de
cuivre, qu'on met sur la poudre; & sur ce tranchoir vous
mettrez de la poix noire, mêlée avec des étoupes, ou bien de
la cire jaune avec des étoupes ; & afin que cette matiére coulante
tienne mieux, faites un petit rebord en dedans du Petard. Le
tout sera couvert d'une toile cirée & liée tout au tour, tant
pour empêcher que la poudre ne bouche, qu'afin qu'il n'y
entre aucune humidité.

La Fusée sera composée de poudre & de Salpetre bien pi-
lés ensemble, dont on prendra autant d'un comme de l'autre.
Pour la garantir de l'eau, on prend une partie de Salpetre,
trois parties de poudre, & une demi partie de souffre, qu'on
filera subtilement, & mêlera ensemble pour en remplir la fusée, la battant bien; vous l'amorcerez après de poudre fine, &
verrez qu'elle brûlera au milieu des eaux mêmes. Le tuyau de
la Fusée est meilleur s'il est de bronze qu'étant de bois,
parce qu'il tient mieux, & empêche que la fusée ne tombe
pas si facilement, quand on jette quelque chose dessus.

§. 4.

Le Mousquet, qui tire de 120 jusqu'à 150 Tois. de but en
blanc, est ou simple ou renforcé, & ceux-ci portent plus
loin. Ordinairement on les renforce de la culasse jusqu'à la
bou-

bouche; c'est ce qui est fort inutile, ne servant qu'à les rendre plus pésants & moins portatifs: le plus grand effort n'étant que vers la culasse, on voit rarement des canons créver à plus d'un pied de la lumiére; c'est pourquoi il est inutile de renforcer le reste des autres trois pieds & demi, supposé, que le canon soit long de 4½ pieds.

Le *Fusil* est plus maniable, & plus léger, que le mousquèt, mais il ne porte pas si loin, nonobstant que son canon soit d'un pied plus long.

Les *Armes boucaniéres*, c'est-à dire, les Fusils qu'on fait à Nantes & à Dieppe, en France, dont les chasseurs des Isles en Amérique se servent, sont meilleurs que tout cela, en ce qu'ils tirent du moins aussi loin que le mousquèt, & ne sont guéres plus pésants que les fusils communs, outre qu'ils ne repoussent point. L'Auteur de l'Histoire des Avanturiers vous dépeint ces armes plus amplement.

L'*Arquebuse à Croc* n'est propre qu'à défendre les endroits où je ne puis me servir de canons; soit à cause qu'il n'y a pas assez d'espace pour un canon, soit parce qu'on ne juge point à propos d'y en mettre. D'ailleurs ces armes tuent à 200 Toises, & portent une bale d'un pouce de diamétre.

CHAPITRE XI.

Des Gabions & Corbeilles.

§. 1.

IL y a trois sortes de Gabions qui sont ou doubles, ou simples, ou demi-Gabions. Les doubles sont ceux qui étant composés d'une double enceinte ont six, sept ou huit pieds de diamétre, & 9 ou 10 pieds de hauteur. Les simples n'ont que 5 ou 6 pieds de diamétre, ni plus de 7 à 8 de hauteur. Les demi-Gabions étant hauts de 6 pieds ont le diamétre de 3, 4 & au plus de 5 pieds. La Construction en est facile. On n'a qu'à prendre des pieux de 3 à 4 pouces de diamétre, proportionés à la hauteur du Gabion qu'on prétend en faire, & pointus par embas environ de 4 pouces. Les ayant prêts, on plante un piquet au milieu, & avec une corde attachée on marque un cercle sur le terrain, dont le diamétre est égal au Gabion; en suite à l'intervalle de 10 ou 12 pouces on fiche les pieux dans ce cercle, tout autour, & on les entrelasse avec du bran-

brancbage de faule vert, commençant par le pied, & finif-
fant à fix pouces de l'extrémité. L'ayant achevé, on le porte
à l'endroit où on en a befoin, on le remplit de bonne terre, &
on s'en fert comme d'une efpéce de Parapèt. *Voyez* Fig. 7.
Pl. 32.

§. 2.

Les *Corbeilles* font plus portatives, n'ayant que 10 pouces
ou un pied de haut. Le diamétre du pied eft de 8 à 9 pouces, & celui de l'ouverture de 12 à 14 pouces. Elles fervent
à couvrir les moufquétaires, tant dans la Ville, qu'aux approches. Quand on n'en a pas affez, on prend des Sacs à terre, &
on s'en fert comme des Corbeilles.

CHAPITRE XII.
Des Orgues & des Herfes.

LEs Orgues font beaucoup préférables aux Herfes, tant,
parce que les poudres dont on les fabrique, font plus groffes & plus fortes, qu'à caufe qu'on les abat les unes après
les autres, au lieu que toute une Herfe tombe à la fois, & le
moindre accident qui furvient, rend toute la machine inutile, foit qu'elle s'accroche ou qu'il lui arrive quelque autre
malheur. De plus, les Orgues fe ferrent de plus près, & bou-
chent mieux l'endroit, où elles tombent, ne tenant qu'à l'Ingénieur de les ranger fi proche les unes des autres qu'il voudra, en
forte qu'il n'y refte prefque point d'efpace entre deux; au lieu
que les Herfes forment quantité de quarrés vuides, qu'on peut
beaucoup plus facilement franchir. Pour fe fervir des Orgues
avec avantage, il les faut faire plus longues que la porte, afin
que fi l'ennemi les rompt par le Petard ou le Canon, ce qui
arrive ordinairement en bas, elles retombent à l'inftant, & re-
parent la brifure. Chaque poudre aura fon moulinèt à part,
de forte qu'on les pourra abattre les unes après les autres. La
Fig. 8. Pl. 32. repréfente une Herfe, & la Fig. 9. des Orgues.

N

CHAPITRE XIII.

Des Barriéres, Bacules, Paliſſades, Fraiſes, Chevaux de Friſe & Guérites.

§. 1.

LEs *Barriéres* ne ſont pas toûjours armées de fer , mais quand elles le ſont , elles ſont beaucoup préférables aux autres. Le fer eſt pointu , haut d'un pied , & forme à côté de petits arcs , comme une fleur de Lys. L'uſage des Barriéres eſt , qu'on en ferme l'ouverture du Glacis , des ſorties &c. *Voyez* Fig. 10. Pl. 32.

§. 2.

La *Bacule* n'eſt jamais mieux conditionnée , que quand on l'arme de pointes de fer , de la maniére que je viens de dire des barriéres. Le contre-poids doit être ſi péſant , qu'il ſe leve de lui-même , quand la ſentinelle lâche la chaîne , ou la corde , moyennant leſquelles on l'ouvre & on la ferme. *Voyez* Fig. 11. Pl. 32.

§. 3.

Les *Paliſſades* & les *Fraiſes* doivent être rangées en lozange, c'eſt-à-dire , en ſorte qu'elles ayent deux angles ſur leur ligne, l'un du côté de la campagne , & l'autre du côté de la Place, ou , pour expliquer cela mieux , les Paliſſades doivent un peu pancher vers la campagne , & les Fraiſes vers le foſſé. *Voyez* ci-deſſus Liv. 1. Chap. 2. verb. *Fraiſes & Paliſſades*.

§. 4.

Les *Chevaux de Friſe* ſont admirables contre l'incurſion de la Cavalerie ennemie. Il n'eſt pas beſoin que les pieux tranſperſés ſoient armés de fer , ſinon vers le bout , parce que cela le rendroit trop péſans , & cauſeroit plus de peine à les tranſporter d'un côté & d'autre , que le ſervice qu'on en tire, ne meriteroit. Fort ſouvent on ne les arme point du tout , & on en a la même utilité que des armés. *Voyez* Fig. 12. Pl. 32.

§. 5. Les

§. 5.

LES *Guérites* sont ou de bois, ou de pierre; aux unes & aux autres on donne telle figure qu'on veut; la plûpart du tems on les fait à six faces. Celles de bois sont construites sur un pilier, enfoncé dans la terre, afin qu'on les puisse tourner du côté qu'on veut. Vers la Campagne, on laisse un petit trou, par lequel la Sentinelle peut voir ce qui s'y passe. Dans celles de pierre on fait encore deux trous à chaque côté: un, parce qu'elles sont immobiles, & ne peuvent être tournées, ensorte que le trou qui est à dos, vienne par tout, comme à celle de bois. La hauteur & l'espace intérieur seront proportionnés à la commodité d'un homme, c'est-à-dire, jusqu'à 7 pieds de haut, & de 3 de diametre. On fait mieux, si on n'y met point de siége, à cause que la Sentinelle ne s'endormira pas si facilement. On bâtit ces Guérites sur tous les angles saillants d'une Place, & quelquefois au milieu des Courtines. Les angles flanqués de dehors, n'en seront pas moins pourvûs, puis qu'elles y sont fort nécessaires. La Fig. 13. Pl. 32. représente une Guérite de bois, & la Fig. 14. une de pierre.

CHAPITRE XIV.

Des Poids, Mesures, Monnoyes, &c.

UNe garnison n'ayant pas seulement besoin de bâtimens & munitions de guerre, mais aussi de celles de bouche, j'ai jugé à propos de dire quelque chose ici des poids, mesures, monnoyes &c. moyennant lesquelles on fait provision des choses nécessaires.

§. 1.

Des poids pour la Marchandise, même pour l'Or & l'Argent, à Paris.

Le Quintal vaut 100 Livres.
La Livre, 2 Marcs.
Le Marc, 8 Onces.
L'Once, 8 Gros.
Le Gros, 3 Deniers, ou 3 Carats.

Le

Le Denier ou Carat, 2 Mailles.
La Maille ou Obole, 12 Grains.
Le Grain, 24 Primes ou Carobes.
La Prime ou Carobe, 24 Minutes.
La Minute, 24 Pucilles.

Des Poids en Allemagne, Angleterre, Italie &c. pour la Marchandise.

Vienne	90- livres
Hambourg	106
Leipzic	110
Nuremberg	100
Le Quintal vaut à Francfort	108
Augsbourg	104
Lunebourg	110
Londres	112
Coppenhagen	105
Amsterdam	104
Venise	106
Milan	156

La Livre vaut 32 Lots, ou 2 Marcs, ou 16 Onces.
Le Marc, 8 Onces, ou 16 Lots.
L'Once, 2 Lots.
Le Lot, 4 Gros.
Le Gros, 3 Carats, ou 4 Deniers.
Le Denier, 2 Oboles.
L'Obole, 20 Grains.

Des poids d'Orfevres en Allemagne.

Le Quintal vaut 100 Livres ou 200 Marcs.
La Livre, 2 Marcs.
Le Marc, 8 Onces.
L'Once, 2 Lots, ou 3 Carats.
Le Lot, 1 ½ Carat, ou 4 Quintins.
Le Carat, 4 grans, ou 12 grains.
Le Gran, 3 grains.

Des poids d'Apoticaire en Allemagne.

Le Quintal est égal à celui des marchandises.
La Livre vaut 12 Onces.

L'O

L'Once, 8 Dragmes.
La Dragme, 3 Scrupules.
Le Scrupule, 20 grans.

Des poids de la Marine.

Le Gros vaut 36 Quintaux.
Le Quintal à Hambourg vaut 112 Livres communes, à Leipzic 110, à Nuremberg 100; en Hollande autant.

La Livre vaut 20 Lispfunds à Leipzic, & 2 à Hambourg.

La Lispfund vaut 16 Livres ordinaires.

Des poids de la Voiture.

La Livre vaut 3 Quintaux.
Le Quintal est le même que celui pour la marchandise.

§. 2.

Des Mesures des Liqueurs à Paris.

Le Muid à Vin contient 36 Septiers ou 3 Feuillettes.
La Feuillette, 96 Pintes.
Le Septier, 4 Quartes.
La Quarte, 2 Pintes.
La Pinte, 2 Chopines.
La Chopine, 24 pouces cubes.

Des Mesures des Liqueurs en Allemagne.

Les Mesures changeant presque par-tout, il est impossible
de les spécifier généralement.   Voici ce qui en est de la
plûpart :
La Foutre vaut de 6 à 12 Omes.
Le Tonneau, 5 Omes.
L'Ome, de 15 à 20 Stübigs.
Le Stübig, 4 Quartiers.
Le Quartier, 2 Pintes, ou Nösel.
Le Nösel, ou Osel, une Chopine.

§. 3.

Des Mesures des Grains, & autres choses seches, à Paris.

Le Muid à Bled contient 12 Septiers, & pèse 2640 Liv.

                    Le

Le Septier, 2 Mines.
La Mine, 2 Minots.
Le Minot, 3 Boisseaux.
Le Boisseau, 16 Litrons.
Le Litron, 36 pouces cubes.
Remarquez que le Minot à l'avoine, vaut 4 Boisseaux.
Le Sac contient 4 Boisseaux, qui ne valent pas moins de
pieds cubes, & pèsent, peu s'en faut, 172 Livres.

Des Mesures des Grains en Allemagne.

Le Gros, ou Wispel contient 2 Muids.
Le Muid, ou Malter, 12 Septiers.
Le Septier, ou Scheffel, 4 Quartiers.
Le Quartier, ou Viertel, 4 Boisseaux.

Des Mesures pour autres choses.

Le Gros de Sel, ou Last contient 12 Tonnes, & ailleurs 1
Le Gros de Harengs contient 12 Tonnes.
La Tonne contient 1280 Harengs.
La Tonne de Sel, a 20 Lispfunds.

§. 4.

*Pesanteur de divers corps, d'un pied cube, en Livres de 16
Onces, ou 32 Lots.*

D'eau douce, 72 livres.
D'eau de Mer, 73 l. 11 onces, 3 gros, 5 grains.
De Vin, 70 l. 13 onces.
D'Huile 66 l.
D'Etain 532 l. 13 onces.
De Fer 576 l.
De Cuivre 648 l.
D'Argent 744 l.
De Plomb 828 l.
De Mercure ou Vif argent, 977 l. 2 onces, 2 gros, 1 de-
nier.
D'Or 1368 l.
De Terre Forte 95 l. 5 onces, 1 gros, 3 deniers.
De Sable de Terre 120 l.
De Sable de Riviere 132 l.
De Chaux 59 l.
De bon Mortier 120 l.
De Plâtre 86 l.

De Pierre commune 140 l.
De Pierre de St. Leu 115 l.
De Pierre de Liais 165 l.
De Marbre 252 l.
De Brique 130 l.
De Tuille 127 l.
D'Ardoise 156 l.
De Sel 110 l. 4 onces, 4 gros & presque 2 deniers.
De Miel 104 l. 6 onces, 2 gros, 1 denier.
De Cire 68 l. 11 onces, 5 gros, 2 grains, & un peu plus.
De Bois de Chêne prêt à mettre en œuvre, & sans aubier,
   60 l.

§. 5.

De la Monnoye en France.

L'Ecu vaut 60 Sols, ou 3 Livres.
La Livre, 20 Sols.
Le Sol, 12 deniers.
Le Denier, 2 Mailles.
La Maille, 2 Oboles.
L'Obole, 2 Pites.
Les Pistoles, les Louis - d'or & les Ducats changent en valeur
   comme par tout ailleurs.
Un million vaut 10 Tonnes d'Or en tout Pays.
La Tonne d'Or est cent mille écus.

En Allemagne.

Un Ecu en espéce vaut maintenant jusqu'à 4 Livres de
   France.
Un Ecu commun vaut 3 Livres de France.
Le Florin vaut 16 bons gros, ou 24 Mariengrosches, ou 15
   Batzes, ou 10 Schillings.
Le Marc de Lubec est la moitié d'un Florin.
Le Marc de Lunebourg vaut un demi - Ecu commun.
Le Kopfstuck est la troisiéme partie d'un Florin.
Le Schilling vaut en Alsace 12 deniers; en Frauconie 18 Schil-
   lings font un Florin; à Lunebourg le Florin a 21 Schillings
   avec un Dreyer, & à Hambourg 32.
Le Batze fait 2 Albus, & c'est la quinziéme partie d'un
   Florin.
L'Albus ou demi - Batze vaut 2 Kreutzers.
Le Kreutzer vaut 2 Deniers.
Le Denier fait 2 Mailles.

N 4

La

La Maille fait 2 Oboles.

Le bon Grosche fait la seiziéme partie d'un Florin, contenant Dreyers.

Le Mariengrosche fait la 24 partie d'un Florin, valant Dreyers, 2 Deniers.

Le Dreyer vaut 3 bons Deniers.

En Hollande.

L'Ecu vaut 2 Florins, ou 50 stuivers.

Le Ducaton vaut cinq quarts d'Ecu.

Le Florin vaut 20 stuivers, ou 9 bons grosches.

L'Escalin vaut 3 bons grosches, ou 10 sols de France.

Le Stuiver est tant soit peu plus qu'un demi bon grosche, en sorte que 25 font 12 bons grosches, ou un demi Ecu.

Le Grot Flamand vaut 8 deniers de Hollande, & 25 font 6 bons grosches.

La Dute vaut 2 Deniers.

En Angleterre.

L'Ecu vaut 4 Schillings sterlings.

La Livre sterling vaut 20 Schillings sterling, ou 4 écus.

Le Schilling sterling vaut 12 deniers sterlings, ou 12 Penus, ou 5 bons grosches, & 4 bons deniers.

Le Penus vaut 2 Hapengs ou 5 bons deniers.

En Espagne.

L'Ecu vaut 18 Réaux & 13 Marrevadis.

Le Ducat vaut 11 Réaux, ou 31 bons grosches, 7 deniers, ainsi si 19 Ducats font 25 écus.

La Piéce de Huit vaut un Ecu.

La Réale vaut 34 Marrevadis.

Le Marrevadis vaut un peu plus qu'un denier, en sorte que font 8 bons grosches.

En Portugal.

Le Ducat vaut 10 Réaux, ou 28 bons grosches, 3 deniers; ainsi 167 font 200 Ecus.

L'Ecu vaut 8 Réaux, & 14 Rees.

Le Millerees vaut 2 Ducats; ainsi 167 font 500 écus.

La Réale vaut 40 Rees, ou 2 bons grosches, 10 deniers, & 1 Maille; ainsi 167 Réaux font 20 écus.

En Italie.

L'Ecu vaut 20 Schillings Italiens, ou 24 bons grosches.

Le Schilling vaut 12 deniers.

Le Denier vaut 1 Denier de Misnie, en sorte que 5 font 6 Deniers de Misnie.

La Livre de Venise vaut 3 bons grosches, 3 deniers.

Le Ducat de Naples vaut 6 Tarys ou 1 écu, 9 grosches & 7 deniers.

Le Tary, 20 granis.

Le Carlini, 2 bons grosches & 9 deniers.

Le Ducatone, 8 Lire, 4 Schillings.

Le Ducato di Banco, 7 Liv. 7 Schillings.

Le Ducato currente 6 Livres.

Le Scudo 7 Lire.

La Lira, 20 Soldi.

Le Giulio, 18 Soldi,

Le Gazete, 2 Soldi.

La Pistola, 28 Lire.

Le Zecchino Veneto, 16 Lire.

L'Ungaro, 15 Lire.

Il Reale, 8 Lire.

En Suede.

L'Ecu vaut 20 Marcs, ou 5 Ecus de cuivre.

Le Weis Rontstück vaut 3 Rontstücks.

Le Rontstück vaut 2 Halbehrs.

                    En

En Dannemarc.

L'Ecu vaut 6 Marcs, ou 96 Schillings.
L'Ecu simple vaut 4 Marcs.
Le Marc vaut 16 Schillings, ou 4 bons grosches.
Le Cron vaut 16 bons grosches à Hambourg.
Le Schilling vaut 3 Deniers.

En Pologne.

L'Ecu vaut 3 Florins.
Le Florin 8 bons grosches, ou 30 grosches du Pays.

Le grosche Polonois est $3\frac{1}{5}$ bons deniers, de sorte que 5 font
   16 bons deniers.
Le Schilling est tant soit peu plus qu'un denier de Misnie, &
   15 font 16 deniers de Misnie.
Le Plappert vaut 6 Rappes, & 25 font un Florin.
Le Marc vaut 10 grosches.
Le Dütchen vaut 3 grosches.

     Pour décrire tout cela plus au net, il faudroit un livre en-
tier; ce qui est contre mon but, qui ne doit s'étendre que
jusqu'à une description superficielle des choses contenuës dans
ce Chapitre, laissant le reste aux Arithmeticiens.

LIVRE VI.

De la Fortification Passagére.

AYant parcouru la Fortification Réguliére Permanente, il est juste d'examiner aussi un peu la Passagére, qu'on ne fait que pour quelque tems.

CHAPITRE I.

Des Traverses.

SOus ce nom je n'entens ici qu'une ligne qu'on fortifie à la hâte. Ainsi, quand il y a des éminences autour d'une Place qui battent de revers dans les Bastions, on éleve des Traverses sur le plan de leurs Capitales, c'est à dire, on construit un Parapèt environ de 6 pieds de haut, & de 3 Toil. de large. Pareillement on fait des Traverses sur le Chemin-couvert, dans le Fossé, sur la Courtine, & en d'autres endroits, que l'ennemi peut enfiler. Etant question de fermer quelque passage, & arrêter l'ennemi, on partage la ligne qu'on veut fortifier en six parties égales, ou en plusieurs, selon qu'elle est longue, & on en prend 2 pour les demi-Gorges AB. & CD. Fig. 1. Pl. XXXIII., une pour les Flancs BE. & CF. & les Faces seront tirées vers les points G. H. Si cela ne plait pas, vous n'en prendrez qu'une partie pour les demi-Gorges, en faisant des autres des Redants, qui se flanquent réciproquement, comme Fig. 2. Pl. XXXIII. Si cela vous déplait aussi, retenez 2 parties pour les demi-Gorges, & faites des deux autres un Triangle équilatéral, comme Fig. 3. Pl. XXXIII. Enfin on peut faire un autre figure, si la nécessité le demande, pourvû qu'on lui donne un bon Parapèt que l'ennemi ne puisse si-tôt forcer.

CHA-

CHAPITRE II.

Du Triangle à demi - Baftions.

§. 1.

A la Françoife.

Soit donné le Triangle équilatéral ABC. Fig. 4. Pl. XXXIII. chaque côté ayant 24 Toif. de longueur.

1. Prolongez les lignes BA. CB. & AC. & mettez fur chaque prolongement la troifiéme partie du côté même, comme AG. BE. CF.

2. Prenez la même diftance pour les demi - Gorges AL. BH. CI.

3. Erigez fur I. H. L. des Perpendiculaires de la moitié de la Gorge pour les Flancs IN. HM. & LO.

4. Joignez les Capitales & les Flancs enfemble, & le premier deffein fera achevé.

5. La bafe du Rempart peut être de 4 à 5 Toif. Celle du Parapèt de 15 à 18 pieds, la Berme de 3 pieds, & le Foffé de 2 à 3 T.

Remarquez pour le Profil de tous ces Ouvrages, qu'il ne faut jamais s'arrêter à une certaine mesure, à caufe de l'inégalité du terrain. Selon que le Fort doit être plus ou moins confidérable, à mefure auffi doit-on agrandir ou diminuer le Profil; cela dépend uniquement du fçavoir de l'Ingénieur.

§. 2.

Monfieur *Ozanam* p. 209. divife (1) le côté du Triangle en 5 parties égales, dont il prend une pour la demi - Gorge, fur laquelle il érige (2) des Perpendiculaires pour les Flancs, égales à la moitié des demi-Gorges, (3) il prolonge les côtés, & met fur les prolongemens la longueur de la demi-Gorge, pour avoir la Capitale à joindre au Flanc.

§. 3. A la

§. 3.

A la Hollandoise.

Monsieur *Freitag* & les autres Hollandois donnent de 4 à 6 verges à chaque côté du Triangle. Sur le prolongement ils mettent la troisiéme partie du côté pour Capitale qui leur sert en même tems de demi-Gorge, dont la moitié fait le Flanc. En cas que la nécessité le demande, ils prennent les côtés de 24 Toif., la Capitale de 8 Toif., la Gorge d'autant & le Flanc de 4 Toif. Les autres distances seront prises à proportion du dessein.

CHAPITRE III.

Du Triangle à Bastions entiers, plats, fourchus, & à Tenailles renforcées.

§. 1.

A Bastions entiers.

POur donner des Bastions entiers au Triangle équilatéral ABC. Fig. 5. Pl. XXXIII. prenez (1) la cinquiéme partie du côté pour la demi-Gorge. (2) Donnez-en la moitié au Flanc, perpendiculaire sur la Courtine. (3) La ligne de défense rasante déterminera la Face. (4) Les Faces venant trop longues, & les angles flanqués trop aigus, on élevera de demi-Lunes devant la Courtine, si ce fortin doit servir pour autre chose que pour un fort de Campagne.

§. 2.

A Bastions plats.

Monsieur *Ozanam* p. 209. partage chaque côté du Triangle ABC. Fig. 6. Pl. XXXIII. en 2 parties égales, & chacune de ces deux en cinq autres. Sur le milieu il érige un Bastion plat, en prennant une cinquiéme partie de part & d'autre pour les demi-Gorges, DE. & EF. dont la moitié fera le Flanc. Les Faces seront tirées vers les deux points les plus proches.

§. 3. *A Baf-*

§. 3.

A Baftions fourchus, ou coupés, ou accolés.

Soit donné le Triangle A B C. Fig. 7. Pl. XXXIII. prenez la quatriéme partie de chaque côté pour les demi-Gorges, dont la moitié formera le Flanc.

La ligne de défenfe rafante donnera les Faces DE. dont la longueur eft égale à la ligne DB.

Hondius divife chaque côté extérieur du Triangle en 8 parties égales, en prenant 2 pour les demi-Gorges, & une pour les Flancs.

Ayant décrit les Faces par la ligne de défenfe rafante, il tire du point A. la Perpendiculaire A B. parallele au Flanc CD. pour déterminer la Face DB. Fig. 1. Pl. XXXIV.

§. 4.

A Tenailles renforcées.

Ce Triangle eft le mieux fortifié de tous, fi on veut faire la dépenfe de le faire, fuppofé qu'il y ait affez d'efpace pour cela dans la campagne. Soit donné le Triangle ABC. Fig. 2. Pl. XXXIV. ayant le Centre D.

1. Tirez des rayons du Centre aux Angles ABC.
2. Tirez de chaque côté de ces points des Perpendiculaires égales à la moitié du rayon BD, comme BE. BF.
3. Partagez la ligne EF. en 5 parties égales, & prenez-en une pour les demi-Gorges EG. & FH.
4. Tirez du Centre D. par les demi-Gorges GH. des lignes pour les Flancs, égaux aux demi-Gorges.
5. Formez les Faces par la ligne de défenfe rafante, égales au tiers de la même ligne EF. comme IK. & LM.
6. Les aîles feront tirées paralleles aux Flancs, & le Triangle fera bien fortifié.

CHAPITRE IV.

De la Redoute, & de la demi-Redoute.

§. 1.

LA Redoute, n'a autre défense que ses 4 côtés extérieurs, qui peuvent avoir de 10 à 20 Toif. de longueur. Elle ne fert que de Corps de garde, & à affûrer la circonvallation, la contrevallation, & les lignes d'approche. La bafe du Rempart, élevé par-deffus le niveau de la campagne de 3 pieds, ou environ, aura 3 Toif. de largeur, & celle du Parapèt 2. la hauteur fera de 6 pieds avec la Banquette. La Berme eft de 3 pieds, & le Foffé de 2 à 3 Toif. Le Pont pour entrer doit être large de 10 à 12 pieds, quand on y veut mener du canon, fans cela une largeur de 5 pieds fuffit. *Voyez* Fig. 3. Pl. 34.

§. 2.

Les Hollandois donnent aux côtés, de 8 à 12 Toif., à la bafe du Rempart 3 Toif., à celle du Parapèt 9 pieds, à la Berme 3 pieds, & au Foffé 4 Toif.

§. 3.

De la demi-Redoute.

1. Tirez une ligne de 17 Toif. ou environ, comme A B. Fig. 4. Pl. 34.
2. Élevez de ces points un Triangle Ifofcele de 12 Toif. comme A B E.
3. Mettez de part & d'autre fur le prolongement de la ligne AB. 8 Toif. 3 pieds, comme C A. B D. & faites le refte comme dans la Redoute.

§. 4.

Les Hollandois font la même chofe.

CHA-

CHAPITRE V.

Du Quarré, fortifié en diverses manières.

§. 1.

De l'Etoilé.

1. **F**Aites un Quarré équilatéral rectangle, dont chaque côté ait environ 12 Toiſ. de longueur, comme ABCD. Fig. 5. Pl. 34.

2. Abaiſſez du milieu de ces côtés une Perpendiculaire de 2 Toiſ. E F.

3. Joignez les extrémités des mêmes côtés, & l'extrémité des Perpendiculaires enſemble, & l'Etoilé ſera fait ; le relief étant égal aux diſtances de la Redoute.

§. 2.

A Baſtions entiers.

1. Faites un Quarré rectangle, dont chaque côté ait juſqu'à 31 Toiſ. de longueur, ABCD. Fig. 6 Pl. 34.

2. Du milieu de ces côtés, baiſſez des Perpendiculaires de 3 ou 4 Toiſ. & tirez les lignes de défenſe à la Vaubane, pour y marquer les Faces, de 10 Toiſ. de longueur.

3. Le complement ſe détermine, quand on prend l'intervalle des 2 Faces entre les pointes du compas, & en tenant l'une ferme, on laiſſe tomber l'autre ſur la ligne de défenſe ; le point de cette rencontre montre l'endroit, où il faut commencer le Flanc.

4. La baſe du Rempart 5 Toiſ., celle du Parapet 3., la Berme 3 pieds, le Foſſé 3 ou 4 Toiſ. de large.

§. 3.

A demi-Baſtions.

1. Soit donné le Quarré ABCD. Fig. 7. Pl. 34. chaque côté ayant 24 Toiſ. de longueur.

2. Partagez chaque côté en 3 parties égales, & prenez-en une pour les demi-Gorges AE, BF, CG, DH.

3. Pro-

3. Prolongez les mêmes côtés alternativement, en mettant sur les prolongemens la longueur de la demi-Gorge, comme BI. CK. DL. AM.

4. Les Flancs, élevés perpendiculaires sur la Courtine, auront la moitié de la demi-Gorge pour hauteur, comme EN. FO. GP. HQ.

5. Les Faces se formeront par la jonction des Capitales aux Flancs ; le reste se fait comme aux ouvrages précédens. Les Hollandois n'ont rien de particulier en cet article.

§. 4.

Du Quarré long à demi-Bastions.

1. Faites un parallelogramme, dont les deux grands côtés, aient 16 Toif. en longueur, & les deux autres 12 T.

2. Le reste se fera comme au Quarré précédent, pourvû que vous fortifiez les deux grands côtés, comme les deux petits.

§. 5.

Du Quarré à Bastions entiers, & moitié à Tenailles.

1. Ayant fait un Quarré équilatéral, les côtés étant de 20 Toif. de long, ABCD. Fig. 2. Pl. 35. partagez le côté AB. en 5 parties égales, dont l'une donnera la grandeur des demi-Gorges AI. AK. BL. & BM.

2. Erigez sur les points IKLM. des Perpendiculaires, égales aux demi-Gorges, comme MN. LO. IP. KQ. pour les Flancs.

3. Les Faces se forment par le tir de la ligne de défense rasante.

4. Divisez la ligne CD. en deux parties égales, comme CE. & DE. & chacune en cinq autres, dont deux feront la demi-Gorge EH. & deux de l'autre côté composeront la demi-Gorge EG.

5. Erigez sur E. la Perpendiculaire EF. égale à une de ces demi-Gorges.

6. Joignez HF. & GF. ensemble, & le Quarré sera achevé ; dont le corps de la Place sera comme dans les ouvrages précédens.

§. 6.

Du Quarré à demi-Bastions, semblable d'un côté à un Ouvrage à-corne, & de l'autre à une Tenaille.

1. Décrivez un Quarré équilatéral A B C D. Fig. 3. Pl. 35. dont chaque côté ait de 12 à 16 T. de longueur.
2. Partagez les côtés AB. BC. & CD. en trois parties égales, dont l'une formera les demi-Gorges AH. BG. CF. DE.
3. Prolongez les côtés AB. DC. & AD. & mettez sur les prolongemens, la distance d'une demi-Gorge pour Capitale, comme AN. DM. BO. & CP.
4. Erigez sur les points F. G. H. E. des Perpendiculaires pour les Flancs, égales à la moitié de la Capitale, comme EL. FV. GK. & HI.
5. Les Faces se font en joignant les Capitales & les Flancs ensemble.
6. Partagez la ligne NM en 3 parties égales, comme MS. SR. & RN. & érigez du milieu Q. une Perpendiculaire, égale à la Capitale AN. comme Q. T.
7. Joignez R T. & S T. ensemble, & le Quarré sera achevé.

§. 7.

Du Quarré à Bastions coupés.

1. Ayant un Quarré rectangle, tel qu'il vous plaira, partagez-en chaque côté en 5 parties égales, dont l'une fournira la demi-Gorge AB. & une autre le Flanc AC, perpendiculaire sur la Courtine. *Voyez* Fig. 4. Pl. 35.
2. Tirez les lignes de défense rasante, & prolongez les côtés extérieurs jusqu'à la rencontre de ces lignes ; le point de section D. montrera l'endroit, où la Face sera terminée. Ainsi AB. donne la demi-Gorge, BD. la Capitale, DC. la Face & AC. le Flanc ; le reste étant comme dans les autres Ouvrages précédens.

§. 8.

Du Quarré-long à Bastions plat, & à Tenaille.

Soit donné le Parallélogramme A B C D. Fig. 5. Pl. 35.
1. Partagez les deux grands côtés AB. & CD. en deux parties

ties égales , comme A E. & B E.
2. Divisez derechef chacune de ces deux en cinq autres , don
une formera la demi-Gorge E F. & une autre la demi-Gorge E G.
3. Erigez sur F. G. des Flancs perpendiculaires égaux aux demi-Gorges, comme F K. & G I.
4. La Capitale E H. sera égale à la Gorge entiére , & H I. H K.
donneront les Faces.
5. Divisez le côté B C. ou A D. en cinq parties égales , &
prenez-en une pour la demi-Gorge M L & M N , supposé
que M. fasse le centre.
La Capitale M O. sera égale à la demi-Gorge ; L O & N O.
serviront de Faces ; Le reste ne differt point des autres ouvrages précédens.

CHAPITRE VI.

Du Pentagone.

§. 1.

Du Pentagone étoilé.

1. TIrez un Cercle de 27 Tois. & divisez-le en cinq parties
égales avec 31 T. 5 pieds , A. B. C. D. E. Fig. 6. Pl. 35.
que vous joindrez ensemble.
2. Abaissez du milieu de chaque côté une Perpendiculaire de
4 à 5 Tois. comme F G.
3. Joignez les extrémités des côtés extérieurs , & des Perpendiculaires ensemble , & l'Etoilé sera fait.
4. La base du Rempart a 6 Tois. Celle du Parapèt 3. La Berme 3 pieds , & la largeur du Fossé 5 Tois.
Les Hollandois ne prennent que 10 ou 12 Tois. pour la longueur des côtés , dont la sixiéme partie leur donne la Perpendiculaire.

§. 2.

Du Pentagone à Bastions entiers.

1. Ayant décrit un Cercle , divisé en cinq parties égales , ainsi
qu'il est dit au précédent verset , partagez chaque côté en

O 2

2 par-

2 parties égales, & abaissez du milieu d'un chacun, une Perpendiculaire de 5 Toif.

2. Tirez les lignes de défense à la Vaubane, & donnez 10 T. aux Faces.

3. Le Complement se trouve, comme au précédent Chap. V. §. 2. Le reste est égal au Pentagone étoilé ; *Voyez* Fig. 7. Pl. 35.

CHAPITRE VII.

De l'Hexagone étoilé.

§. 1.

1. TIrez un Cercle tel que vous voudrez, & divisez-le en six parties égales, que vous joindrez ensemble.

2. Du milieu de chaque côté abaissez une Perpendiculaire de 2 ou 3 Toif.

3. Tirez les extrémités des côtés & celles des Perpendiculaires ensemble, & l'Etoile sera fait.

4. Le Corps de la Place sera proportionné à l'espace, que ce fortin occupe, je donne ici 5 Toif. pour la base du Rempart 2 - pour le Parapèt, 3 pieds pour la Berme, & 4 Toif. pour le Fossé, supposé chaque côté de 20 Toif. *Voyez* Fig. 8, Pl. 35.

§. 2.

Les Hollandois ne prennent le demi-Diamétre que de six verges, ou 12 Toif. Les côtés lui sont égaux ; La Perpendiculaire n'a qu'une verge. Le Rempart 1 - verge, le Parapèt 9 ou 10 pieds ; la Berme 3 pieds ; le Fossé 2 verges.

CHAPITRE VIII.

Du demi-Hexagone à Bastions entiers.

ON met ordinairement ces petits forts sur le bord d'une Riviére, pour commander les Batteaux qui y passent.

1. Le demi-diamètre doit avoir ici 28 Tois. supposé le Centre sur le bord de l'eau, Fig. 1. Pl. 36.
2. Les trois côtés extérieurs lui seront égaux.
3. La Perpendiculaire a 5 Tois.
4. La Face a 8 Tois.
5. Le Complement se trouve comme au précédent Quarré à Bastions entiers.
6. Le Corps de la Place est égal au Pentagone à Bastions entiers.

CHAPITRE IX.

Du Profil.

§. 1.

LEs François n'élevent le Rempart guéres plus haut de 4 pieds & le Parapèt de 6 ; de sorte que toute la hauteur monte à 10 pieds ; La profondeur du Fossé se creuse d'une Toise.

§. 2.

Les Hollandois ne donnent que 3 pieds de hauteur au Rempart, comme AB. Fig. 2. Pl. XXXVI., six pieds au Parapèt C. D. & autant pour la profondeur du Fossé EF.

Le Talut extérieur du Rempart, GH. $1\frac{1}{2}$ pied.

Le Talut, AK. est naturel.
Hauteur extérieure du Parapèt L. M. 4 pieds.
Hauteur intérieure, D. N. 6 pieds.
Talut extérieur du Parapèt touche le prolongement de celui du Rempart, en P.

    Ta-

Talut intérieur OC. $1\frac{1}{2}$ pied.

Hauteur de la Banquette Q. R. $1\frac{1}{2}$ pied.

Largeur de la Banquette OS. 3 pieds & demi.

Talut de la Banquette QS. 6 pouces.

Talut intérieur & extérieur du Fossé 5 à 6 pieds. comme T. E. & VW.

La Berme GT. 3 pieds.

LIVRE VII.

De la Fortification Irréguliére.

A la Françoise.

CHAPITRE I.

Des Maximes de cette Fortification.

L'Origine de cette Fortification venant des anciennes Places & vieilles Villes qui ne formoient aucune figure réguliére, & qui néanmoins avoient besoin d'une enceinte de murs & de bastions pour se défendre contre les insultes de l'ennemi, a donné lieu de chercher certaines maximes, moyennant lesquelles on les peut couvrir & entourer d'une Fortification peu inférieure à la Réguliére. Les principaux de ces principes sont les suivans :

1. Toute Fortification Irréguliére doit être faite selon les régles de la Réguliére, le plus qu'on pourra.
2. Les Bastions entiers sont préférables aux demi-Bastions.
3. Les Angles flanqués ne doivent pas être plus aigus que de 60 degrés.
4. Les Places qui découvrent & commandent loin dans la campagne sont meilleures que celles, desquelles l'ennemi peut approcher plus près à couvert.
5. Les défenses doivent être égales par tout, autant qu'il est possible.
6. Les Faces ne doivent être ni trop longues ni trop petites, pour pouvoir défendre les Dehors, s'il y en a.
7. On tâchera de donner, au moins, 16 Tois. au Flanc.

8. La

8. La ligne de défense n'excéde jamais 150 Toiſ. à moins qu'il n'y ait un ſecond Flanc, auquel cas, 4 ou 5 Toiſ. plus ou moins, ne font rien à la choſe.

9. Il faut que les Gorges ſoient aſſez amples, pour y pouvoir faire des Retranchemens, en cas de beſoin.

10. Que les Courtines ſoient toûjours d'une raiſonnable lon-gueur, c'eſt-à-dire, de 60 juſqu'à 100 Toiſ. s'il eſt poſſible.

CHAPITRE II.

De la Fortification d'un Terrain Irrégulier.

LA Fortification Irréguliére eſt de deux eſpéces ; ou je ſuis obligé de fortifier un Terrain bizarre, & irrégulier, par une néceſſité abſoluë & indiſpenſable, pour conſerver mon poſ-te ; ou les vieux murs, la ſituation des bàtimens, & la vo-lonté du Prince m'obligent à mettre ſeulement la défenſe en meilleur état, ſans réformer l'Irrégularité. Je traiterai ici de la premiére maniére.

1. Ayant le plan de la Place irréguliére **A B C D E**. **Fig. 3. Pl. XXXV.** Suppoſé aſſez d'eſpace autour pour le Foſſé, le Chemin-couvert & le Glacis ; partagez chaque côté en 2 par-ties égales, & abaiſſez du milieu d'un chacun une Perpen-diculaire indéfinie.

2. Prenez chaque côté à part, & en le retenant pour ba-ſe, faites un Triangle Iſoſcele, dont les jambes ayent 180 Toiſ.

3. Mettez ſur ces Triangles la Perpendiculaire, la Face & le Complement, & prenez les diſtances de travers, pour la pro-portion duë à l'Irrégularité de votre Place. Par exemple pour nôtre Pentagone, vous trouverez les cinq Triangles ſur la Planche 37.

Le premier **A B F.** a le côté **A B.** pour baſe, & ſignifie que toutes les diſtances, pour ce côté-ci, en ſeront priſes.

Le ſecond **B C G.** eſt pour le côté **B C.**

Le troiſiéme **C D H.** eſt pour le côté **C D.**

Le quatriéme **D E I.** eſt pour le côté **D E.**

Le cinquiéme **A E K.** eſt pour le côté **A E.**

Ayant compris cela, mettez les diſtances d'un Pentagone Ré-gulier ſur ces Triangles, c'eſt-à-dire, (1) 25 Toiſ. pour la Perpendiculaire, F 3 & 4. G 3 & 4. H 3 & 4. I 3 & 4. K 3 & 4. (2) 50 Toiſ. pour la Face, F 7 & 8. G 7 & 8. H 7 & 8.

H 7 & 8. I 7 & 8. K 7 & 8. (3) 38 Toif. & demi ,
pour le Complement de la ligne de défenfe , F 5 & 6. G 5
& 6. H 5 & 6. I 5 & 6. K 5 & 6. (4) Prenez les diftances de travers , en forte que l'efpace entre 3 & 4 forme la
longueur proportionnée des Perpendiculaires ; celle de 5 au 6
fera le Complement, & de 7 au 8 la Face.

4. La maniére de tirer les Faces, les Flancs & les Courtines,
eft égale à celle de la Fortification Réguliére.

5. L'Orillon & la Tour-creufe avec la Brifure fe font auffi
comme dans la Réguliére.

6. Le Corps de la Place retient auffi les mêmes diftances
qu'on lui donne dans la Réguliére, fans qu'il foit befoin
de mettre les diftances fur les Triangles, parce qu'une Place
Irréguliére n'a pas moins befoin d'un bon Rempart, Foffé,
&c. par tout qu'une Réguliére.

Pour le Ravelin devant la Courtine.

La Courtine n'étant pas plus longue que de 100 Toif. on
en prend la moitié pour la capitale du Ravelin, qu'on met devant, achevant le refte comme dans la Réguliére. Mais fi
elle eft plus longue, vous mettrez 50 Toif. fur fon Triangle ,
en prenant la diftance de travers pour la Capitale. Le Corps
de la Place fera fortifié comme dans la Réguliére.

Pour les autres Dehors.

Pour les Dehors vous prendrez les diftances de la Fortification Réguliére, pour les mettre fur le Triangle de ce côté ,
que je prétens en couvrir , & en prendre les diftances de travers, achevant le refte à l'ordinaire.

CHAPITRE III.

De la Fortification d'une Place Irréguliére déja bâtie.

UNe Place étant déja couverte & fortifiée en quelque maniére, de forte que pour éparguer les fraix , on n'a qu'à réparer les vieilles Fortifications, & corriger les défauts les plus
dangereux qui s'y trouvent, on prendra garde aux principes
fuivans:

O 5

I. Si

I.

Si un côté du Rempart, qui a besoin d'être défendu, n'est long que de 60 jusqu'à 80 Toif., on prendra 14 ou 15 Toif. pour la demi-Gorge, & autant pour le Flanc, dont l'ouverture de l'angle soit de 100 degrés, si on le fait de nouveau ; mais quand il y est déja perpendiculaire, ayant seulement besoin d'une réparation, on le retient sans corriger l'ouverture de son angle, pourvû qu'il ne soit pas aigu.

II.

Le côté extérieur étant de 80 jusqu'à 180 Toif. observez les proportions suivantes, s'il n'y a pas moyen de faire les Flancs plus grands ; retenez prémiérement la cinquiéme partie de chaque côté pour la demi - Gorge ; ensuite le côté de

80 Toif. aura le Flanc de		16 Toif.
90		17
100		18
105		19
110		20
115		21
120		22
125		$22\frac{1}{2}$
130		23
135		$23\frac{1}{2}$
140		24
145		$24\frac{1}{2}$
150		25
155		$25\frac{1}{2}$
160		26
165		$26\frac{1}{2}$
170		27
175		$27\frac{1}{2}$
180		28

III. Le

III.

Le côté étant de 180 jufqu'à 300. on le regardera comme deux, en mettant un Baftion plat au milieu ; dont voici la conftruction :

1. Ayant *par exemple* à fortifier le côté AC. Fig. 1. Planche XXXVIII. qui eft de 200 Toif. divifez-le en deux parties égales, AB. BC.

2. Partagez une de ces deux parties en cinq autres, dont une formera la demi-Gorge BD. & BE. de même que pour les Baftions voifins AI. & CK.

3. Erigez fur le milieu E. une Perpendiculaire, égale à la Gorge, DE. comme BF. pour Capitale.

4. Erigez fur D. E. les Flancs à l'ouverture d'un angle de 100 degrés, en leur donnant la demi-Gorge pour hauteur, comme DH. & EG.

5. Joignez la Capitale & les Flancs enfemble, & le Baftion plat fera fait. Ces fortes de Baftions font parfaitement bien défendus, car outre que les Flancs des Baftions voifins battent leurs Faces de revers, prefque toute la Courtine leur fert de fecond Flanc, & augmente leur défenfe.

6. Pour achever le refte de la ligne, vous érigerez pareillement des Flancs fur I. & K. égaux aux demi-Gorges ; la Face fe forme par le tir de la ligne de défenfe rafante.

IV.

Si le côté eft encore plus grand, on prendra toûjours de 140 jufqu'à 150 Toif. pour y faire un Baftion plat, ce qu'on continuera jufqu'au bout de la ligne.

V.

Les Faces venant trop longues, il les faut couper en Tenaille vers le milieu par un angle rentrant, tel qu'eft ABC. Fig. 2. Pl. XXXVIII. & le couvrir enfuite d'une contregarde. Sans cela, ces Baftions ne valent pas grand-chofe, étant prefque pires que fi on avoit retenu les premiéres Faces.

VI.

Le Baftion plat doit être couvert d'un bon Ravelin ; ou bien la Courtine, qui eft entre un tel Baftion & un autre, témoin la Pl. XXXVIII.

CHA-

CHAPITRE IV.

De la Fortification des Angles Rentrans & Saillans.

§. I.

Pour le Rentrant.

IL y a peu de Places irréguliéres, dont la vieille enceinte ne forme un Angle rentrant, qui est presque toûjours hors d'attaque, étant vû de beaucoup d'endroits; mais ordinairement il est accompagné d'un défaut, qui a besoin d'être corrigé; c'est qu'il forme communément les deux Angles Saillans, qui lui sont les plus proches, trop aigus. Il est vrai, que si ces angles n'en devenoient pas tels, l'on pourroit tirer un grand feu de l'Ouvrage, bâti sur l'Angle Rentrant, pour défendre les Bastions qui en sont vûs. On les peut donc fortifier ainsi: supposez l'angle de la Fig. 3. Pl. XXXVIII. obtus.

1. La longueur des côtés le permettant prenez de grandes demi-Gorges de 30 à 35 Toif. AC. AB.
2. Elevez sur CB. les Flancs perpendiculaires, s'il n'y a pas moyen de leur donner une ouverture de 100 degrés; la hauteur sera si grande que faire se peut.
3. Joignez les Flancs en haut ensemble, & érigez du milieu D. une Perpendiculaire égale à la moitié de cette traverse, comme DE.
4. Joignez les extrémités des Flancs & de la Perpendiculaire ensemble, & vôtre Angle sera fortifié.
5. L'Angle étant droit ou aigu, comme Fig. 4. & 5. Planche XXXVIII. on prendra de bonnes demi-Gorges, & on tirera les Flancs perpendiculaires, dont la rencontre FG. formera la Fortification; sans alléguer ici toutes autres maniéres, dont on peut fortifier un tel Angle.

§. 2.

Pour ce qui est de l'Angle Saillant, j'ai déja dit, qu'à moins qu'on ne mette une contregarde devant le Bastion coupé, on fait mieux de laisser l'Angle aigu, comme il est.

que

que d'en former un Baſtion à Tenaille, ou coupé ; parce qu'on ne doit jamais s'en ſervir ſans y être contraint. On trouve pourtant des Places, où il y en a, *par exemple à Geneve, à Charlemont*, &c. en ce cas-là, la Contregarde ne doit être ſéparée du Baſtion que par un petit Foſſé de 5 ou 6 Toiſ. Il n'eſt pas néceſſaire de lui donner un Rempart ; un bon Parapèt à l'épreuve du Canon ſuffit.

Quoiqu'il y ait diverſes autres maniéres de fortifier ces Angles, ils ne laiſſent pourtant pas, malgré tous les ſoins que l'on y peut prendre, d'être fort défectueux.

CHAPITRE V.

Des Redans.

ON voit fort ſouvent border les riviéres & les lieux eſcarpés de Redans, nonobſtant que c'eſt une méchante Fortification, n'étant flanquée que d'un côté. Ordinairement les Faces en ſont fort longues & les Flancs fort petits ; ce qui empêche que toute la Face ne peut être défenduë. N'ayant pas moyen de les éviter, on y fera du moins de beaux Flancs, longs de 25 à 30 Toiſ. ſuffiſant de défendre les Faces entiéres ; & en ce cas, il n'importe quelle longueur l'on donne aux Faces, pourvû qu'elle n'excéde pas la portée du mouſquèt. S'il eſt poſſible d'y mettre des Baſtions entiers, on ne les doit jamais négliger, quand bien mêmes leurs Gorges n'auroient que 30 Toiſ. de largeur, & les Flancs de 12 à 15 de hauteur ; car, tout mauvais que ces petits Baſtions ſoient, ils valent toûjours mieux encore que les Redans, en ce que premiérement ils ne coûtent pas tant, & enſuite ils défendent mieux une Riviére, comme vous voyez Fig. 6. & 7. Pl. XXXVIII.

CHAPITRE VI.

De la Fortification des Ports, des Places situées sur le bord de la Mer, ou d'une Rivière, ou sur une hauteur, ou dans une Vallée.

§. 1.

AUx *Ports* on assûre l'entrée par une Forteresse, qu'on met sur un écueil, ou un banc de sable qui ne soit point mouvant. En cas qu'il n'y ait ni l'un ni l'autre, on bâtira deux tours à l'entrée du Canal qui conduit au Port ; à côté on construira une Citadelle qui commande au Port & à la Ville. Au défaut des Citadelles, on fortifiera le rivage de Cavaliers, Platteformes, &c. dont l'Artillerie empêchera l'ennemi d'approcher, & de brûler les Vaisseaux. L'entrée du Canal qui mène au Port, sera fermée tous les soirs avec une bonne chaine pour empêcher les surprises. Le côté de la terre sera fortifié à l'ordinaire. *Voyez* Fig. 8. Pl. XXXVIII.

§. 2.

Les Places situées sur le bord de la Mer ou d'une grande Rivière seront défenduës par de bons Cavaliers, élevés de distance en distance, & joints ensemble par un bon Parapèt fait à l'épreuve du Canon, qui formera une espéce de Courtine. Une bonne Citadelle est pourtant meilleure que toutes ces Fortifications, dont il ne faut se servir qu'en cas que les premiéres manquent.

§. 3.

Une Place étant commandée par quelque hauteur, il faut tâcher que les Bastions viennent opposés aux commandemens, pour y élever des Batteries & des Cavaliers, afin que le feu soit égal en hauteur à celui du commandement. S'il y a moyen de renfermer le commandement avec quelques Dehors on y employera les Ouvrages - à - Couronne plus qu'aucun autre ; ou bien, on y mettra de petits fortins dessus pour d'autant mieux en éloigner l'ennemi.

§. 4. Les

§. 4.

Les Places dans des Vallées ne font pas bonnes à être fortifiées, à moins qu'on ne foit maître des hauteurs d'alentour, & qu'on n'y ait quelque Fort ou Citadelle, pour en éloigner l'ennemi. En ce cas, il faut conferver ce commandement avec tant de foin, qu'il vaut mieux laiffer prendre la Ville que de l'abandonner, à caufe que celui-ci ne pourra pas fe couvrir dans la Ville fans en être vû; & par conféquent il fera obligé de s'en dénicher le plus vîte qu'il pourra, au lieu que le commandement étant forcé, il eft maître en même tems de la Ville, qui n'aura qu'à fe préparer à recevoir fes ordres.

§. 5.

Si une Place eft fituée fur le penchant d'une Montagne, dont on ne peut approcher que par devant, on féparera la Ville en deux, & on gardera la partie la plus haute pour la fortification & la retraite, de même que pour le commandement; puifque l'ennemi, quoiqu'il force la Ville-baffe, ne pourroit pas long-tems s'y maintenir, à caufe du feu qu'il faudroit effuyer, de ceux qui gardent la Ville-haute.

§. 6.

Toutes ces fituations font fujettes à tant de variations & diverfités de circonftances, qu'il eft impoffible de dépeindre au vrai, de quelle maniére elles doivent être fortifiées, & qu'ainfi l'on fera tout ce qu'on peut faire au monde, fi on prend garde d'imiter les régles fondamentales, dont il eft parlé ci-deffus, autant qu'il eft poffible. La figure & la grandeur des Ouvrages dépendent du fçavoir de l'Ingénieur, & de la commodité du terrain.

CHAPITRE VII.

De la Fortification Irréguliére à la Hollandoife.

Les Maximes de cette Fortification confiftent dans les régles fuivantes:

1. Cha-

1.

Chaque côté doit être fortifié selon les régles du Polygone, que le plus petit angle de Gorge, qui lui est à côté, montrera.

2.

Sur chaque côté, on met un Triangle, à la distance du Polygone intérieur de la figure, selon laquelle on fortifie le côté.

3.

Sur ce Triangle on met toutes les distances ordinaires, qu'on prend de travers pour les employer au dessein, comme à la Françoise.

Explication.

1. Cherchez tous les Angles de Gorge avec le rapporteur.
2. Prenez un côté tel que vous voudrez, & fortifiez-le selon les régles du Polygone, dont les angles de Gorge s'approchent le plus du plus petit des deux, qui déterminent le côté.

Supposons un Pentagone irrégulier, dont l'angle de Gorge A. Fig. 1. Pl. 39, ait 98 dégrés, l'Angle B. 150. C. 104. D. 96. & E. 114. Commençons maintenant par le côté AB, terminé à gauche d'un Angle de 98 degrés, & à droite, d'un de 150. Le premier étant le plus petit de ces deux, marque, que ce côté sera fortifié selon les régles d'un Quarré, à cause qu'aucun autre Polygone n'a l'angle de Gorge plus approchant du nombre de 98, que le Quarré, celui du Pentagone étant de 108, & celui de l'Hexagone encore plus grand. Par conséquent, on fera les demi-Gorges, & les deux Flancs, tout comme au Quarré, les Faces se formant de même, moyennant les seconds Flancs, ou les Capitales. Le côté BC. sera fortifié comme un Pentagone, parce que l'angle de Gorge du Pentagone 108. est le plus approchant du nombre de 104, qui est le plus petit angle, qui détermine ce côté. Par la même raison, vous fortifierez le côté CD. comme un Quarré, de même que les deux autres côtés DE. & EA.
3. Sçachant donc selon quel Polygone on doit fortifier les côtés, avant que d'employer les distances, prennez chaque côté pour Base, & avec la distance du Polygone intérieur de la figu-

figure, selon laquelle on fortifie le côté, décrivez de ses extrémités un triangle, sur lequel vous mettrez les distances, comme, la demi-Gorge, le Flanc, & les Capitales, ou les seconds Flancs, & les prendrez ensuite de travers, pour avoir les distances proportionnées, dont il faut construire votre Place. Il s'ensuit de ceci, que sur les côtés AB. CD. DE. & EA, on fera des triangles, à la distance du Polygone intérieur du Quarré, à cause qu'on les a fortifiés comme un Quarré; le seul côté BC. aura un triangle, à la distance du Polygone intérieur du Pentagone, parce qu'il est fortifié comme le côté d'un Pentagone.

Les distances du corps de la Place, suivront les côtés; c'est à dire, on prendra toutes les distances pour le corps de la Place, selon le même Polygone, selon lequel j'ai formé le Flanc, la demi-Gorge & la Face. Toutefois il ne faut pas oublier de les mettre sur les triangles, & d'en prendre les distances de travers, comme au dessein.

Les dehors n'ont rien de différent de ceux de la fortification Réguliére.

Il y en a d'autres qui forment leurs Bastions en deux demi-Gorges, & de deux Faces égales, & de deux Flancs égaux, réglant la Courtine, selon le Bastion le plus foible, quoique sans raison, parce qu'un Quarré a besoin d'une aussi bonne fortification que le Pentagone ou l'Hexagone, l'Ennemi n'attaquant pas une Place avec d'autres armes, que l'autre, encore moins les côtés d'une même Place, en sorte que cette inégalité peut passer sur le papier, mais non pas sur le terrain.

P

LIVRE

LIVRE VIII.

De la Fortification Offensive.

L'Ambition du Genre humain changeant fort souvent la tranquilité de la paix, avec les troubles & malheurs de la guerre, pour des raisons qui ne valent quelquefois pas la peine d'en parler, on commence d'abord la prétendue vengeance par divers actes d'hostilité, avant qu'on vienne à une déclaration de guerre ouverte & une rupture solemnelle, dont les suites ne consistent que dans de batailles horribles, de désolations des Provinces entiéres, soit par le fer, ou par la flamme, de siéges & prises de Villes, dans la ruine des pauvres habitans, & dans mille autres maux, qu'on ne peut pas spécifier ici. Je n'ay même pas envie de discourir de tout cela, pour ne pas confondre l'histoire avec l'Architecture militaire. Mon seul but est de parler des choses, qui appartiennent à l'attaque des Places qu'on assiége.

CHAPITRE I.

De l'assiette d'un Camp en général.

Voulant former le siége d'une Place, il faut nécessairement camper devant. A parler généralement d'un camp, il faut tâcher,

1. Qu'il ne soit point entre des Montagnes, pour ôter à l'ennemi l'avantage d'y commander.

2. Il

2. Qu'il soit proche d'une Riviére, tant pour la commodité de l'eau, que pour empêcher les mauvaises odeurs des charognes, & de la boucherie, qui engendrent beaucoup de maladies.

Qu'il soit dans une plaine, où on pourra découvrir l'ennemi de loin, & en cas de besoin, se mettre en Bataille.

Qu'il ne soit pas dans un lieu marécageux, qui ordinairement est mal sain, ni dans un qu'on pourra inonder, ni où on manque facilement de fourages, ce qui fait créver les chevaux.

Les defilés assûrent beaucoup un camp.

En cas que toutes ces commodités ne se rencontrent pas à la fois, comme il arrive ordinairement, soit qu'il y ait des hauteurs aux environs, ou une forêt à côté, ou des inondations à craindre, ou une disette d'eau, ou quelque autre incommodité à souffrir, les Places n'étant pas situées à souhait de l'assiégeant, il faut prendre des précautions là dessus, autant qu'il est possible, ainsi il faudra tâcher de mettre des Redoutes & Fortins sur les commandemens les plus proches, afin que l'ennemi n'y loge pas à son aise. Quand on manque de Riviére, on convient avec des Charetiers & d'autres gens, qui amenent autant d'eau au camp, qu'on en a besoin. Ayant de forêts à côté, favorables aux surprises du secourant, s'il n'y a moyen de les couper entiéres, on en coupe autant qu'il faut pour se barricader, & selon le lieu, où on est, on tire encore en deça du camp un Fossé, pour s'assûrer davantage. Quant aux mauvaises odeurs, le Général donnera ordre de les tenir hors du camp, & de mettre les vilainies du bétail dans des trous, qu'on fera pour cela dans la terre. Les charognes seront aussi d'abord portées hors du camp, pour ne point infecter l'air. Outre ces précautions il y en a tant d'autres encore, qu'un Général aura à prendre, dont on ne peut prévoir la nécessité, si non dans le moment, que les accidens arrivent.

CHAPITRE II.

Du Camp d'Infanterie.

§. 1.

Pour une Compagnie de cent hommes.

UNe Compagnie de cent hommes occupe un espace de 200 pieds de Roi en longueur, & de 24 en largeur, qu'on partage ainsi :

1. Le Capitaine en prend 40 pieds pour son logement ABCD. Fig. 2. Pl. 39.
2. On laisse un chemin de 20 pieds CE. DF. pour y arborer les drapeaux, & dresser de simples machines, pour y ranger les piques, s'il y en a, comme vous voyez Fig. 2. Pl. 39.
3. On donne 100 pieds pour les soldats, EG. FH.
4. On laisse un autre chemin de 20 pieds, GI. HK.
5. Le reste de 20 pieds sera donné aux Vivandiers, Cuisiniers, &c. IL. KM.

Quant à l'ordre des maisons, on partage la largeur de 100 pieds, EG. FH. qu'on a donné aux soldats, en trois parties égales, comme EPGN. QPNO. QFOH. dont celle qui est au milieu, servira de chemin. Les deux autres rangées seront distribuées dans la Compagnie, en sorte, que chaque maison forme un Quarré, large de 8 pieds, & longue de 4, 5 ou 6 pieds, selon que la Compagnie est plus ou moins forte. Les deux premieres places ERPS & QTFV, seront pour le Lieutenant & l'Enseigne ; les autres pour les Sergens, les Caporaux, les Appointés, & le reste de la Compagnie. Entre deux maisons, on laisse toûjours un petit chemin de 2 pieds, afin que chaque hute forme une Isle. Les portes répondent à la ruë, qui est au milieu, excepté celles du Lieutenant & de l'Enseigne, qui seront faites vis-à-vis de la porte du Capitaine, comme vous voyez dans la Fig. 4. Pl. 39.

§. 2.

Pour un Regiment de 6 Compagnies.

Touchant la difposition d'un Regiment entier , on placera
Compagnie après l'autre , à l'intervalle de 8 ou 10 pieds.
Le Colonel fera logé au milieu des Capitaines , ayant un efpace environ de 68 ou 70 pieds de large , & 40 pieds de long
pour fon logement. Le Lieutenant Colonel fera également logé vis-à-vis du Colonel ; comme A B C D & E F G H. Pl. 40.
Derriére le Lieutenant Colonel on laiffera un chemin de 10
pieds, E F I K. après lequel on donne un efpace de 50 pieds,
aux Officiers de l'Etape , j'entens le Prêtre , le Secretaire,
l'Auditeur , le Prévôt, &c. IK. LM. Dix pieds de - là on
laiffe une place de 40 pieds NO, PQ. pour des maifons né-
ceffaires, féparées par un chemin de 10 pieds , du bagage du
Colonel RS. TV. qui occupe autant d'efpace. Pour marquer
le terrain pour un Regiment de fix Compagnies , on n'a qu'à
faire le calcul fuivant.

Chaque Compagnie ayant 24 pieds en largeur , fix Compagnies occuperont 144 pieds.

Le Colonel prend environ 70 pieds en face , lefquels ajoûtés
aux 144 font 214 pieds.

Chaque Compagnie eft éloignée de l'autre de 8 à 10 pieds ;
en retenant le premier nombre , on trouvera 48 pieds qu'on
ajoûtera aux 214 , pour avoir la fomme de 262 pieds.

La longueur reftant toûjours de 300 pieds , on n'aura qu'à
faire un Parallelogramme , large de 262 pieds , & long
de 300.

De la même maniére, on marquera la place pour un Régiment plus ou moïns fort, & par conféquent pour toute une
armée , en laiffant toûjours 50 pieds d'efpace entre deux Regimens. Les Portes des maifons des Lieutenans & des Enfei-
gnes doivent être vis-à-vis de celles de leurs Capitaines ; mais
celles des foldats répondront à la ruë , qu'on donne à chaque Compagnie.

CHA-

CHAPITRE III.

Du Camp pour la Cavalerie.

§. 1.

Pour une Compagnie de 80 Maîtres.

LA longueur est égale à celle d'une Compagnie d'Infanterie, c'est-à-dire, de 300 pieds, mais la largeur monte à 70 pieds. Les 300 pieds seront tellement distribués que le Capitaine en prendra 40, comme ABCD. Pl. 41. Derriére ce logement on laisse un chemin de 20 pieds; aprés ce on prend 200 pieds pour les hutes des Cavaliers, qu'on range ainsi:

1. On partage le parallelogramme EFGH, destiné pour cela en 2 parties égales, & on joint le milieu IK ensemble.
2. Mettez des points IK. de part & d'autre, 10 pieds, comme IL. IN. & KM. KO. de sorte, que l'espace L M N O. fasse une ruë large de 20 pieds, & longue de 200.
3. Mettez du point E. vers L. & de G. vers M. de F. vers N. & de H. vers O. cinq pieds, comme EP. GQ. FT. HV.
4. Partagez le reste PL. QM. & TN. VO. en deux parties égales, dont l'une P R Q S. & W T X V. servira de chemins de 10 pieds de largeur, & l'autre pour les écuries RLSM. & WNOX.
5. Les hutes, dont les deux premiéres appartiennent au Lieutenant & à l'Enseigne, & les Ecuries, n'auront qu'une même longueur de 7 pieds. On laissera toûjours entre deux un espace de 2 pieds. Toute la Compagnie sera partagée ainsi en 2 rangées, dont chacune consistera en 21 maisonnettes, & autant d'écuries. Chaque hute étant pour 2 hommes, & chaque écurie pour deux chevaux, une rangée suffira pour le Lieutenant & 40 Maîtres avec leurs chevaux, & l'autre pour l'Enseigne & 40 Maîtres avec leurs chevaux. Au bout des hutes on laisse un chemin de 20 pieds, le reste étant pour les Vivandiers.

§. 2.

Pour un Regiment.

Le Colonel du Regiment n'ayant pas un plus grand logement que les autres Capitaines, on lui fera toûjours l'honneur de loger sa Compagnie au milieu, en sorte, qu'on n'a qu'à mettre une Compagnie aprés l'autre à l'intervalle de 20 pieds, & on trouvera facilement tout l'espace qu'il faut pour le Regiment entier. Posons le cas qu'il soit de 5 Compagnies, dont chacune occupe 300 pieds de hauteur, & 70 pieds de face ou de largeur; cinq fois 70 feront 350; quatre chemins qu'on laisse entre deux, chacun de 20 pieds, font encore 80 pieds. Ainsi tout le Regiment aura besoin d'un quarré de terrain, long de 300 pieds, & large de 430. Comme vous le voyez N. XLI. Au camp d'une Armée, on placera un Regiment à 60 pieds de l'autre.

CHAPITRE IV.

Du Quartier du Roi, &c.

§. 1.

LE Généralissime se choisit au milieu de l'Armée une place de 300 pieds de long, & de 600 de large. Tout autour de son logement, on laisse un espace de 250 pieds pour la place d'armes, où les Soldats s'assemblent en cas de besoin.

§. 2.

Le Général de l'Artillerie prend une autre place, longue de 300 pieds, & large de 480. Y ayant un Cloître, ou Château, ou quelque beau Village auprès, les Généraux ne manqueront pas d'en profiter, sans se tenir obligés à un certain nombre de pieds, qu'on n'observe non plus que dans le tems, qu'il faut nécessairement camper en campagne.

§. 3.

Les Officiers subalternes, qui n'ont ni Regimens ni Compagnies, auront un espace proportionné à leur nombre.

§. 4.

La poudre & les feux d'artifice sont gardés dans des redoutes ; le Bagage ayant sa place à part.

§. 5.

Le grand Marché, qui est pour les Hôtes, Bouchers, Boulangers, Marchands, Cordonniers, Tailleurs, Serruriers, Maréchaux, & d'autres métiers, est large de 400 pieds & long de 300. On le divise en deux lignes, chacune contenant quatre rangées de maisons, dont la largeur est de 10 pieds. L'intervalle entre deux rayes est de 20 pieds.

CHAPITRE V.

De la Circonvallation & Contrevallation.

LA Circonvallation n'est autre chose qu'une Tranchée, dont l'assiégeant fortifie son camp contre les secours. La Contrevallation est un Fossé bordé d'un Parapèt, qui regne en dedans de la Circonvallation contre les sorties des assiégés. L'une & l'autre sont larges & profondes, selon les occasions : quelquefois elles ont 3 ou 4 T. de largeur, & 9 à 10 pieds de profondeur ; tantôt plus, tantôt moins. De 120 à 150 Tois. on met une Platteforme, ou quelque ouvrage étoilé, ou une Redoute, ou une Tenaille, &c. La largeur & la hauteur du Rempart & du Parapèt, sont proportionnées au Fossé, en sorte, que le Rempart devient quelquefois large de 4 Tois. & haut de 10 pieds, sans la hauteur & l'épaisseur du Parapèt. Autour de la Fortification, au dedans du Camp, on laisse une ruë de 100 pieds de large, pour y ranger les troupes en ordre, quand il s'agit de faire des sorties. Le Camp est traversé le plus souvent, par quatre grandes ruës, de 50 pieds de largeur, qui donnent sur la grande place d'armes, qui est de 600 pieds de long, & 450 de large. Les autres ruës n'ont
que

que 30 pieds de largeur. La Circonvallation & Contrevallation
font repréſentées par la Fig. 1. Pl. XLII.

CHAPITRE VI.

Des Batteries.

§. 1.

POur démonter le Canon de l'aſſiégé & ruiner ſes Ouvrages, l'aſſiégeant a beſoin de Batteries, qu'il fait à proportion du Rempart, hautes ou baſſes, c'eſt-à-dire, de 5. 6. 7. 8.
pieds & davantage; les plus proches de la Ville ſeront toûjours
les plus hautes.   La longueur eſt proportionnée au nombre des
piéces qu'on y met, comparant 3 Toiſ. de diſtance de l'une à
l'autre.   La largeur dépend de la longueur des piéces, en ſorte, qu'on y employe de 30 à 40 pieds, & davantage.   Le Parapèt dont elles ſont bordées, eſt large de 3 Toiſ. par devant,
& à côté de 12 pieds, étant haut de 6 pieds.   Les Embraſu-
res ne ſont guéres plus enfoncées de 3 pieds.   Au reſte, on
obſervera ce qui en eſt dit ci-deſſus Chap. 16. Liv. 4.   La
maſſe étant élevée, on l'environne d'un Foſſé, large de 8 à
10 pieds, & profond de 6 à 7 pieds.   Entre ce Foſſé & la
Batterie, on laiſſe 3 ou 4 pieds pour la Berme.   La montée
eſt de 15 pieds, &c.   Le Talut extérieur aura environ 5 pieds,
l'intérieur autant, & celui à côté quatre.   Le Pont pour entrer dans la Batterie peut être de 10 à 12 pieds de large.
Derriére la Batterie, où on laiſſera un eſpace environ de 36
pieds, on creuſe à côté de la montée un petit Foſſé, large de
10 pieds, & profond de 4, pour y garder les barils de poudre, & afin que le feu ne s'y prenne pas, on les couvre d'un plancher, ſur lequel on met des ſacs de poil de cheval ou des peaux de bœufs moüillées.   La Fig. 2. Pl. XLII.
vous éclaircira tout cela, repréſentant la Batterie de 5 piéces,
que je m'en vais vous expliquer :
AD. repréſente la longueur de la Batterie, qui eſt de 19 Toiſ.
ſçavoir 15 pour les piéces, & 2 pour le Parapèt de chaque
côté AB. & CD.
BR. eſt la largeur du Parapèt par devant, de 3 Toiſ.
AB. CD. eſt la largeur du Parapèt à côté, de 2 Toiſ.
BS. eſt le plancher, de 15 pieds.

P 5

ST.

ST. est le reste de la Platteforme, couvert de clayes, de 15 pieds.

EF. GH. est le talut intérieur & extérieur, de 5 pieds.

IK. LM. est le talut à côté, de 4 pieds.

NO. est la Berme de 4 pieds.

YZ. est le Fossé de 10 pieds.

V. marque la montée, large de 15 pieds.

W. est le petit Fossé pour la poudre.

X. est le Pont pour entrer.

PQ. est l'espace de 36 pieds, derriére la Batterie.

§. 2.

Du Profil de la Batterie.

Pour faire ce Profil, il faut calculer (1) la largeur des parties; (2) leur hauteur; ainsi

Le Fossé aura 10 pieds de largeur.

L'espace derriére la Batterie monte à 36 pieds.

Le talut intérieur a 5 pieds.

La largeur de la Platteforme jusqu'au Parapèt, 30 pieds.

La largeur du Parapèt, 3 Tois.

Le talut extérieur, 5 pieds.

La Berme, 4 pieds.

Le Fossé, 10 pieds.

Tout cela faisant une longueur de 118 pieds, tirez un ligne AB. Fig. 3. Pl. XLII. si longue que vous voudrez, & commençant par A. mettez 10 pieds pour la largeur du Fossé AC.

AD. est son talut extérieur, 3 pieds.

CE. son talut intérieur, 3 pieds.

DE. EF. sa profondeur de 6 pieds.

GK. la base de la Batterie, 58 pieds.

GH. son talut intérieur, 5 pieds.

KI. son talut extérieur, 5 pieds.

HL. IN. sa hauteur de 8 pieds.

LM. pour la Platteforme, 30 pieds.

MO. hauteur intérieure du Parapèt avec la Banquette, 6 pieds.

MP. talut intérieur du Parapèt, 1 p.

NQ. talut extérieure du Parapèt, 2 p.

QR. hauteur extérieure du Parapèt, 4 pieds.

RS. la Berme de 4 pieds.

ST. la largeur du Fossé, 10 pieds.

SV. TV. son talut de 3 pieds.

VW. sa profondeur de 6 pieds.

CHA-

CHAPITRE VII.

Des Chandeliers.

Les Chandeliers font plus propres à couvrir les travailleurs, que d'autres machines. Leur conftruction eft telle :

1. Choififfez de bonnes planches doubles, de 5 à 6 pieds de long, & de 2 ou 3 pouces d'épais.

2. Attachez-les l'une fur l'autre contre les poutres, foûtenuës fur d'autres, qu'on garnit quelquefois de petites rouës pour les faire aller plus commodément, jufqu'à une hauteur environ de 6 pieds.

3. Doublez ces planches à l'épreuve du moufquet.

Ces machines ne couvrent pas feulement le travailleur, mais empêchent encore l'ennemi, qu'il ne fçauroit voir ce que l'on fait derriére. *Voyez* Fig. 1. Pl. XLIII.

Quelquefois on conftruit les Chandeliers de facs à laine, ou de fafcines, ou d'autre matiére que la neceffité oblige de prendre.

CHAPITRE VIII.

Du Pont de Jonc.

Ce Pont eft d'une grande utilité, l'affiégeant voulant paffer le Foffé, voici de quelle maniére il fe fait :

1. Le Jonc étant bien meur, on le coupe, & on le feche.

2. On le lie enfemble en forme de quarré, large de 10 pouces, long de 5 pieds & épais de 10 pouces.

3. On prend des clayes de 5 pieds de large, & de 10 pieds de long, & on les couvre de ce Jonc lié, qu'on attache bien fort.

4. Ces clayes feront attachées par les deux bouts en forme de paillaffons, à deux perches, afin qu'elles tiennent mieux; une claye jointe à l'autre formera le Pont pour traverfer l'eau.

Quand il n'eft pas affez fort, on mettra encore un autre deffus, pour affermir d'autant mieux le paffage. *Voyez* Fig. 2. Pl. XLIII.

CHA-

CHAPITRE IX.

Des Tranchées.

Quand on en veut à une Place, il la faut reconnoître avant que de l'assiéger, pour sçavoir par quel endroit on la pourra attaquer avec avantage. La déliberation faite, & la résolution prise, on commence la Tranchée la nuit environ à 200 Tois. de la Ville, le plus souvent par trois endroits, A B C. Fig. 1. Pl. XLIV. qui à la fin ne font qu'une même ligne, parallele aux ouvrages opposés D. D. D. & ce travail sera conduit par trois Ingénieurs, dont chacun en fera sa partie, jusqu'à ce que la premiére parallele sera achevée. On fera à la tête de la Tranchée des Redoutes, bordées de leurs Fossez & Parapets pour couvrir les travailleurs contre les sorties des assiégés E. E. E. Les pionniers sont postés de 5 à 5 pieds l'un de l'autre, dont le premier ne creuse la terre qu'environ de 3 pieds, jettant cette terre devant eux, pour se couvrir d'un Parapet de 6 pieds de haut, dont la profondeur de la Tranchée lui donne la moitié, & la terre qui en est tirée, l'autre. Etant relevés par d'autres travailleurs, ceux-ci élargiront & approfondiront davantage la Tranchée, jusqu'à ce qu'elle sera en bon état, de 14 à 15 pieds de largeur. La profondeur en sera augmentée, à mesure qu'on approche de la Place, faisant toûjours des Banquettes à côté. Cela fait, on éleve à côté de cette premiére ligne, une Batterie, ou deux, F. F. vis-à-vis du feu que les travailleurs ont à essuyer, pour faire taire tout ce Canon-là, ou du moins en diminuer la furie. Ensuite, chaque Ingénieur aura soin d'avancer sa Tranchée, parallele aux Faces, environ de 40 à 50 Tois. où il dressera des Redoutes G. G. G. & d'autres Batteries H. H. & ce travail sera poussé aussi loin de l'autre côté, en sorte, que les Redoutes viennent au milieu. Au bout de ces nouvelles lignes, on formera la seconde parallele I. I. I. laquelle étant en bon état, on commencera les lignes pour la troisiéme, couvertes de Redoutes K. K. K. & de Batteries L. L. comme les précédentes. Ayant gagné la troisiéme parallele M. M. M. proche de la Contrescarpe, & par conséquent, étant vû de tous côtés de la Ville, on songe à la Sappe.

CHAPITRE X.

De la Sappe.

AYant pouſſé la tranchée juſqu'à 5 ou 6 pieds, de l'angle ſaillant du Glacis, pour venir à couvert dans la Contreſcarpe, on commence à ſapper; c'eſt-à-dire, un pionnier ſortant la nuit des approches, ſe met à genoux, & s'enfonce, dans la terre du Glacis, le plus vîte qu'il peut, en la creuſant environ de 3 pieds, afin qu'en comptant la terre qu'il jette devant ſoi, il devienne couvert d'un Parapet de 6 pieds de haut. Cela fait, il continue ſa ligne juſqu'à une Toiſe, pendant qu'on autre élargit davantage le premier travail le faiſant large de 6 pieds, & également profond; un troiſiéme pionnier rendra cela encore plus parfait, en ajoûtant 3 pieds tant à la largeur qu'à la profondeur, en ſorte, que la Sappe devienne large de 9 pieds, & profonde d'autant, avec deux Banquettes. En cette proportion on la pouſſe juſques dans le Chemin-couvert A. Fig. 2. Pl. 44. où on fait au plus vîte pluſieurs grands logemens bien couverts pour en chaſſer les ennemis, Les gros gabions, dont on fait 3 ou 4 rayes, les unes derriére les autres, ſont d'une grande utilité alors, principalement quand on en met 2 ou 3 l'un ſur l'autre, pour enfiler d'autant mieux le Chemin-couvert, comme BB. Pendant que les logemens ſe font, on fera un feu continuel, pour empêcher la Mouſqueterie de la Place de tirer ſur les travailleurs. Il faut outre cela bien prendre garde, que ces logemens ne ſoient enfilés de quelque contrebatterie de la Ville, c'eſt pourquoi, on les couvrira d'une traverſe à l'épreuve du canon. Les Batteries ne doivent jamais ſe taire, mais toûjours jouer, ſans qu'on tire pourtant par camarade; autrement l'ennemi ſeroit le maître avec ſes Batteries. Le Chemin-couvert étant nettoyé, & l'aſſiégeant s'y étant logé, on tâchera de faire brêche, ou avec l'artillerie, & alors on fait jouer les Batteries inceſſamment; ou avec les mines, auquel cas on ſonge aux galleries, & à d'autres moyens, propres à traverſer le Foſſé.

CHA-

CHAPITRE XI.

De la Gallerie.

CEtte machine est conduite ordinairement au travers du Fossé, perpendiculairement vers la Face, comme vous voyez Fig. 1. Pl. 45; ou on s'y prend ainsi:

1. Par dessous la Contrescarpe, on fait une descente couverte, en la perçant la nuit vis-à-vis la Face du Bastion A.

2. Le Fossé étant plein d'eau, il faut tâcher de le remplir de fascines, sur lesquelles on jette de la terre, pour faire un passage uni & égal; & étant sec, on fera ce qui suit:

3. On plante la nuit les deux premiers pieux de la Gallerie AB. longs de 8 à 9 pieds, & épais de 6 à 7 pouces, éloigné l'un de l'autre de 7 pieds, qu'on joindra en haut & en bas ensemble par d'autres poutres semblables, traversées de bons espaliers, pour soûtenir mieux; *Voyez* Fig. 2. Pl. 45.

4. A cinq ou six pieds de là, on fait la même chose, comme CD. Fig. 1. Pl. 45; ce qu'on continuera jusqu'à l'Escarpe.

5. D'un étage à l'autre on met des planches, qu'on couvre de 2 pieds de terre, pour-être couvert contre le feu d'artifice de l'ennemi. Le toit étant à angle aigu, ce qu'on fait pour empêcher que le feu ennemi & les pierres qu'on pourra jetter dessus, ne s'y arrêtent pas, on couvrira les planches de fer blanc ou de gazon.

6. A côté on se servira d'autres planches, contre lesquelles on jettera jusqu'à 2 Tois. de terre, en laissant quelques soupiraux pour y faire tomber le jour, pour être d'autant plus assûré. *Voyez* Fig. 3. Pl. 45.

7. Ceux, qui sont commandés pour faire de nouveaux étages, auront soin de se couvrir si bien qu'ils pourront, soit de monceaux de terre qu'ils jetteront toûjours devant eux, soit de fascines, ou mantelets, ou chandeliers &c. C'est ainsi qu'on poursuivra le travail, jusqu'à la Face, qu'on veut miner, & faire sauter en l'air.

CHAPITRE XII.

De la Mine.

APrès avoir gagné l'Escarpe, le mineur percera la muraille, & fera un chemin creux dans le Baftion, environ de 4 pieds de large, & de 4½ de haut. Pourfuivant fon travail jufques vers l'angle flanqué, il fera un ou deux fourneaux, felon l'épaiffeur du Rempart, dans les fondemens du mur, hauts de 5 à 7 pieds, larges de 4 à 5, & longs de 5 à 6. qu'il remplira de barils, ou de facs à poudre, dont un eft fuffifant de renverfer une Toife cube de bonne terre. Plus on approche du fourneau, moins large doit être le chemin qui y conduit, outre qu'il ne faut pas qu'il donne droit dedans, mais qu'il faffe des angles, comme vous voyez Fig. 4. Pl. 45. afin que la force de la poudre n'endommage pas tant le trou bouché, ce qu'on fait, pour empêcher qu'il n'y entre point d'air. Le fourneau étant préparé, on y applique un tuyau de cuivre, rempli de bonne poudre, avec une méche allumée, qui dans un certain tems allume le tuyau, & celui-ci le fourneau, qui fait fauter le Baftion en l'air. N'oubliez pas d'étançonner la mine, c'eft-à-dire, de la foûtenir par des pieux & des doubles, afin que la terre & les pierres ne la gâtent en tombant. On met la terre & les pierres qu'on en tire, dans de petites corbeilles que les mineurs paffent entre leurs jambes, & fe les donnent l'un à l'autre fort aifément. Le nombre de Barils eft incertain, ainfi que j'ai déja avancé, un Rempart étant plus ou moins épais, il faut jufqu'a 3 milliers de poudre dans le fourneau pour le faire fauter. Ordinairement pourtant on n'y en met que 12 ou 15 quintaux, qui fuffifent à bouleverfer un Rempart de 12 Toif. d'épaiffeur.

CHAPITRE XII.

De l'Assaut.

LA Mine ayant joué, on se prépare pour l'assaut, supposé que la bréche soit d'une ouverture raisonnable, pour ne pas donner le loisir aux assiégés de la réparer, ni de songer aux moyens de la défendre; car l'épouvante, en ce cas, cause fort souvent tant de désordre & de confusion, que tout se fait à rebours. L'ordre de l'assaut dépend des Généraux, qui tiendront conseil avant que de le donner. Ordinairement on choisit pour cela, de chaque regimem, les plus vaillans soldats commandés par deux ou trois Officiers, portant les uns leurs armes ordinaires, & les autres des feux d'artifice, grénades, piques &c. On ne manquera jamais de soûtenir les premiers par d'autres troupes, qui se tiendront toûjours prêtes à monter, les premiéres n'en pouvant plus; & ainsi les troupes les plus avancées seront toûjours soûtenuës par d'autres, pour avoir le tems de se rafraichir. N'ayant pas l'avantage de se rendre maître de la bréche, pour épargner le monde on arrêtera l'assaut, & on fera la bréche plus grande; puis on recommencera de le donner, pour obliger enfin l'ennemi de battre la chamade, ou, en cas qu'il s'opiniâtre, on tâchera de s'en emparer l'épée à la main; alors toute la Ville dépendra de la grace du Vainqueur, au lieu qu'en se rendant à composition on jouit des conditions dont on est convenu. Le siége ayant bien réussi, le Général doit être libéral envers ceux qui se sont distingués devant les autres, les avançant aux charges, ou leur faisant des présens, & même en présence de toute l'armée, s'il est possible, pour encourager les autres, afin qu'une autre fois ils tâchent d'imiter les récompensés, en espérance d'être mis avec eux sur le même pied.

CHAPITRE XIV.

De la levée du siége.

PUisqu'on ne prend pas toutes les Places qu'on assiége, soit parce que les assiégés se défendent trop vigoureusement ; ou à cause qu'on leur envoye du secours ; ou que les injures du tems fatiguent trop l'assiégeant ; ou qu'une méchante maladie commence à regner dans le camp ; ou que la disette des munitions y paroît ; ou pour quelque autre raison, il faut lever le siége. Si cela se fait, l'assiégeant y étant contraint par une de ces raisons, on décampera la nuit, en envoyant quelques jours auparavant le bagage, les malades, les blessés, & la plus grande partie de l'artillerie, en sûreté, & puis après on fera marcher le reste, mettant le feu au camp, & laissant la Cavalerie pour l'Arriére-garde, pour empêcher les sorties des ennemis. La retraite se fera sans tambour, & sans bruit, afin que les assiégés n'en apprennent rien. Mais quand on leve le siége, dans la résolution d'aller autre part, sans y être forcé d'ailleurs, on le fera en plein jour, tambour battant, en bon ordre, réservant toûjours quelques Regimens de Cavalerie pour l'Arriére-garde, pour assurer d'autant mieux la retraite.

L I V R E IX.

De la Fortification Défensive.

CEtte Fortification nous enseigne, de quelle maniére
l'assiégé se doit défendre contre les insultes de l'assiégeant, & se servir de moyens de conserver la Place,
qu'il a bâtie pour sa sûreté. La nature semble n'avoit fourni
des armes aux bêtes sauvages, & aux autres animaux, dont
les uns se défendent avec des griffes, d'autres avec des cornes, d'autres avec leurs becs, d'autres avec leurs dents,
d'autres avec leurs aîles, d'autres avec leur venin, d'autres avec leur fiel, d'autres d'une autre maniére, que pour
montrer à l'homme la nécessité & la raison de la défense
légitime, que j'appelle, lorsqu'on est insulté par quelqu'un,
sans lui avoir donné de sujet de se mettre en colére, &
qu'on se défende. Je ne prétens pas faire le Docteur ici,
& raisonner sur toutes les espéces, & la forme de défenses
légitimes, poursuivant seulement mon but, qui ne va
que jusqu'à montrer, comment on pourra anéantir le travail de l'ennemi, qui nous attaque dans nos Places; le reste
appartenant à l'Ecole.

CHAPITRE I.

Des Retranchemens.

LEs Retranchemens ne doivent se faire, que quand l'assiégé craint, qu'il ne pourra plus maintenir son poste atta-qué, ni empêcher que l'ennemi ne s'y loge, puisque c'est une espéce de derniers remédes, dont on se sert.

On peut se retrancher ou en général, ou en partie; réguliérement & irréguliérement.

Les Retranchemens généraux & réguliers, forment une fi-gure semblable à celle que l'ennemi insulte. Les Particuliers ne regardant qu'un certain poste, prennent aussi la figure de l'ouvrage, au dedans duquel ils sont faits. Ainsi, dans un Bastion, vous en ferez un autre; dans un Ouvrage-à Corne, un autre, &c. au lieu que les Retranchemens irréguliers produi-sent d'autres formes, & telles, que la nécessité oblige de les fai-re. C'est pourquoi aussi je trouve inutile de vous en faire une description, tant, parce qu'on les pourra faire de cent fa-çons différentes, qu'à cause que l'occasion enseigne déja de quelle maniére il les faut faire. Remarquez pourtant, que tout Retranchement doit être ouvert du côté de la Place, afin que l'ennemi ne s'y puisse loger, sans être vû de ceux de la Ville; de plus, ils doivent être plus bas que les pre-miers ouvrages, pour ne point être vû de l'ennemi. Les lignes ponctuées de la Pl. 46. vous fourniront toute sorte de Retranchemens.

CHAPITRE II.

Des Contre-tranchées.

POur éloigner l'ennemi de la Place, l'affiégé doit faire des Contre - approches, oppofées à celles de l'affiégeant, & tellement conduites, que ceux de la Place les puiffent enfiler, quand ils voudront. La raifon en eft, parce que l'ennemi ne pourra pas ainfi s'en fervir, en cas qu'il s'en rende maître, à caufe des enfilades de la Ville, qu'il auroit à effuyer. Cependant, ces Contre - approches doivent être bordées de leurs Parapets, tournés vers l'ennemi, comme celles de l'ennemi, vers la Place. On n'oubliera pas de fortifier ces lignes avec des Redoutes, pour foûtenir d'autant mieux les efforts des ennemis.

CHAPITRE III.

Des Contre-batteries & Contre-mines.

§. 1.

LEs Contre - batteries ne font autre chofe, que des Batteries dont ceux de la Place fe fervent pour abbattre & ruiner celles des ennemis, que j'ai expliqué ci - deffus.

§. 2.

Les Contre - mines font de deux efpéces. Les unes fe font, pour éventer la mine de l'ennemi, dont il eft parlé cideffus Liv. 8. Chap. 8 ; & les autres, pour faire fauter en l'air quelque pofte, dans lequel l'ennemi s'eft logé : ces mines, égales à celles de l'ennemi, font quelquefois fort fatales à celui, qui fe flatte de la victoire, en occupant deux ou trois poftes, que les rufés affiégés ont abandonnés exprès, pour le faire donner dans le piége. La plû-

plûpart on les fait sous les Ravelins & les Bastions, comme les parties les plus exposées aux attaques. En ce cas on y appliquera une saucisse, dont un bout conduira au fourneau, & l'autre répondra à l'endroit, où on donne au feu.

CHAPITRE IV.

De la défense des Brêches.

ON défend la Brêche de plusieurs façons; par des Chaussetrappes, par des Gabions, des pots à feu, des chevaux de Frise, des Palissades, des Hérissons, des Grénades, des piéces du gros calibre, des mousquets &c. tout cela se fait, pour rebuter l'ennemi & le repousser: & plus il s'opiniâtre à remonter à l'assaut, plus faut-il témoigner de la vigueur de se défendre, & de la résolution de lui résister, en formant toûjours de nouveaux obstacles qu'il trouvera à surmonter. Si néanmoins malgré toute la résistance, il se rend maître de la Brêche, il faut se retirer dans les Retranchemens, & essayer, s'il n'y a pas moyen de l'en rechasser. Cette peine étant aussi sans effet, en cas qu'on ne puisse voir une autre occasion d'échapper, on songera à la Capitulation, en envoyant des ôtages dans le camp de l'ennemi, & en recevant les siens. La composition étant concluë & signée de part & d'autre, on livre une ou deux portes, entre les mains du vainqueur, jusqu'à ce qu'au jour destiné, la garnison sortira, de la maniére dont on est convenu, & alors les vainqueurs occuperont tous les postes à leur aise.

CHAPITRE V.

Contre les Surprises.

LE plus sûr reméde contre les surprises est d'être exact en garde & vigilant. Un Commandant, qui ne veut se reposer que sur l'épaisseur de son Rempart, la profondeur du Fossé, & le nombre des ouvrages, agira très mal, & n'aura autre excuse, si par sa négligence l'ennemi réüssit dans ses desseins, que le maudit *Je n'y pensois pas*, proverbe des lâches, & indigne d'un honnête homme. Avant toute autre chose, il tâchera donc de bâtir de bons corps de garde, principalement aux entrées des Portes, pour y tenir toûjours des gens qui veillent & examinent les entrans. Ensuite, il postera des sentinelles aux endroits, où on en a besoin, sçavoir, sur les Angles saillans de la Forteresse, au milieu des Courtines, quand elles sont trop longues, & devant les corps de garde. La nuit, il ne fera pas seulement battre la retraite de bonne heure, pour empêcher les désordres qui pourroient naître sans cela entre la garnison & les bourgeois au grand avantage de l'ennemi, mais aussi il veillera sur les rondes, pour sçavoir si les sentinelles ont bien fait leur devoir. Les gardes seront changées & relevées, quand il lui plaira, ou le matin, ou après midi, ou au soir, cela étant indifférent. Au coucher du soleil on fermera les Portes, & le Sergent Major, qui en a soin, portera les clefs au Gouverneur. La Patroüille, qui est chargée de l'exécution de la retraite, doit passer la nuit par toutes les auberges & quartiers, où on donne à manger & à boire pour de l'argent, & voir s'il n'y en a pas quelques-uns de la garnison, qui n'ayent pas obéï au signal, qui leur a été donné pour se retirer ; le désobéïssant sera mené en arrêt au grand corps de garde, & examiné le matin par le Gouverneur, par quelle raison il n'a pas suivi les ordres, & selon sa défense, il sera châtié. Pareillement on châtiera rigoureusement les sentinelles qui dorment ; pour sçavoir cela, puis qu'on ne peut pas faire la ronde à chaque moment, on tiendra par toutes les guérites des clochettes, ainsi que vous voyez à Brisach, Strasbourg &c. & à toutes les fois,

que

que d'un corps de garde on sonne, toutes les sentinelles répondront en sonnant les leurs, la plus proche la premiére, puis les autres successivement tout autour de la l'lace; par ce moyen on sçaura ceux qui dorment.

CHAPITRE VI.

Contre les Tumultes & Séditions.

IL n'y a rien de si dangereux, que d'avoir un ennemi sur les bras, & un autre dans sa maison. Les révoltes causent ordinairement la ruine & la perte de tout un Etat, témoin tant des Royaumes, qui ont changé de maîtres dans ce siécle-ci. Sur tout, un Commandant doit veiller, qu'il n'y ait rien à craindre dans la Ville qu'on lui a confiée. Le plus sûr moyen sera, de se faire aimer de la garnison, & de s'en faire craindre en même tems pour maintenir son autorité, qui est absolument nécessaire à sa charge, en sorte, qu'il vaut mieux avoir un Commandant rusé & actif, nonobstant que d'ailleurs il soit un peu méchant, qu'un bon homme, qui se feroit donner sur le nez; car, celui-là peut corriger son naturel, soit pour la crainte d'être châtié du Prince, ou parce qu'il se flatte d'une meilleure récompense; mais celui-ci restera sot toute sa vie. Il n'y a rien qui contente mieux une garnison, que quand elle est payée réguliérement, pourvue des choses nécessaires, & qu'on ne la chicane point. Un bon Commandant doit plûtôt avancer la paye, les remises n'étant pas prêtes au terme échu, que de faire languir le soldat, & lui donner des soupçons, que c'est lui, qui la retient; c'est ce qui aliène d'abord les esprits de l'affection, qu'on a eu pour lui. De plus, il faut qu'un Commandant conserve l'autorité aux Officiers, qui sont sous lui, en les fréquentant tous les jours, conversant avec eux, les priant chez lui, & se promenant avec eux en présence de la garnison; parce que cela attirera aussi sur eux une partie du respect qu'on lui doit: mais aussi faut-il protéger le simple soldat, que l'Officier ne l'insulte point, ni n'abuse du pouvoir qu'il a sur lui; cette conduite lui procurera le titre de Patron parmi les Officiers, & les soldats l'appelleront Pere, outre

que

que le Prince qu'il ſert, le comblera de graces. La faveur des bourgeois ne lui manquera pas non plus, quand ils verront, qu'il ne ſouffre point d'injuſtice, & qu'il châtie ceux, qui leur ont fait du tort. De cette maniére, on peut être aſſuré, que les murmures & les tumultes n'engendreront pas grand mal.

FIN.

TABLE

TABLE,

Dans laquelle le premier chiffre marque *le Livre*, le second *le Chapitre*, le troisiéme *le Paragraphe*, & le dernier *la Page*.

A.

B.

Q 5

Bar-

C.

D.

Demi-

G.

H.

I.

L.

M.

Me der

F I N.

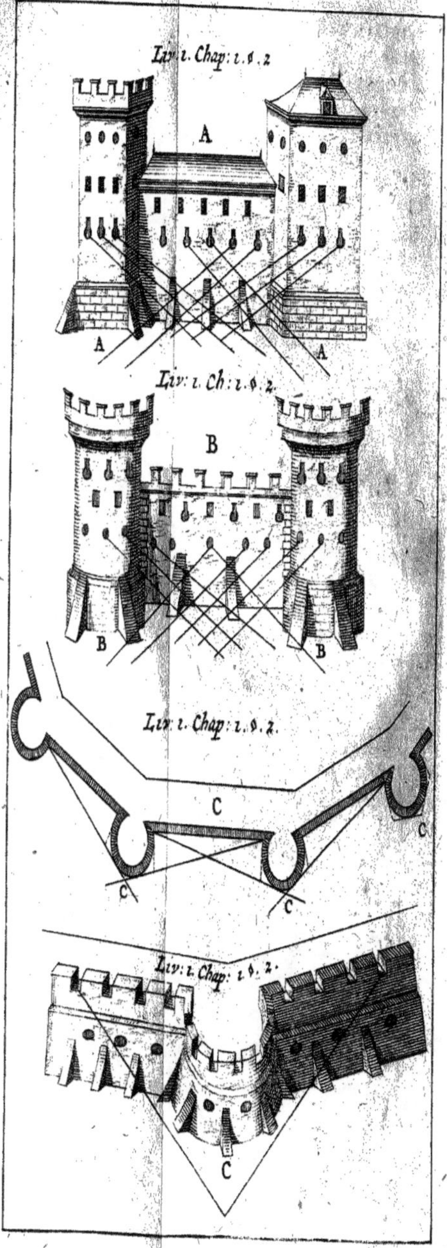

Planche 1.
Liv: 1. Chap: 1. §. 2
A
A
A
A
Liv: 1. Ch: 1. §. 2.
B
B
B
Liv: 1. Chap: 1. §. 2.
C
C
C
C
Liv: 1. Chap: 1. §. 2.
C

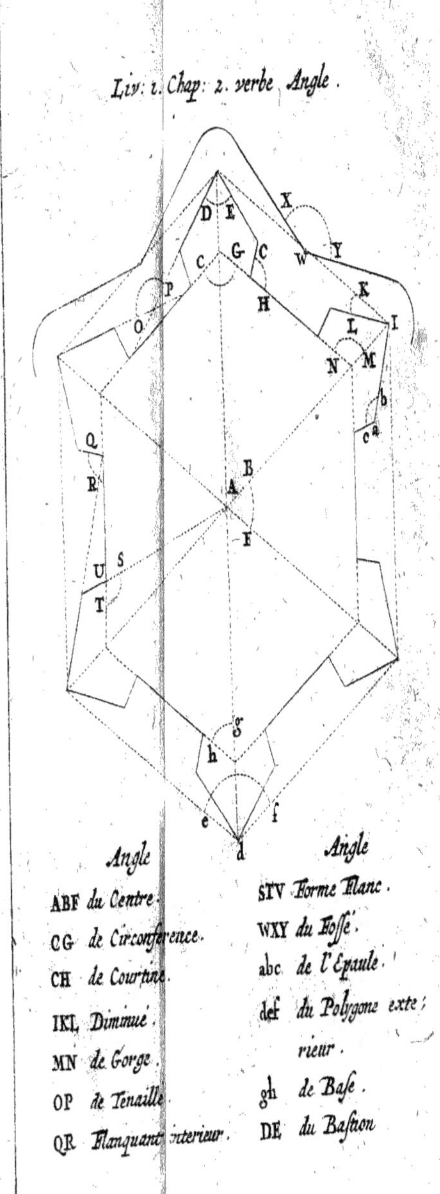

Liv: 1. Chap: 2. verbe Angle.
D E X
C G C W Y
P H K
O L I
N M
Q b
R c a
B
A
F
U S
T
g
h
e f
d
Angle   Angle
ABF du Centre.   STV Forme Flanc.
CG de Circonference.   WXY du Fossé.
CH de Courtine.   abc de l'Epaule.
IKL Diminué.   def du Polygone exte-
MN de Gorge.   rieur.
OP de Tenaille.   gh de Base.
QR Flanquant interieur.   DE du Bastion

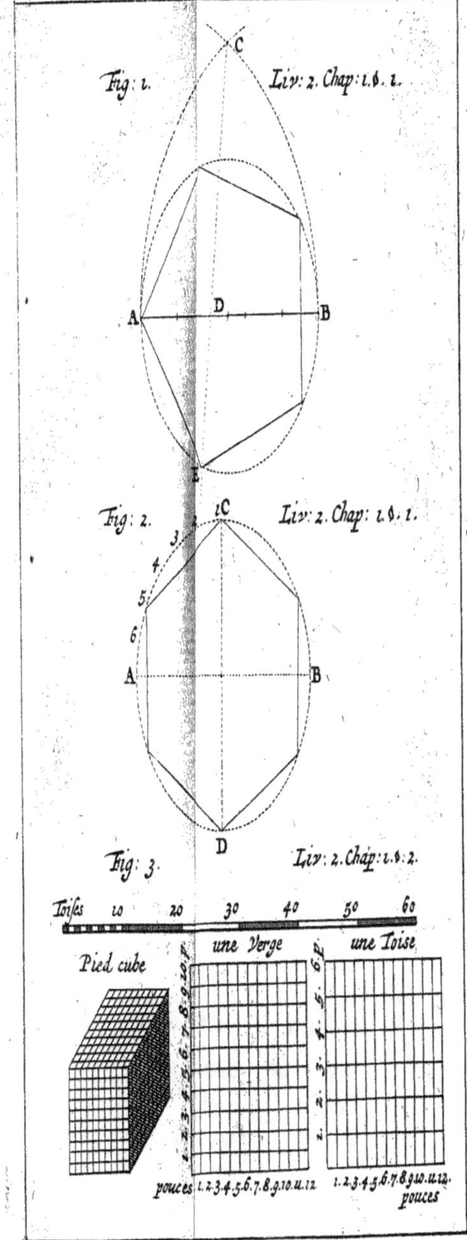
Planche 3.
Fig: 1.
Liv: 2. Chap: 16. 1.
C
A
D
B
Fig: 2.
Liv: 2. Chap: 16. 1.
C
3
4
5
6
A
B
D
Fig: 3.
Liv: 2. Chap: 16. 2.
Toises 10 20 30 40 50 60
Pied cube
une Verge
une Toise
pouces 1. 2. 3. 4. 5. 6. 7. 8. 9. 10. 11. 12.
1. 2. 3. 4. 5. 6. 7. 8. 9. 10. 11. 12.
pouces

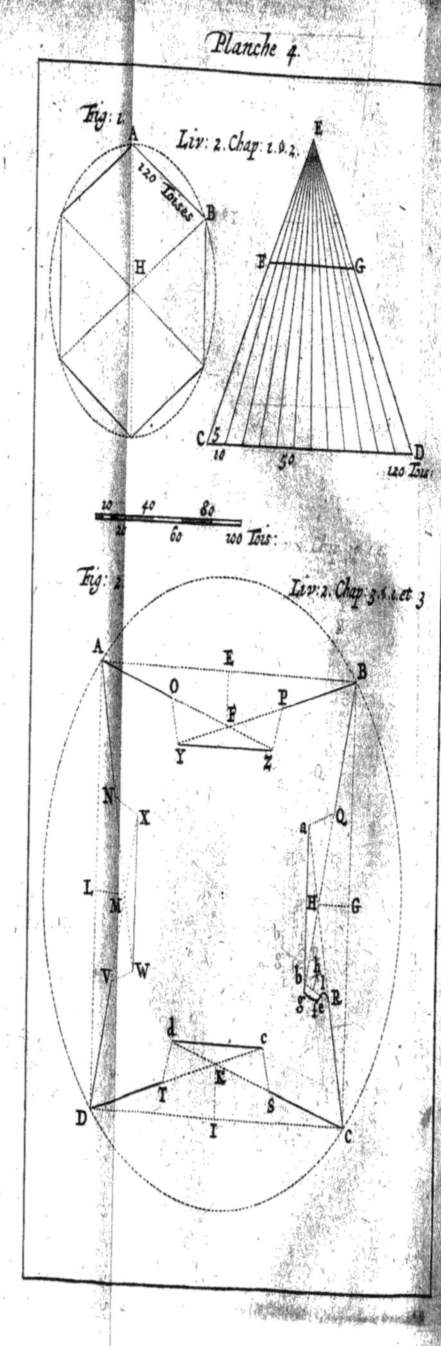

Planche 4.
Fig: 1.
Liv: 2. Chap: 1. 9. 2.
120 Toises
A
B
H
E
F
G
C
5
10
50
120 Tois:
D
20   40   80
22   60   100 Tois:
Fig: 2.
Liv: 2. Chap: 3. 1. et 3
A
E
B
O
P
F
Y
Z
N
X
L
M
Q
a
W
V
H
G
b
A
S
e
R
d
c
D
T
E
S
I
C

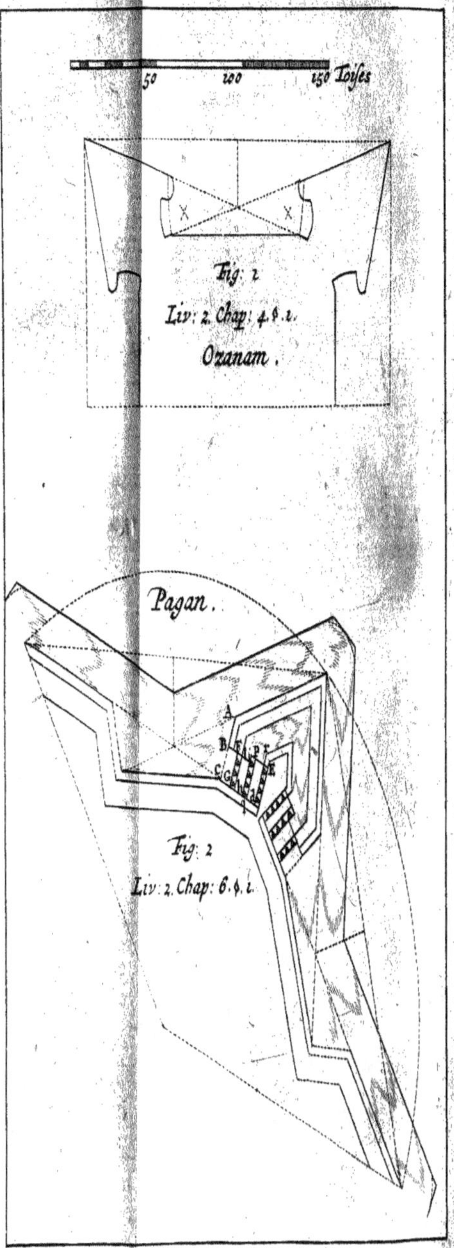

50
100
150 Toises
X
X
Fig: 1
Liv: 2. Chap: 4. §. 1.
Ozanam.
Pagan.
A
B
C
Fig: 2
Liv: 2. Chap: 6. §. 1.

Planche 6.
Fig: 1. 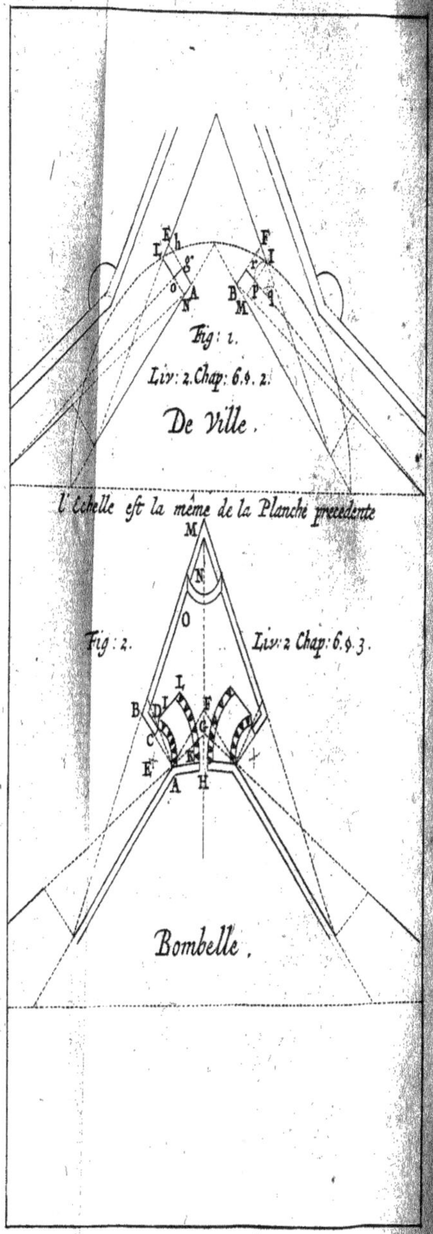
Liv: 2. Chap: 6. §. 2.
De Ville.
l'Echelle est la même de la Planche precedente
Fig: 2.
Liv: 2. Chap: 6. §. 3.
Bombelle.

Planche 7
10 20 30 40 50   100 Tois. 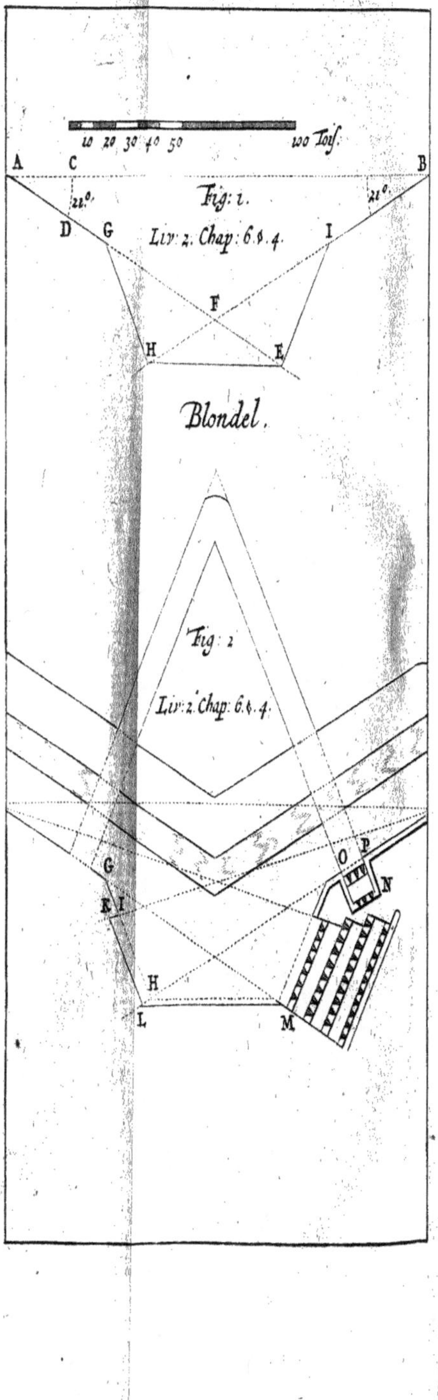
A   C   B
21°   21°
D   G   I
Fig: 1.
Liv: 2. Chap: 6. §. 4.
F
H   E
Blondel.
Fig: 2
Liv: 2. Chap: 6. §. 4.
G
K I
O P
N
H
L   M

Planche 8.

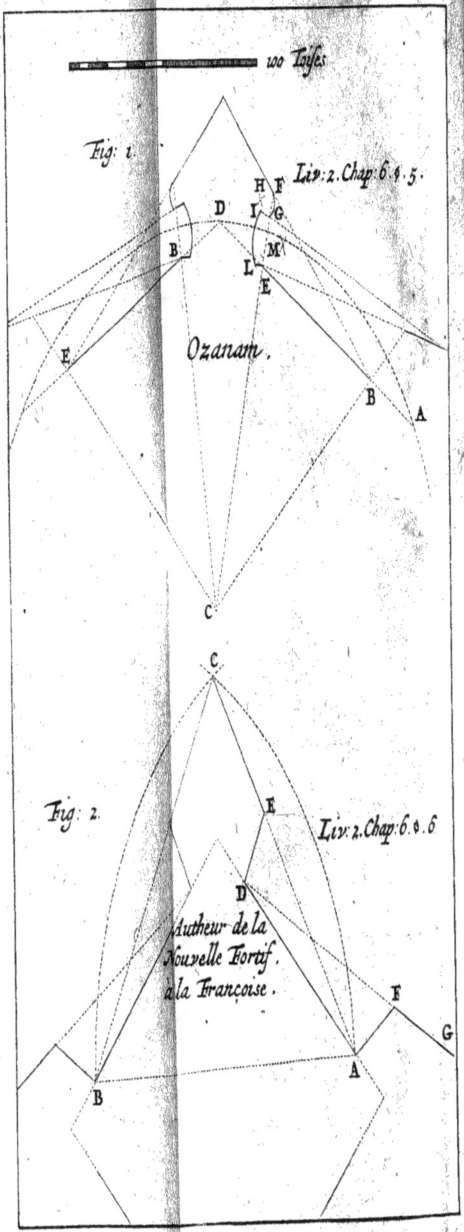

100 Toises

Fig: 1.

Liv: 2. Chap: 6. §. 5.

Ozanam.

Fig: 2.

Liv: 2. Chap: 6. §. 6

Autheur de la
Nouvelle Fortif.
a la Françoise.

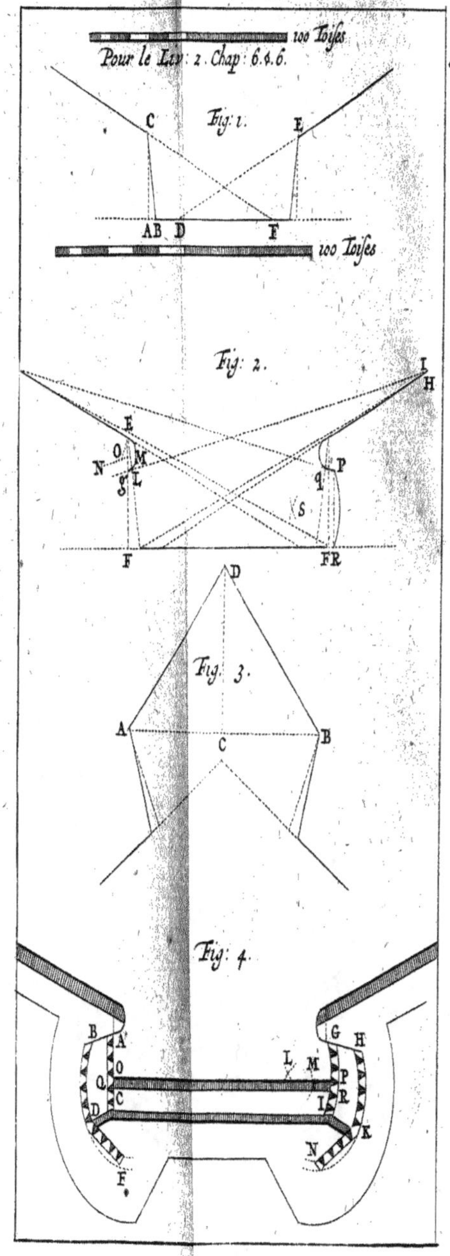

Planche 9.
100 Toises
Pour le Liv: 2. Chap: 6.4.6.
Fig: 1.
C
E
AB D
F
100 Toises
Fig: 2.
I
H
E
N O M
P
L
q
g
S
F
FR
D
Fig: 3.
A
C
B
Fig: 4.
B A
G H
O
L M
Q
P
C
R
D
I
F
N
K

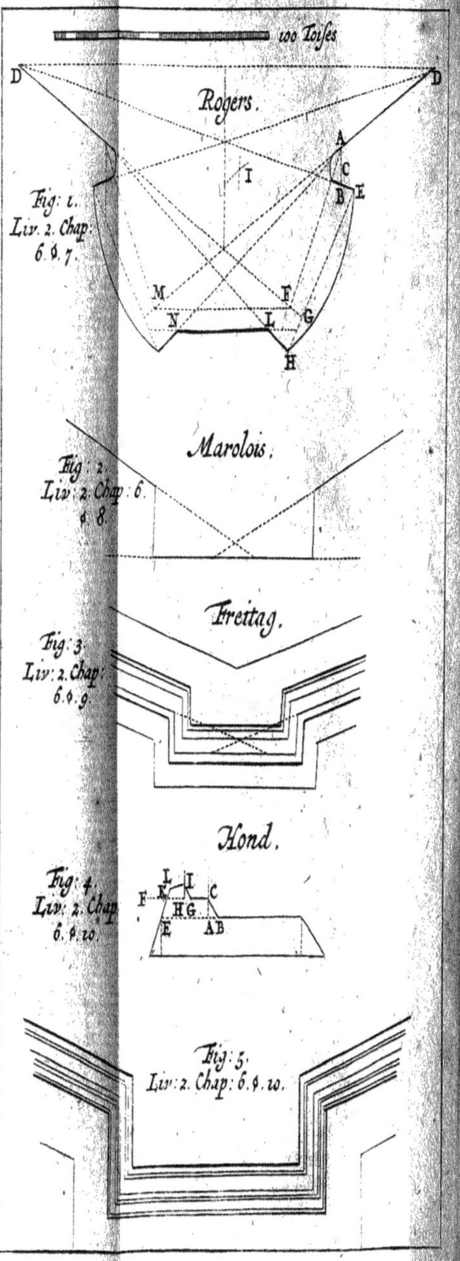

100 Toises
Rogers.
D
D
A
C
B E
I
Fig: 1.
Liv: 2. Chap:
6. 6. 7.
M
F
N
L G
H
Marolois.
Fig: 2.
Liv: 2. Chap: 6.
6. 8.
Freitag.
Fig: 3.
Liv: 2. Chap:
6. 6. 9.
Hond.
Fig: 4.
Liv: 2. Chap:
6. 6. 10.
F K L I I C
H G
E A B
Fig: 5.
Liv: 2. Chap: 6. 6. 10.

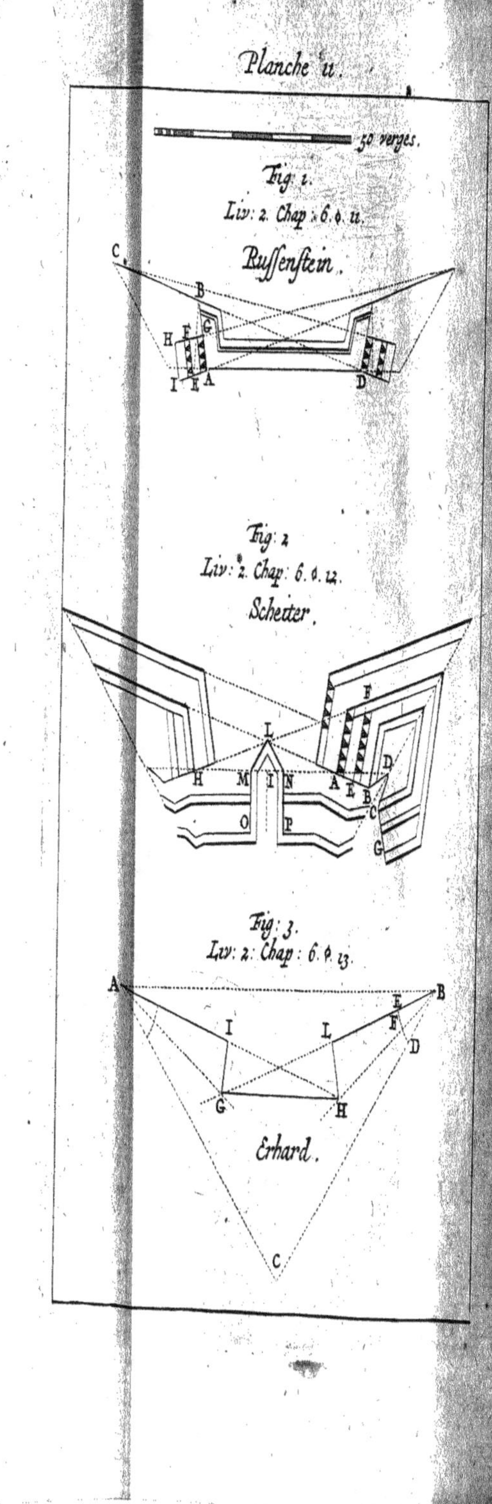

Planche II.
50 verges.
Fig: 1.
Liv: 2. Chap: 6. §. 11.
Russenstein.
C
B
H F G
I K A D
Fig: 2
Liv: 2. Chap: 6. §. 12.
Scheiter.
F
L
H M I N A E D
B
O P C
G
Fig: 3.
Liv: 2. Chap: 6. §. 13.
A B
I E F
L D
G H
C
Erhard.

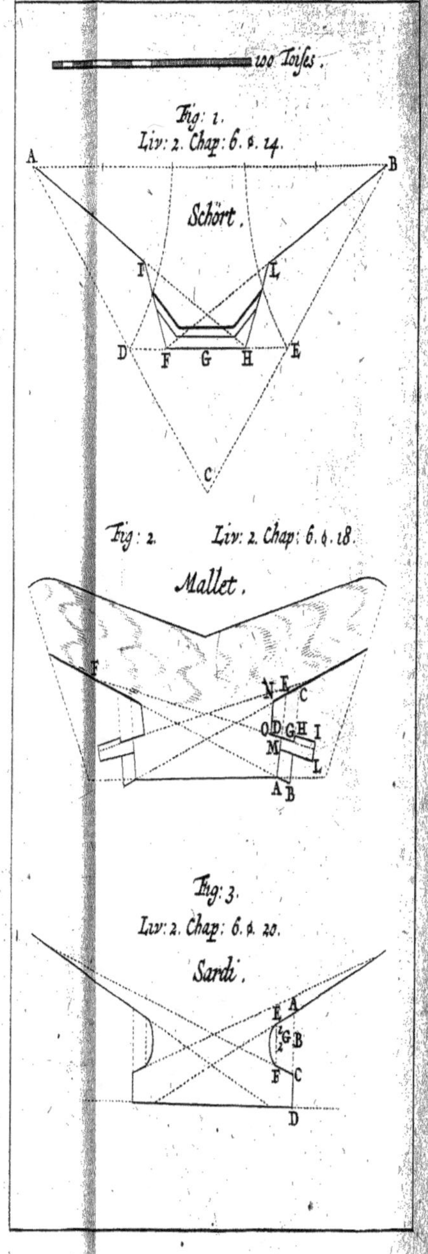

Planche 12.
100 Toises.
Fig: 1.
Liv: 2. Chap: 6. §. 14.
Schört.
A
B
I
L
D
E
F
G
H
C
Fig: 2.
Liv: 2. Chap: 6. §. 18.
Mallet.
F
N E C
O D G H I
M
L
A B
Fig: 3.
Liv: 2. Chap: 6. §. 20.
Sardi.
E A
G B
F C
D

Planche 13.

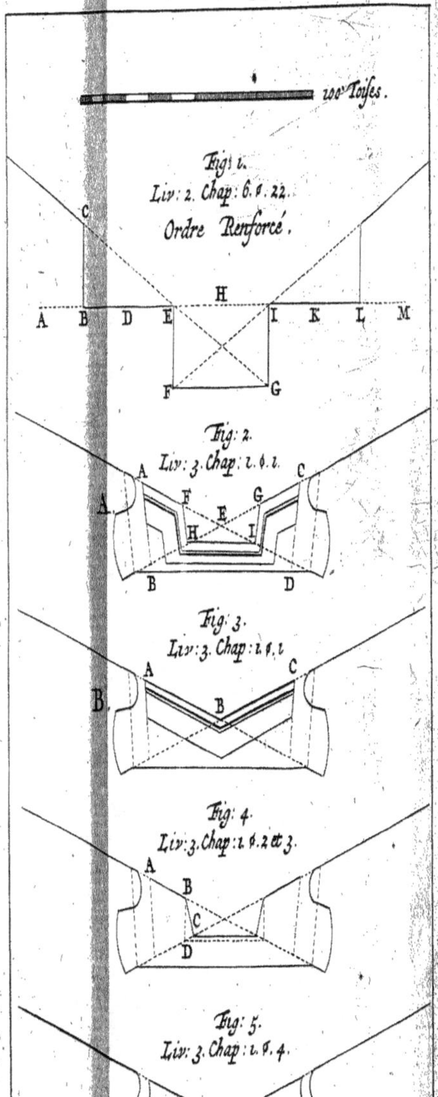

100 Toises.

Fig: 1.
Liv: 2. Chap: 6. §. 22.
Ordre Renforcé.

c
H
A B D E H I K L M
F G

Fig: 2.
Liv: 3. Chap: 1. §. 1.
A C
A F E G C
H I
B D

Fig: 3.
Liv: 3. Chap: 1. §. 1.
A C
B A B C
B

Fig: 4.
Liv: 3. Chap: 1. §. 2 et 3.
A
B
C
D

Fig: 5.
Liv: 3. Chap: 1. §. 4.

Fig.
Fig.
Fig: 5

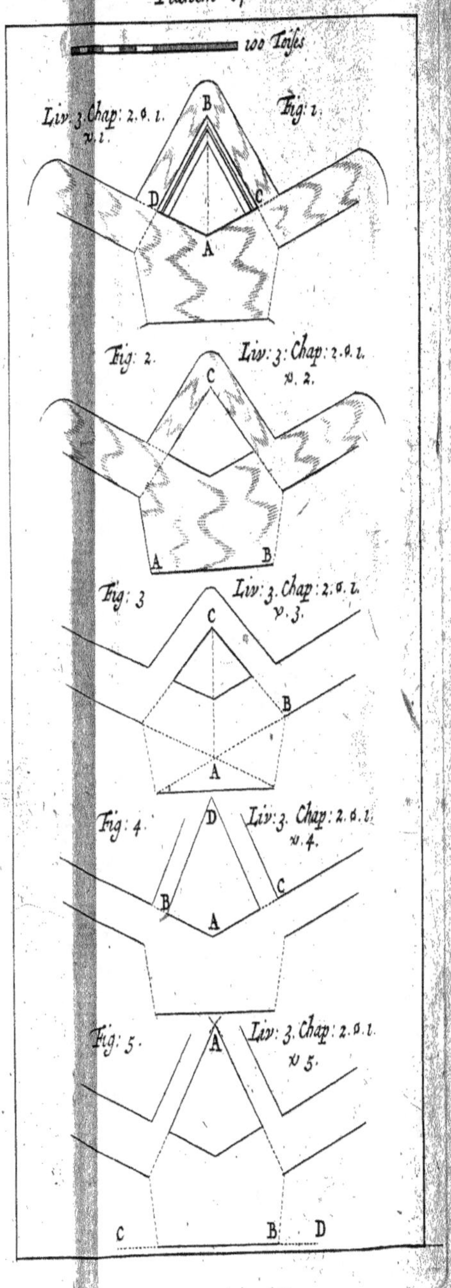

Planche 14.
100 Toises
Liv: 3. Chap: 2. 6. 1. n. 1.
Fig: 1.
B
D
C
A
Fig: 2.
Liv: 3. Chap: 2. 6. 1. n. 2.
C
A
B
Fig: 3
Liv: 3. Chap: 2. 6. 1. n. 3.
C
B
A
Fig: 4
Liv: 3. Chap: 2. 6. 1. n. 4.
D
B
C
A
Fig: 5.
A
Liv: 3. Chap: 2. 6. 1. n. 5.
C
B
D

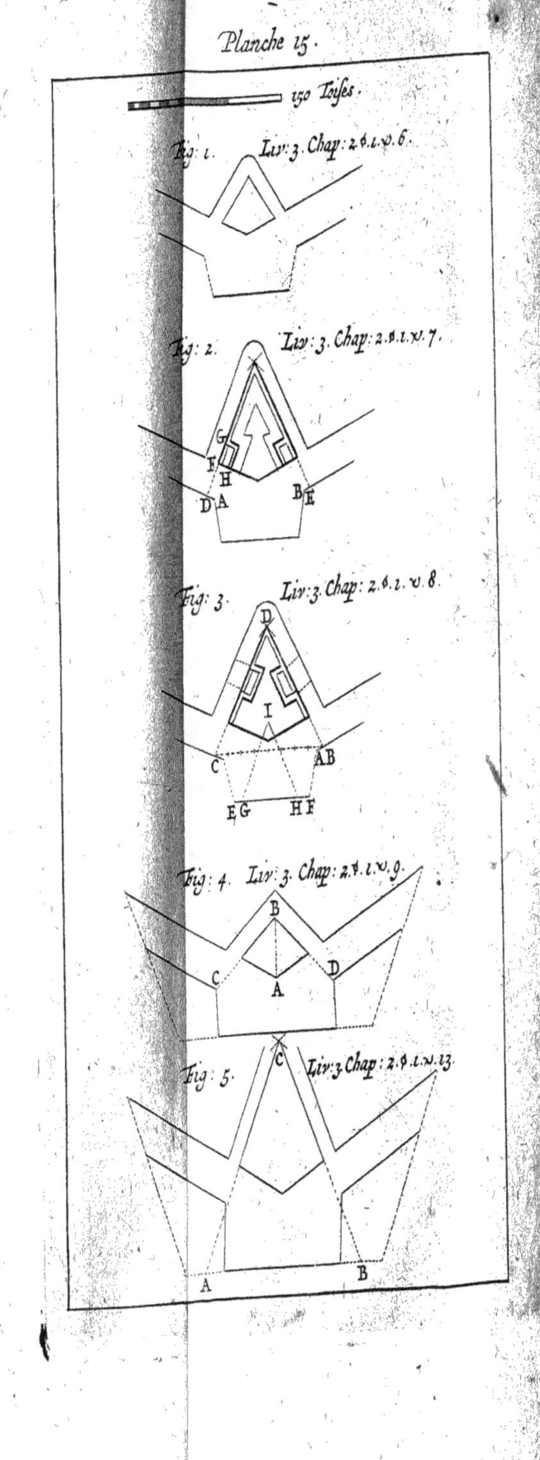

Planche 15.
150 Toises.
Fig: 1.   Liv: 3. Chap: 2. 6. 1. ø. 6.
Fig: 2.   Liv: 3. Chap: 2. 6. 1. ø. 7.
G
F
H
D A   B E
Fig: 3.   Liv: 3. Chap: 2. 6. 1. ø. 8.
D
I
C   A B
E G   H F
Fig: 4.   Liv: 3. Chap: 2. 6. 1. ø. 9.
B
C   A   D
Fig: 5.   Liv: 3. Chap: 2. 6. 1. ø. 13.
C
A   B

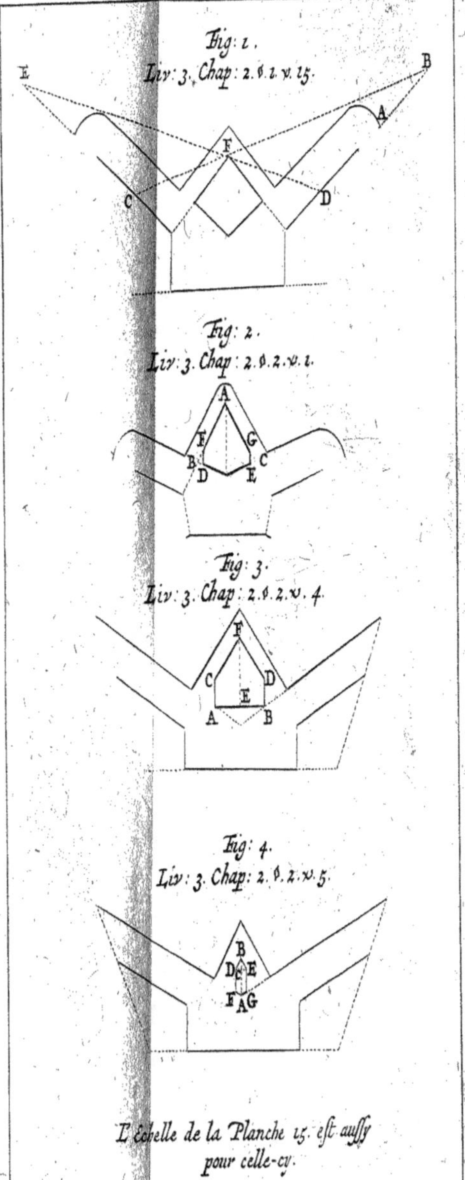

Planche 16.
Fig: 1.
Liv: 3. Chap: 2. ô. 2. v. 15.
E
B
A
F
C
D
Fig: 2.
Liv: 3. Chap: 2. ô. 2. v. 1.
A
F
G
B
C
D
E
Fig: 3.
Liv: 3. Chap: 2. ô. 2. v. 4.
F
C
D
E
A
B
Fig: 4.
Liv: 3. Chap: 2. ô. 2. v. 5.
B
D
E
C
F
A
G
L'Echelle de la Planche 15. est aussy
pour celle-cy.

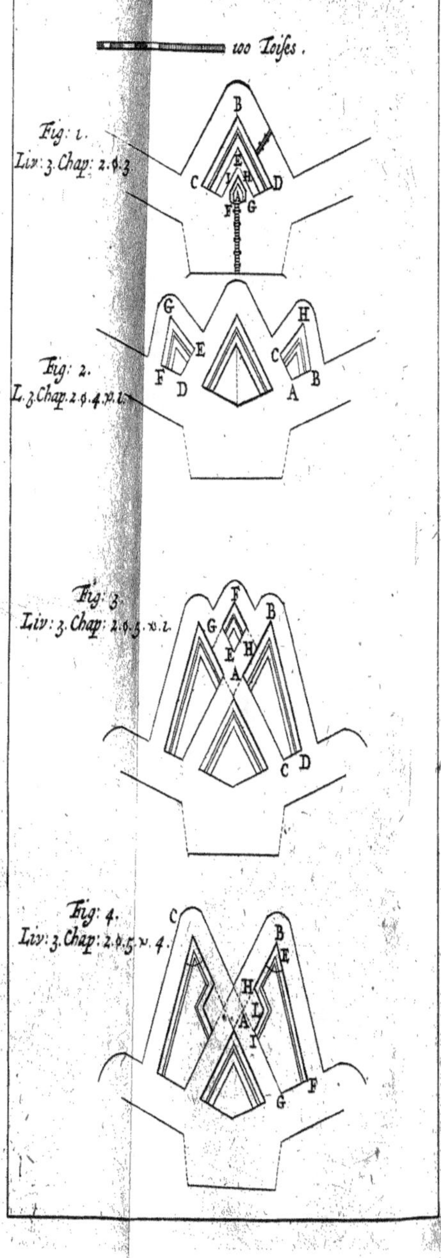

Planche 17.
100 Toises.
Fig: 1.
Liv: 3. Chap: 2. §. 3.
Fig: 2.
L. 3. Chap. 2. §. 4. n. 1.
Fig: 3.
Liv: 3. Chap: 2. §. 5. n. 1.
Fig: 4.
Liv: 3. Chap: 2. §. 5. n. 4.

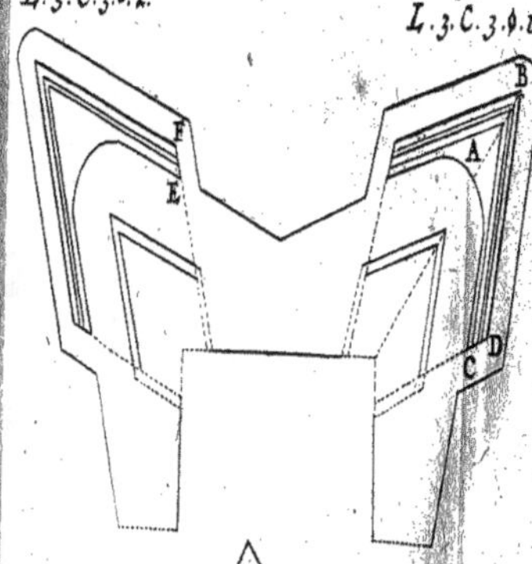

Planche 18.
100 Toises.
Fig: 1.
Liv: 3. Chap: 2. §. 5. p. 5.
B
A
D C
Fig: 3
L. 3. C. 3. §. 2.
F
E
Fig: 2.
L. 3. C. 3. §. 2.
B
A
C D
Fig: 4.
Liv: 3. C. 3. §. 3.
B
D
A
E
C

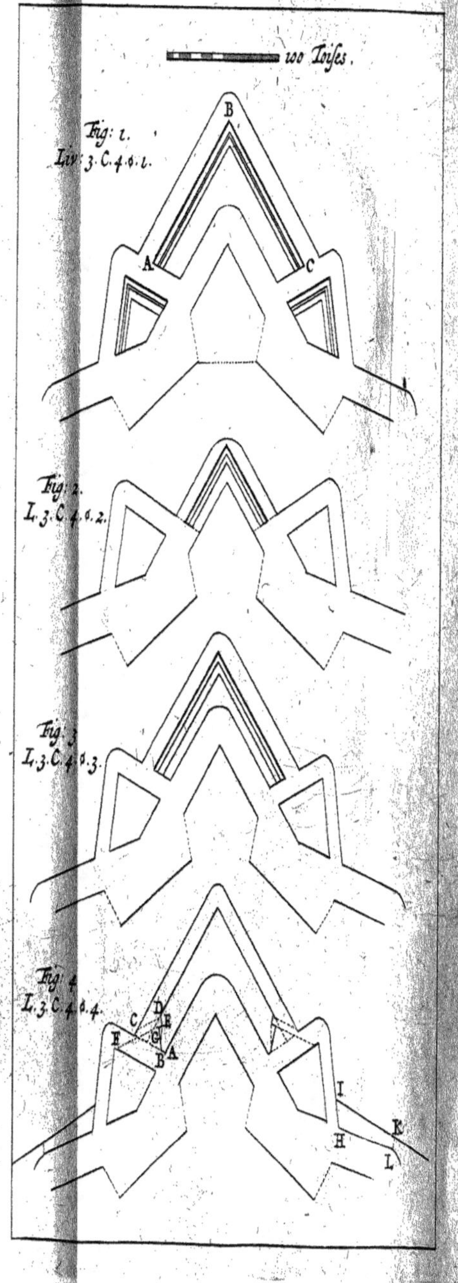
100 Toises.
Fig: 1.
Liv: 3. C. 4. 6. 1.
B
A
C
Fig: 2.
L. 3. C. 4. 6. 2.
Fig: 3.
L. 3. C. 4. 6. 3.
Fig: 4.
L. 3. C. 4. 6. 4.
D
E
C
G
F
B
A
I
H
K
L

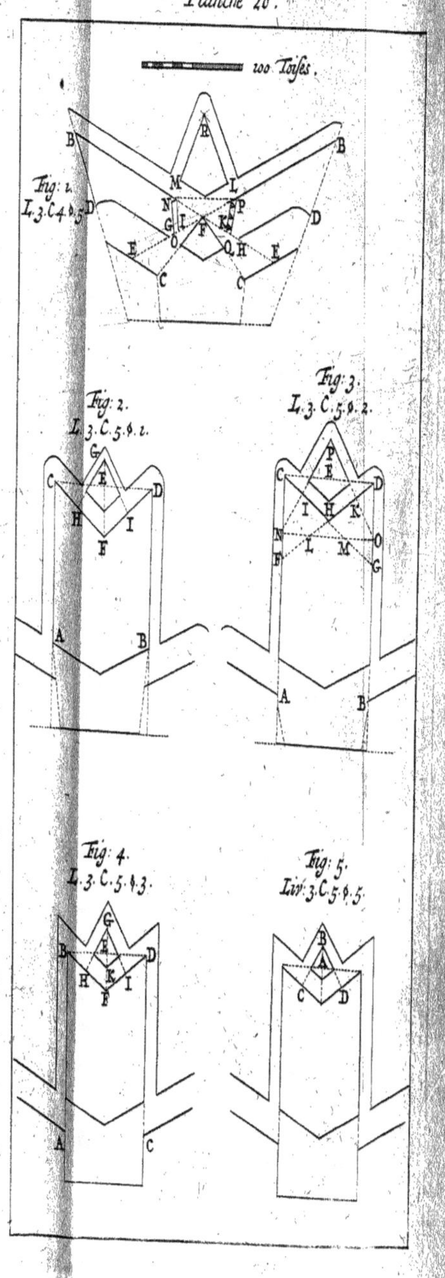

Planche 20.
100 Toises.
Fig: 1.
L. 3. C. 4. §. 5.
B
B
E
M
I
N
P
D
G
K
D
O
F
H
E
E
C
C
Fig: 2.
L. 3. C. 5. §. 1.
G
C
E
D
H
I
F
A
B
Fig: 3.
L. 3. C. 5. §. 2.
P
C
E
D
I
H
K
N
L
M
O
F
G
A
B
Fig: 4.
L. 3. C. 5. §. 3.
G
B
E
D
H
K
I
F
A
C
Fig: 5.
Liv: 3. C. 5. §. 5.
B
A
C
D
A

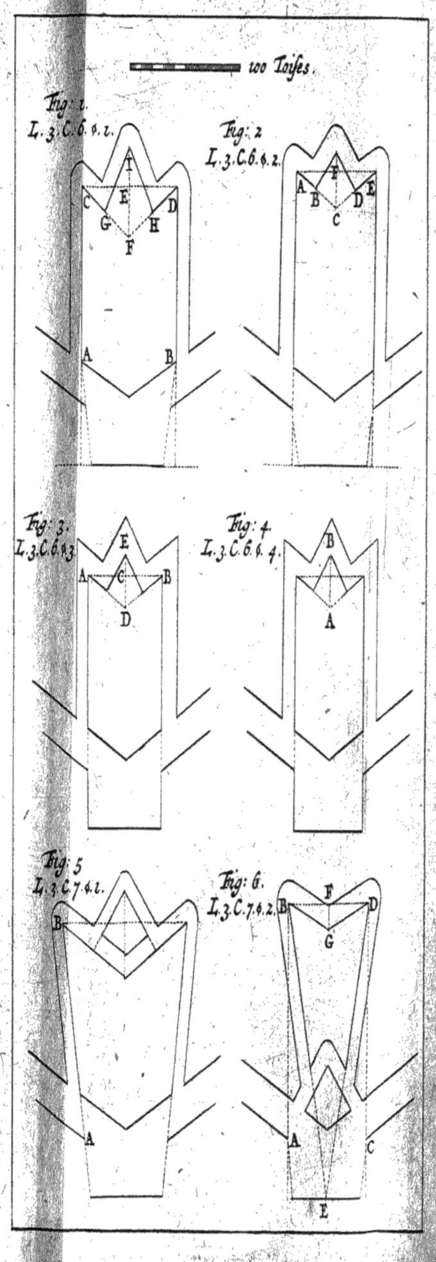
100 Toises.
Fig: 1.
L. 3. C. 6. 6. 2.
T
C E D
G H
F
A B
Fig: 2
L. 3. C. 6. 6. 2.
T
A B D E
C
Fig: 3.
L. 3. C. 6. 6. 3.
E
A C B
D
Fig: 4.
L. 3. C. 6. 6. 4.
B
A
Fig: 5
L. 3. C. 7. 6. 1.
B
A
Fig: 6.
L. 3. C. 7. 6. 2.
B F D
G
A C
E

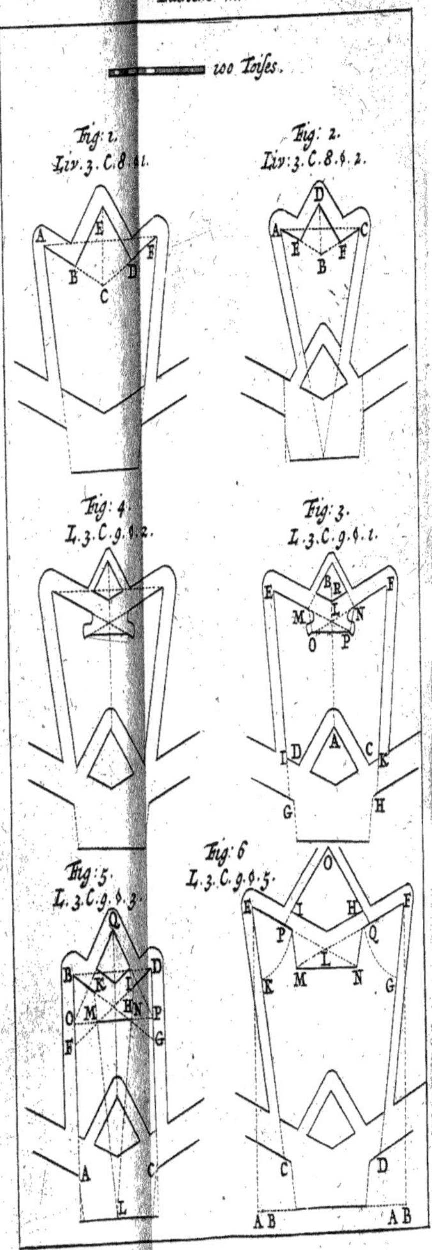

Planche 22.
100 Toises.
Fig: 1.
Liv: 3. C. 8. ß. 1.
A E F B C D
Fig: 2.
Liv: 3. C. 8. ß. 2.
D A C E B F
Fig: 4.
L. 3. C. 9. ß. 2.
Fig: 3.
L. 3. C. 9. ß. 1.
E B F M L N O P
D A C
G H
Fig: 5.
L. 3. C. 9. ß. 3.
Q B L D E O M H N P F G A C L
Fig: 6.
L. 3. C. 9. ß. 5.
O E I H F P Q K M L N G C D AB AB

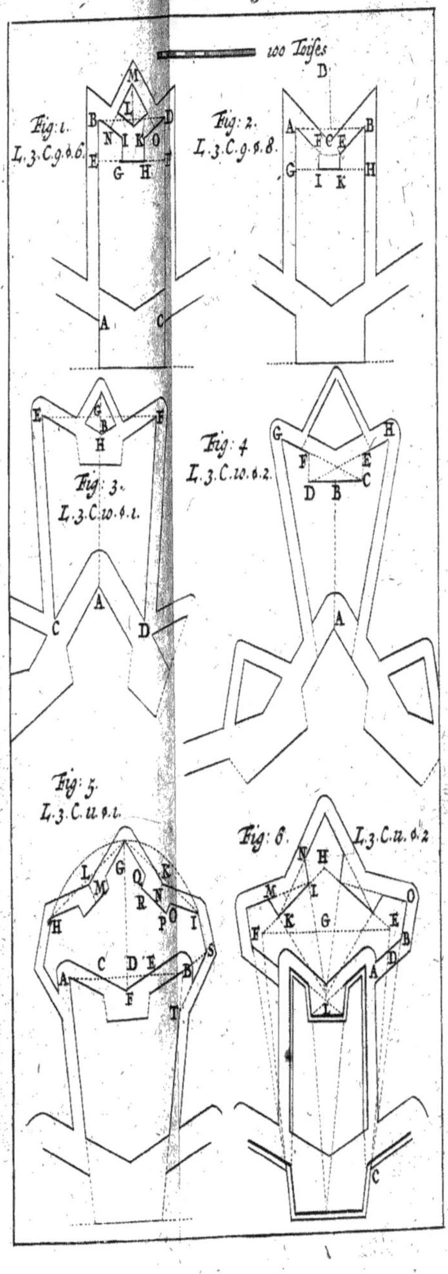
100 Toises
Fig: 1.
L. 3. C. 9. §. 6.
Fig: 2.
L. 3. C. 9. §. 8.
Fig: 3.
L. 3. C. 10. §. 1.
Fig: 4.
L. 3. C. 10. §. 2.
Fig: 5.
L. 3. C. 11. §. 1.
Fig: 6.
L. 3. C. 11. §. 2.

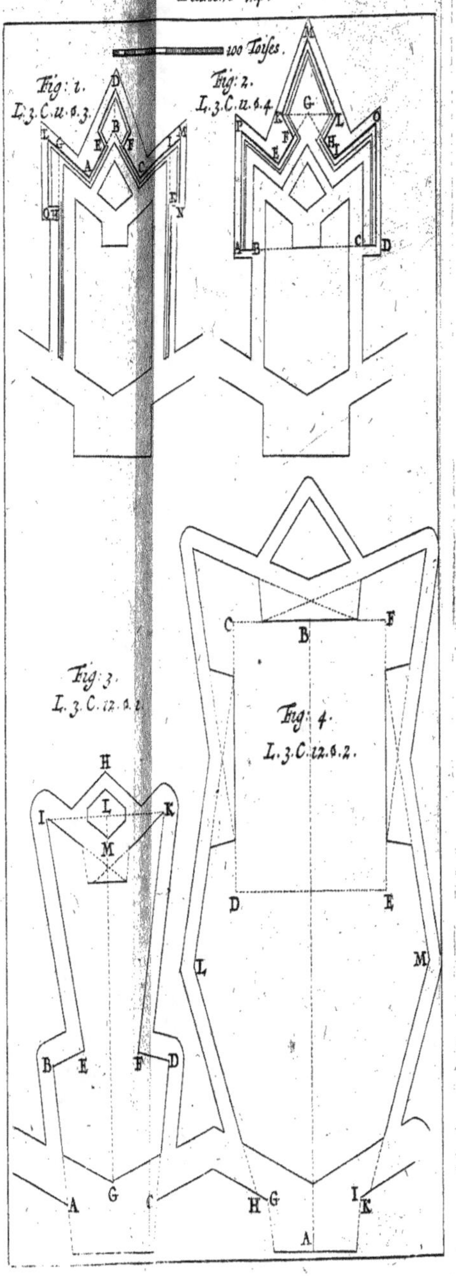

Planche 24.
100 Toises.
Fig: 1.
L. 3. C. 11. §. 3.
Fig: 2.
L. 3. C. 11. §. 4.
Fig: 3.
L. 3. C. 12. §. 1.
Fig: 4.
L. 3. C. 12. §. 2.

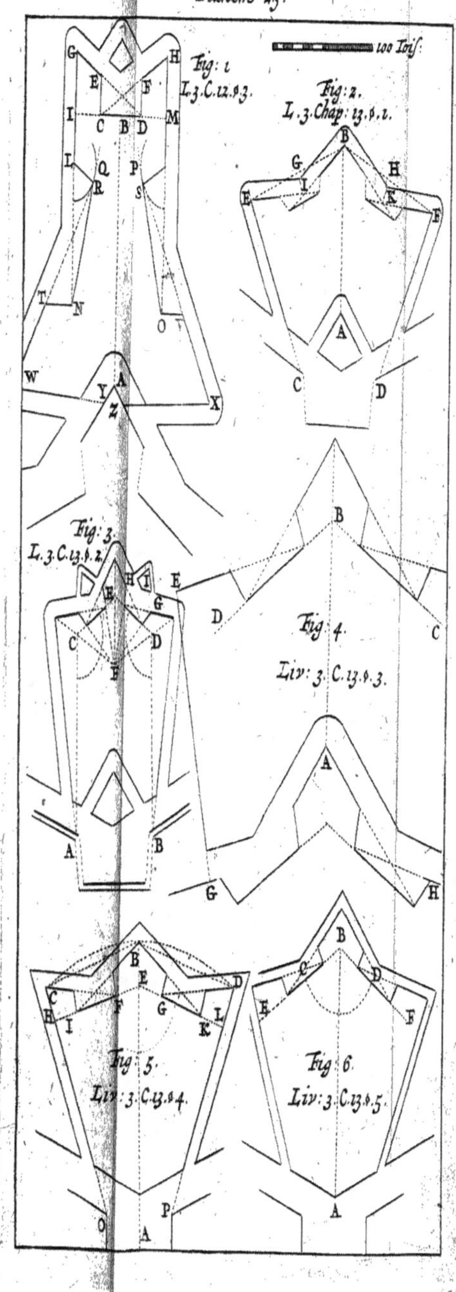
100 Tois:
Fig: 1.
L.3.C.12.§.3.
G H
E F
I C B D M
L Q P
R S
T N
O
W Y X
A Z
Fig: 2.
L.3.Chap: 13.§.1.
B
G H
E I K F
A
C D
Fig: 3.
L.3.C.13.§.2.
H I E
E G
C D
F
A B
Fig: 4.
Liv: 3.C.13.§.3.
B
D C
A
G H
Fig: 5.
Liv: 3.C.13.§.4.
B
E
C D
H I F G K L
O A P
Fig: 6.
Liv: 3.C.13.§.5.
B
C D
E F
A

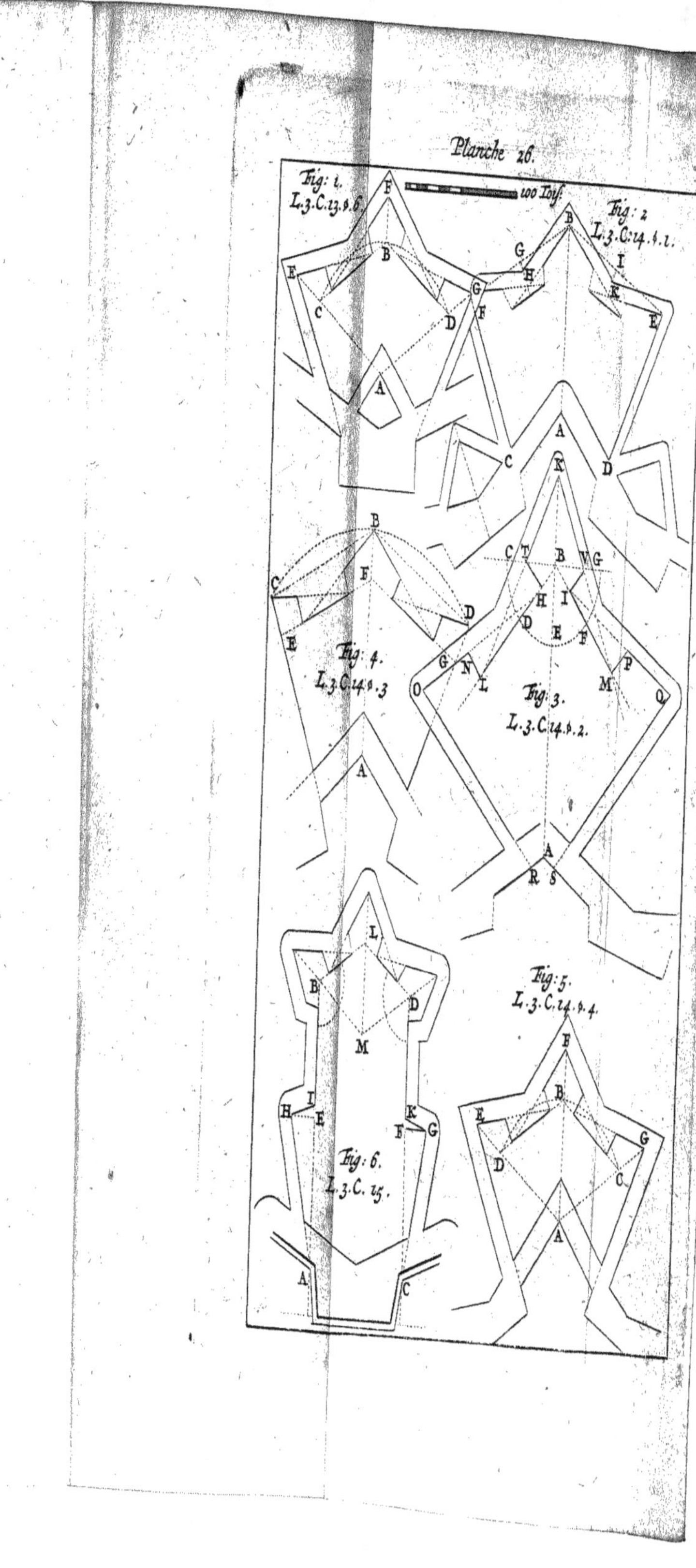

Planche 26.
Fig: 1.
L.3.C.13.§.6.
100 Tois.
Fig: 2.
L.3.C.14.§.1.
Fig: 3.
L.3.C.14.§.2.
Fig: 4.
L.3.C.14.§.3.
Fig: 5.
L.3.C.14.§.4.
Fig: 6.
L.3.C.15.

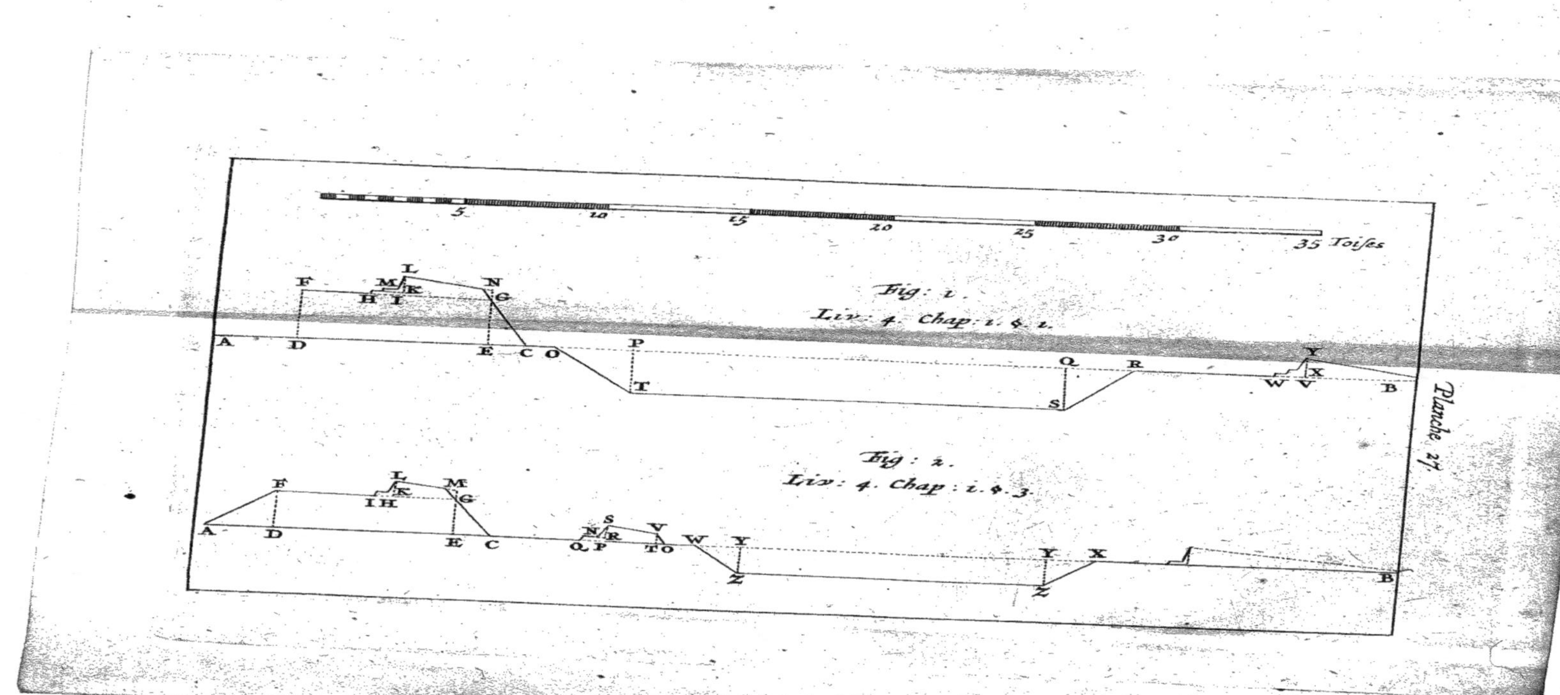

Planche 27.
35 Toises
5 10 15 20 25 30
Fig: 1.
Liv: 4. Chap: 1. §. 1.
Fig: 2.
Liv: 4. Chap: 1. §. 3.

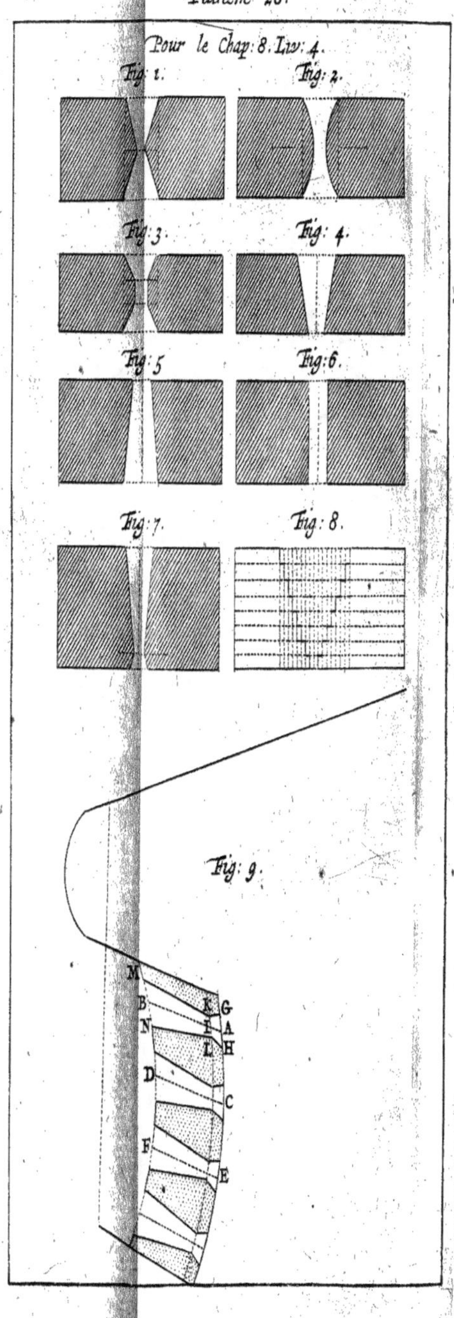

Planche 28.
Pour le Chap: 8. Liv: 4.
Fig: 1.
Fig: 2.
Fig: 3.
Fig: 4.
Fig: 5.
Fig: 6.
Fig: 7.
Fig: 8.
Fig: 9.
M
B
N
K
I
L
G
A
H
D
C
F
E

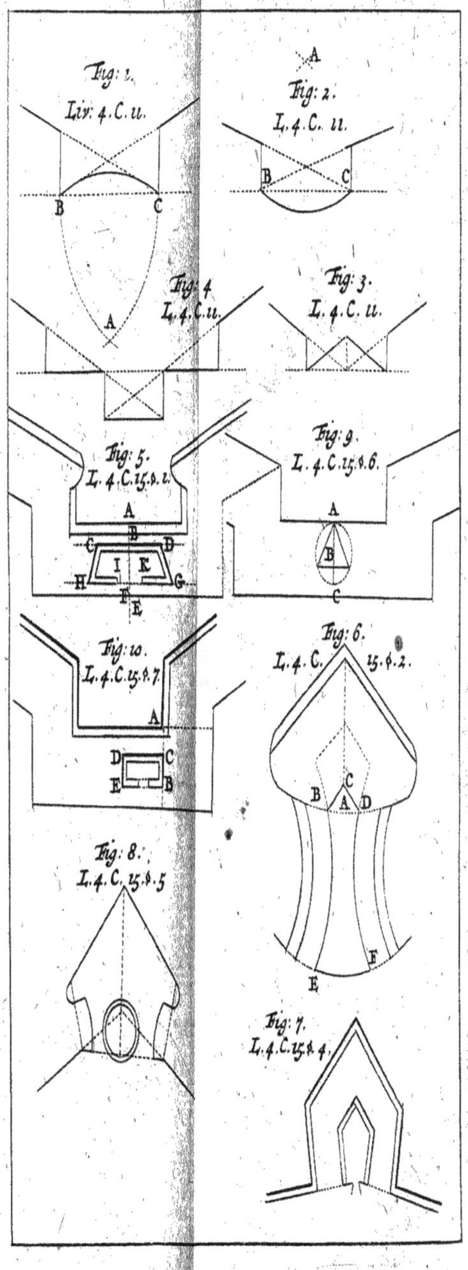

Fig: 1.
Liv: 4. C. 11.
B C
A
Fig: 2.
L. 4. C. 11.
B C
Fig: 4
L. 4. C. 11.
A
Fig: 3.
L. 4. C. 11.
Fig: 5.
L. 4. C. 15. §. 1.
A
B
C D
I K E
H F G
F E
Fig: 9.
L. 4. C. 15. §. 6.
A
B
C
Fig: 10.
L. 4. C. 15. §. 7.
A
D C
E B
Fig: 6.
L. 4. C. 15. §. 2.
C
B A D
F
E
Fig: 8.
L. 4. C. 15. §. 5.
Fig: 7.
L. 4. C. 15. §. 4.

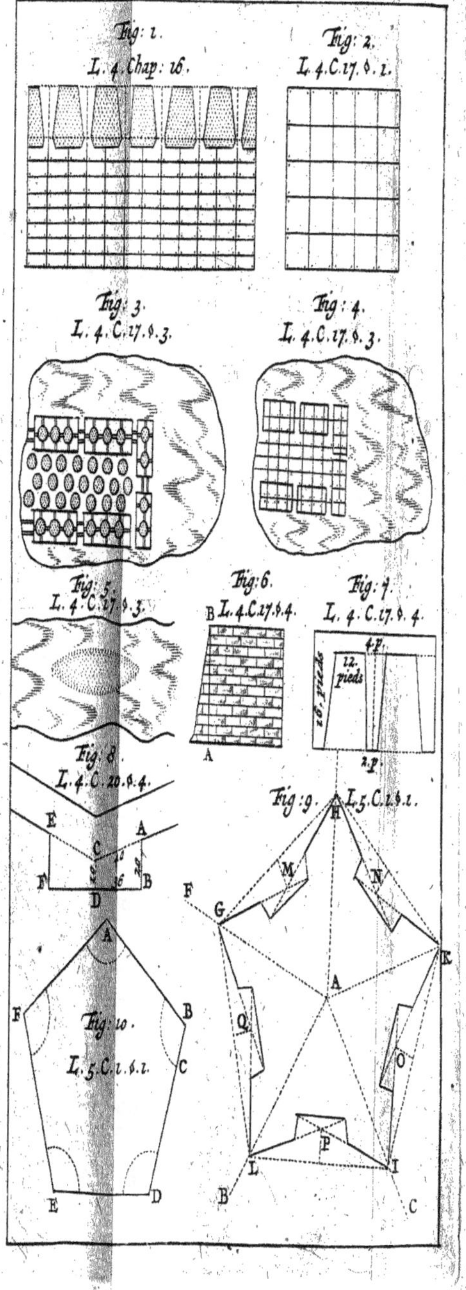

Planche 30.
Fig: 1.
L. 4. Chap: 16.
Fig: 2.
L. 4. C. 17. §. 1.
Fig: 3.
L. 4. C. 17. §. 3.
Fig: 4.
L. 4. C. 17. §. 3.
Fig: 5.
L. 4. C. 17. §. 3.
Fig: 6.
B. L. 4. C. 17. §. 4.
Fig: 7.
L. 4. C. 17. §. 4.
Fig: 8.
L. 4. C. 20. §. 4.
Fig: 9.
L. 5. C. 1. §. 1.
Fig: 10.
L. 5. C. 1. §. 1.
16. pieds
12. pieds
4. P.
2. P.
A
E
F
C
D
A
B
A
F
B
E
D
H
M
N
F
G
Q
A
K
O
L
P
I
B
C

Planche 31.

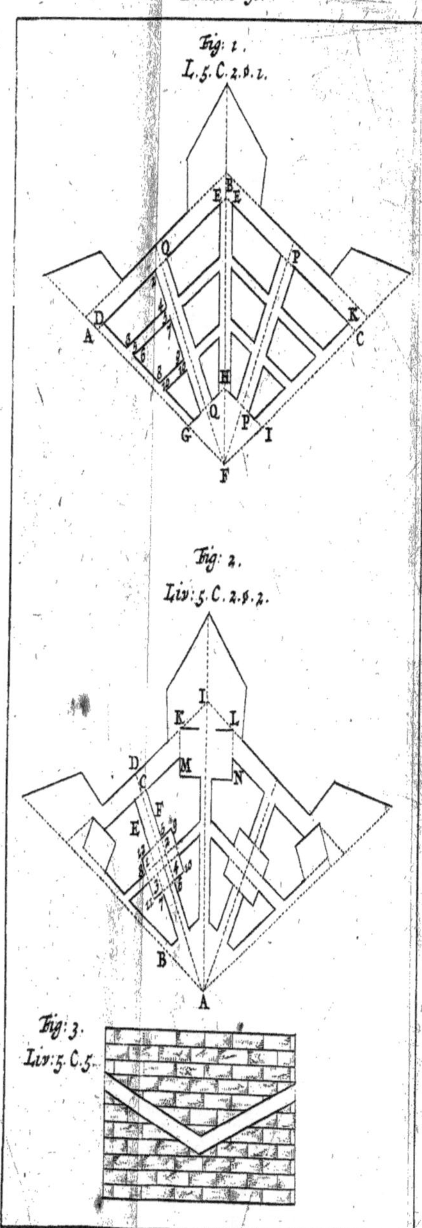
Fig: 1.
L. 5. C. 2. §. 2.
E E
Q P
D K
A C
H
Q P
G I
F
Fig: 2.
Liv: 5. C. 2. §. 2.
I
K L
D M N
C
E F
B
A
Fig: 3.
Liv: 5. C. 5.

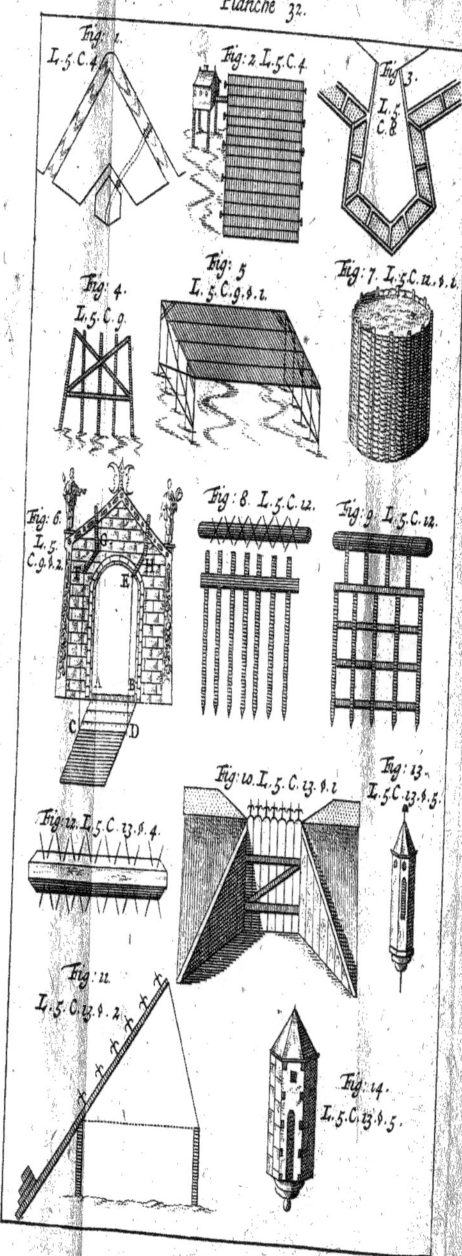
Planche 32.
Fig: 1. L.5.C.4.
Fig: 2 L.5.C.4.
Fig: 3. L.5 C.8.
Fig: 4. L.5.C.9.
Fig: 5 L.5.C.9.§.1.
Fig: 7. L.5.C.11.§.1.
Fig: 6. L.5 C.9.§.1.
Fig: 8. L.5.C.12.
Fig: 9. L.5.C.12.
Fig: 10. L.5.C.13.§.1.
Fig: 13. L.5.C.13.§.5.
Fig: 12. L.5.C.13.§.4.
Fig: 11. L.5.C.13.§.2.
Fig: 14. L.5.C.13.§.5.
A B C D E F G H

Planche 33.
Fig: 1. 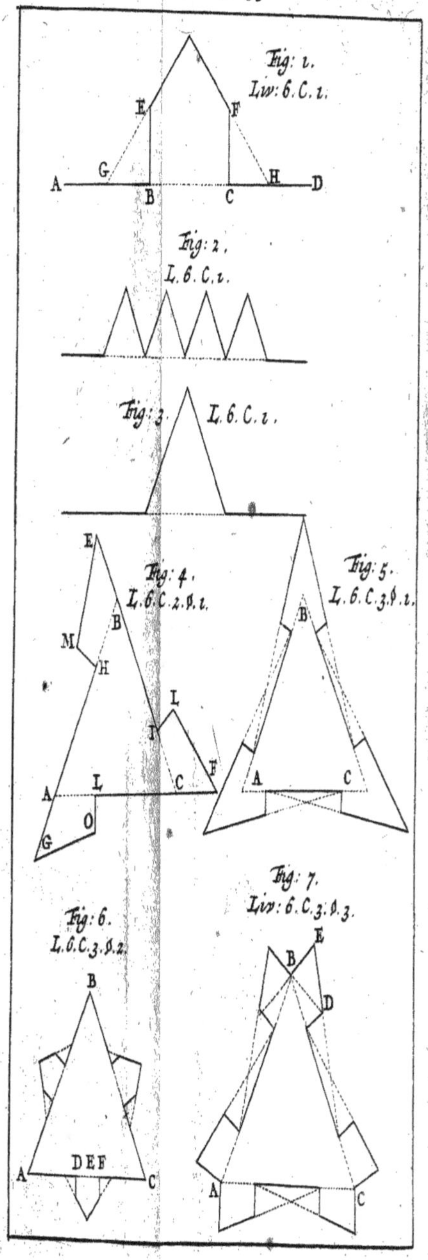
Liv: 6. C. 1.
E
F
A
G
B
C
H
D
Fig: 2.
L. 6. C. 1.
Fig: 3.
L. 6. C. 1.
E
Fig: 4.
L. 6. C. 2. §. 1.
M
B
H
L
T
A
L
C
F
O
G
Fig: 5.
L. 6. C. 3. §. 1.
B
A
C
Fig: 6.
L. 6. C. 3. §. 2.
B
A
D E F
C
Fig: 7.
Liv: 6. C. 3. §. 3.
B
E
D
A
C

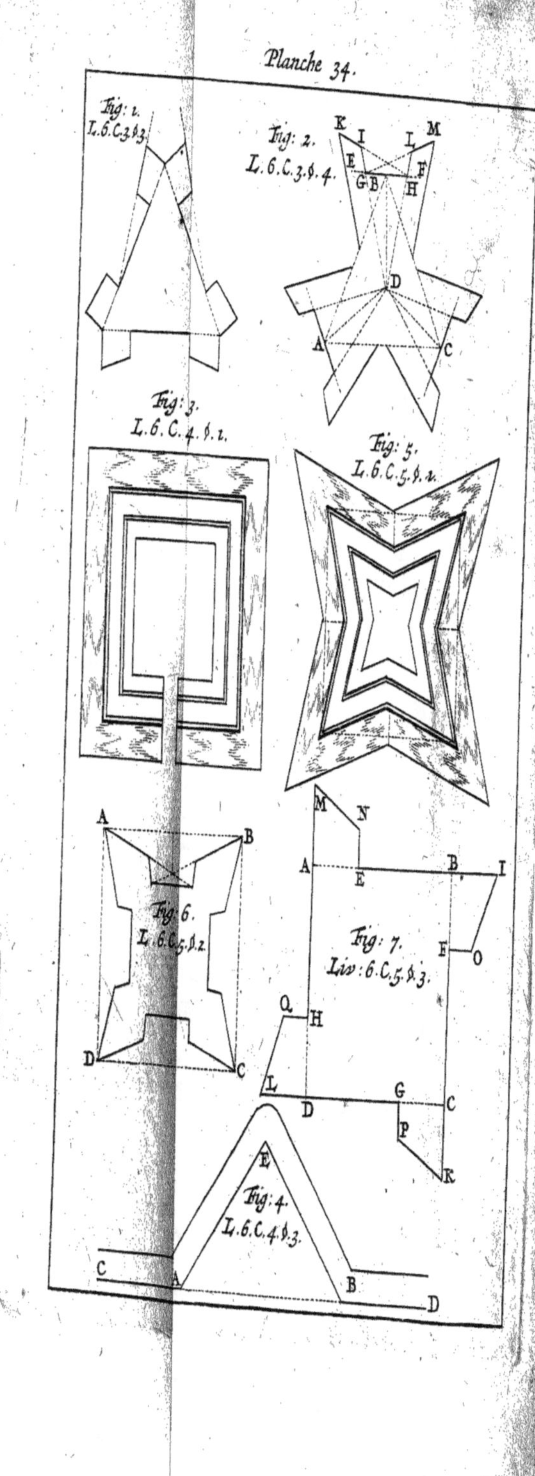

Planche 34.
Fig: 1.
L. 6. C. 3. §. 3.
Fig: 2.
L. 6. C. 3. §. 4.
K I L M
E F
G B H
D
A C
Fig: 3.
L. 6. C. 4. §. 1.
Fig: 5.
L. 6. C. 5. §. 1.
M N
A E B I
F O
Q H
L G C
D
P
K
A B
Fig: 6.
L. 6. C. 5. §. 2.
D C
Fig: 7.
Liv: 6. C. 5. §. 3.
E
Fig: 4.
L. 6. C. 4. §. 3.
C A B D

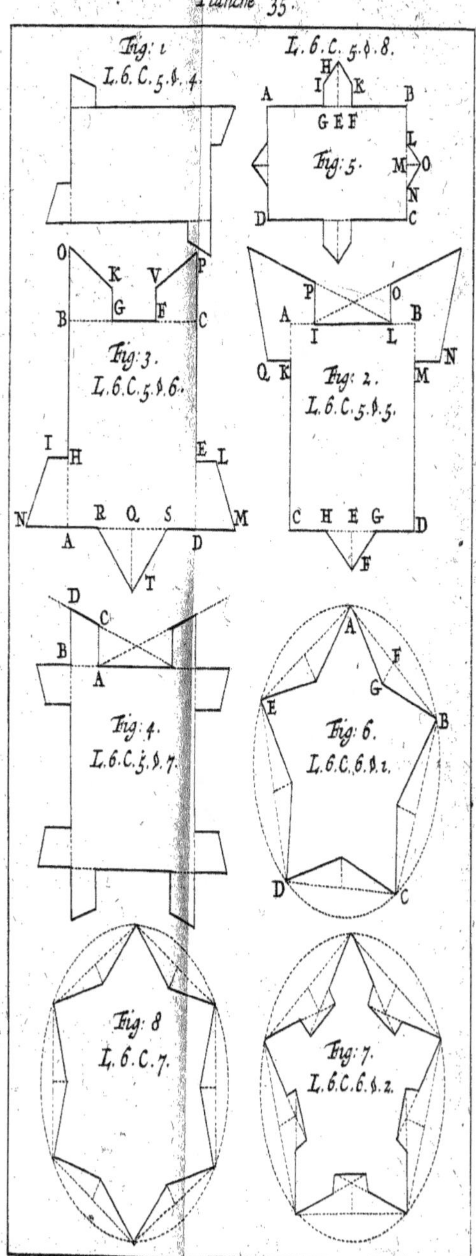
Fig: 1
L. 6. C. 5. §. 4.
L. 6. C. 5. §. 8.
Fig: 5.
A I K B
H
G E F
L
M O
N
C
D
O K V P
G F
B C
Fig: 3.
L. 6. C. 5. §. 6.
P O
A I L B
Q K M N
Fig: 2.
L. 6. C. 5. §. 5.
I H E L
N R Q S M
A D
T
C H E G D
F
D C
B
A
Fig: 4.
L. 6. C. 5. §. 7.
A
F
G
E B
D C
Fig: 6.
L. 6. C. 6. §. 1.
Fig: 8
L. 6. C. 7.
Fig: 7.
L. 6. C. 6. §. 2.

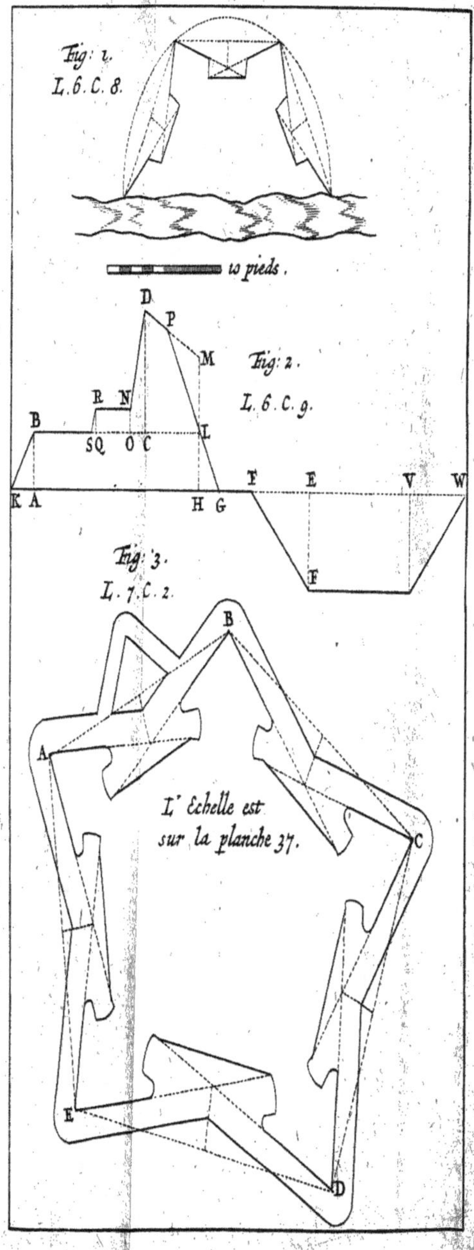
Fig: 1.
L. 6. C. 8.
10 pieds.
D
P
M
Fig: 2.
L. 6. C. 9.
R N
B
SQ O C
L
F E V W
K A
H G
F
Fig: 3.
L. 7. C. 2.
B
A
C
L' Echelle est
sur la planche 37.
E
D

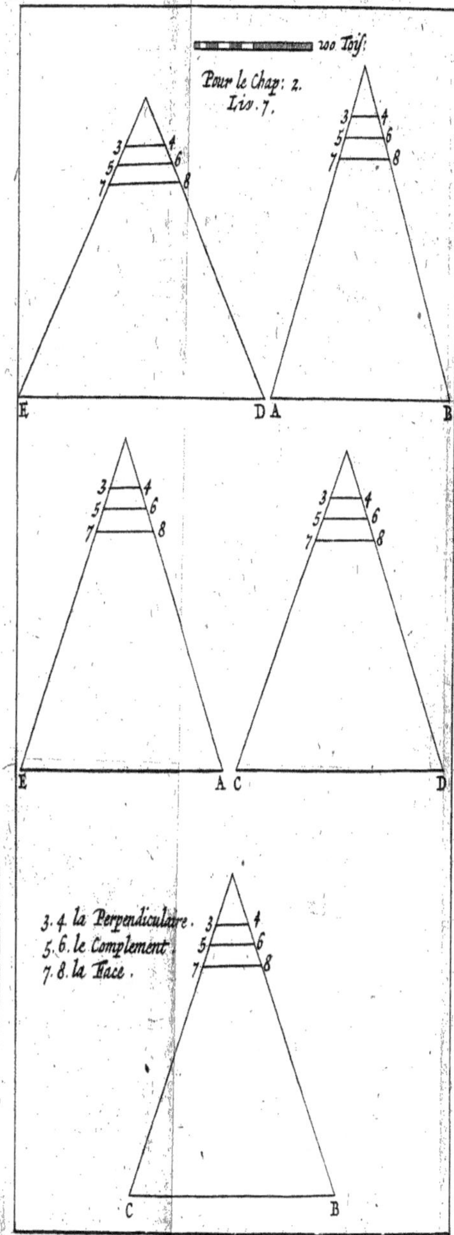

Planche 37.
200 Tois:
Pour le Chap: 2.
Liv. 7.
3 4
5 6
7 8
E D A B
3 4
5 6
7 8
E A C D
3. 4. la Perpendiculaire.
5. 6. le Complement.
7. 8. la Face.
3 4
5 6
7 8
C B

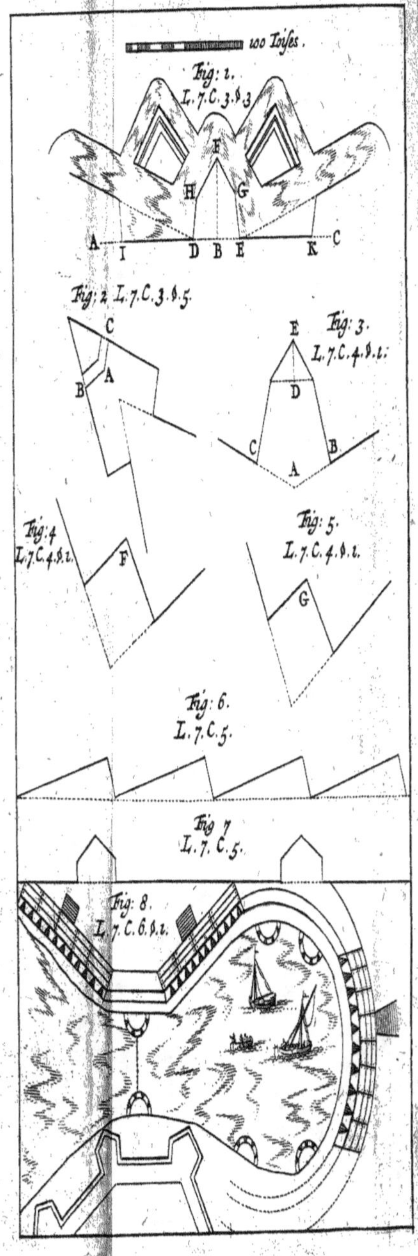

Planche 38.
100 Toises.
Fig: 1.
L. 7. C. 3. §. 3
E
H G
A I D B E K C
Fig: 2. L. 7. C. 3. §. 5.
C
A
B
Fig: 3.
L. 7. C. 4. §. 1.
E
D
C A B
Fig: 4.
L. 7. C. 4. §. 1.
F
Fig: 5.
L. 7. C. 4. §. 1.
G
Fig: 6.
L. 7. C. 5.
Fig: 7.
L. 7. C. 5.
Fig: 8.
L. 7. C. 6. §. 1.

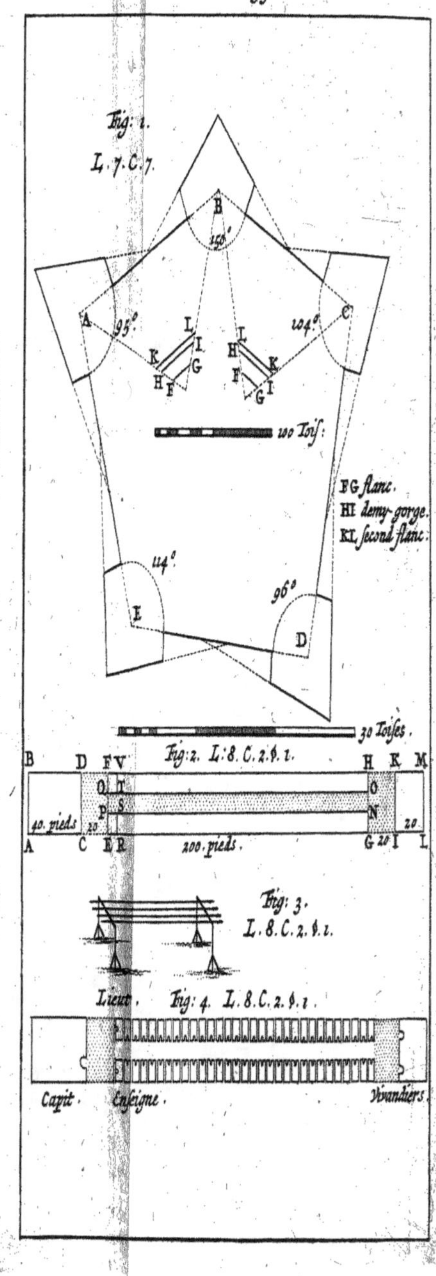

Planche 39.
Fig: 1.
L. 7. C. 7.
B
156
A 95°
104° C
L
K H L
G F K
H F I
G
100 Tois:
FG flanc.
HI demy-gorge.
KL second flanc.
114°
E
96°
D
30 Toises.
B D F V   Fig: 2. L. 8. C. 2. §. 1.   H K M
O T   O
P S   N
40. pieds   20   200. pieds   G 20 I L
A C E R
Fig: 3.
L. 8. C. 2. §. 1.
Lieut.   Fig: 4.   L. 8. C. 2. §. 1.
Capit.   Enseigne.   Vivandiers.

Planche 40.

Liv: 8. C. 2. §. 2.

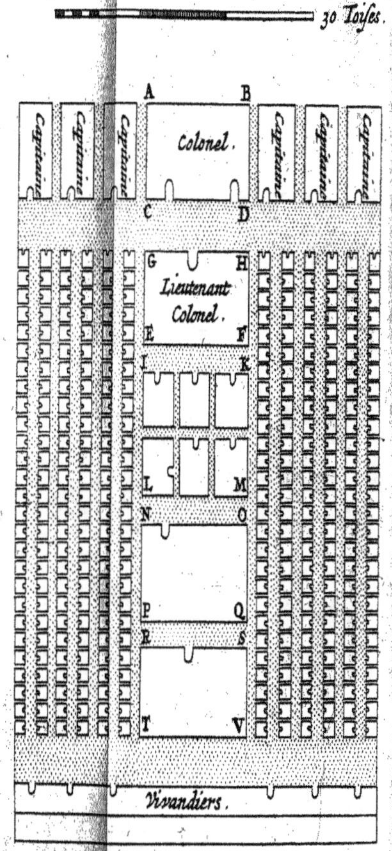

Assiette d'un Regiment d'Infanterie
de Six Compagnies.

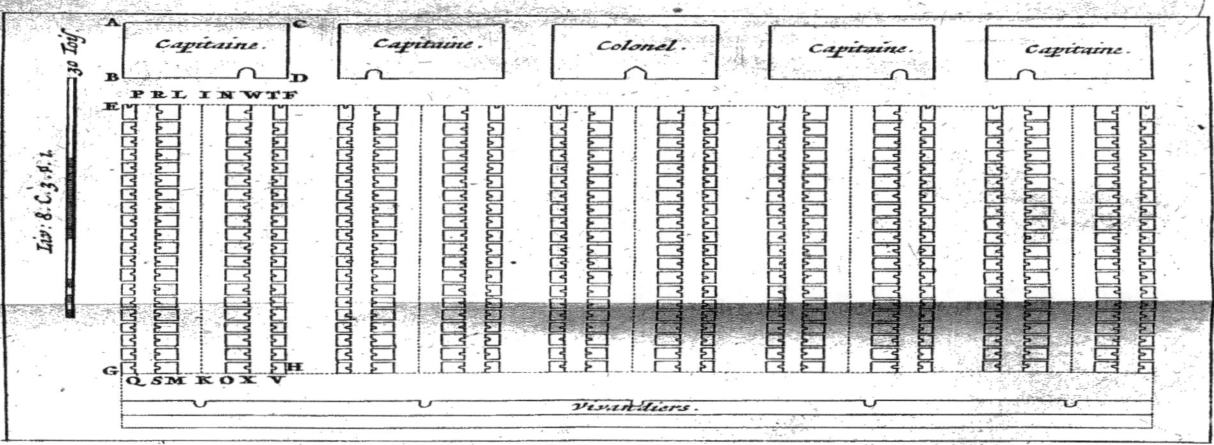

Planche 41.
Liv: 8. C. 3. §. 1.
30 Tois.
Capitaine.
Capitaine.
Colonel.
Capitaine.
Capitaine.
A
B
C
D
E
F
PRL INWTF
G
H
Q SM K O X V
Vivandiers.

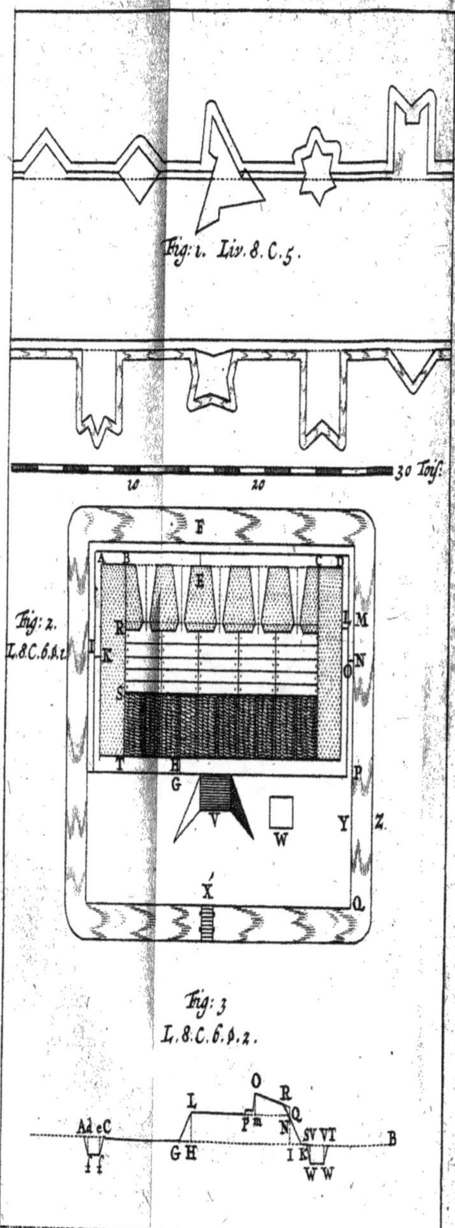

Planche 42.
Fig: 1. Liv. 8. C. 5.
10
20
30 Tois:
Fig: 2.
L. 8. C. 6. §. 1.
F
E
A
R
L
M
K
N
S
O
T
H
P
G
V
W
Y
Z
X
Q
Fig: 3
L. 8. C. 6. §. 2.
O
R
L
Q
P m
N
A d e C
S V VT
B
G H
I K
W W

Planche 43.
Fig: 1.
L. 8. C. 7.

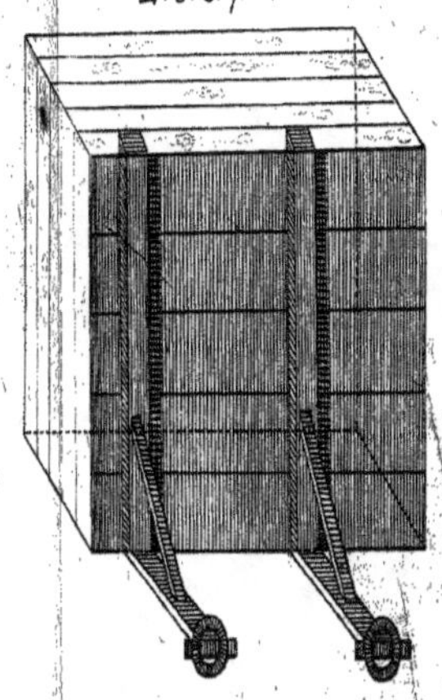

Fig: 2.   L. 8. C. 8.

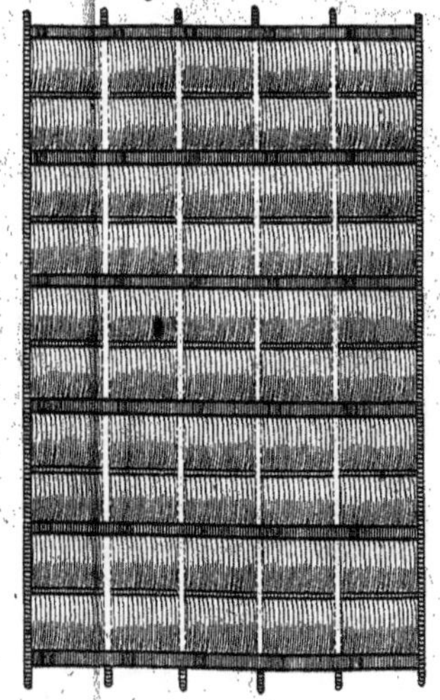

Planche 44.
Fig: 1.
Liv: 8. C. 9.
Fig: 2.
L. 8. C. 10.
A
B
B

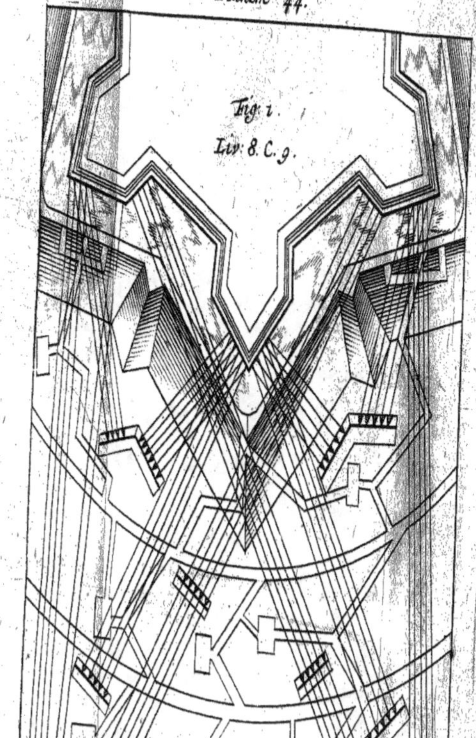

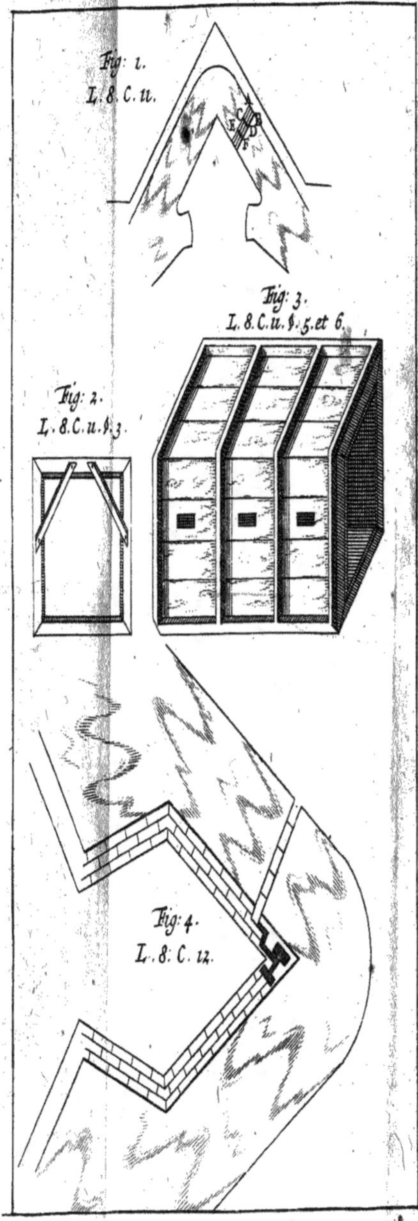

Planche. 45.
Fig: 1.
L. 8. C. 11.
Fig: 3.
L. 8. C. 11. 4. 5. et 6.
Fig: 2.
L. 8. C. 11. 4. 3.
Fig: 4.
L. 8. C. 12.

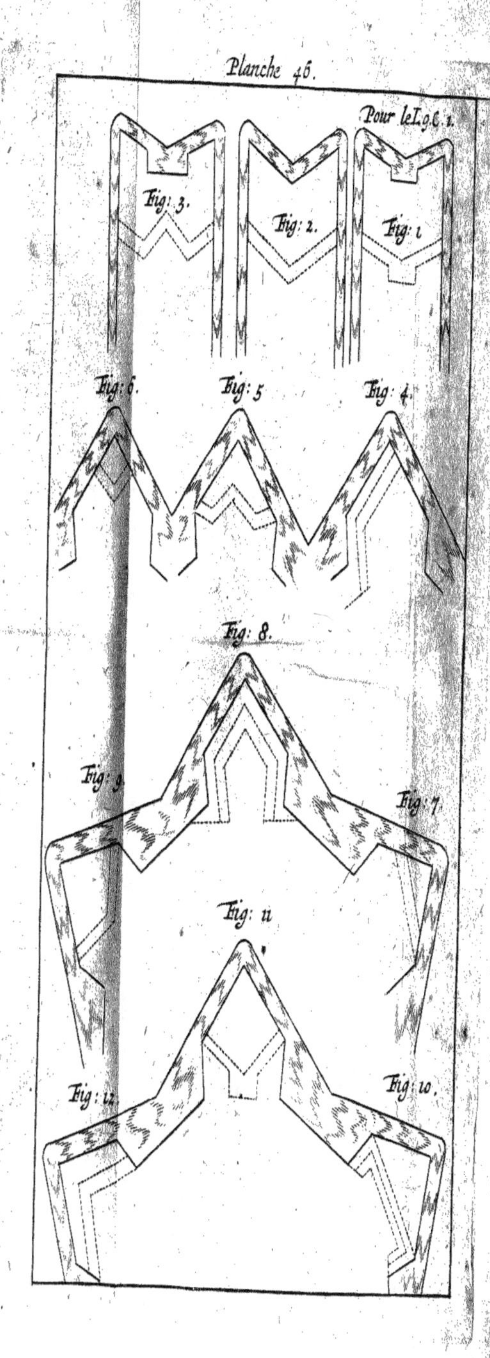

Planche 46.
Pour le Liv. 6. ch. 1.
Fig: 3.
Fig: 2.
Fig: 1.
Fig: 6.
Fig: 5
Fig: 4.
Fig: 8.
Fig: 9.
Fig: 7.
Fig: 11
Fig: 12.
Fig: 10.